财政干部教育培训用书
现代财政制度系列教材

现代税收制度研究

财政部干部教育中心　组编

中国财经出版传媒集团
经济科学出版社
Economic Science Press

图书在版编目（CIP）数据

现代税收制度研究／财政部干部教育中心组编.
—北京：经济科学出版社，2017.9
财政干部教育培训用书　现代财政制度系列教材
ISBN 978-7-5141-8418-1

Ⅰ.①现… Ⅱ.①财… Ⅲ.①税收制度-研究-中国　Ⅳ.①F812.422

中国版本图书馆 CIP 数据核字（2017）第 220882 号

责任编辑：白留杰　刘殿和
责任校对：杨晓莹
责任印制：李　鹏
封面设计：陈宇琰

现代税收制度研究

财政部干部教育中心　组编
经济科学出版社出版、发行　新华书店经销
社址：北京市海淀区阜成路甲 28 号　邮编：100142
教材分社电话：010-88191354　发行部电话：010-88191522
网址：www.esp.com.cn
电子邮箱：bailiujie518@126.com
天猫网店：经济科学出版社旗舰店
网址：http://jjkxcbs.tmall.com
北京密兴印刷有限公司印装
710×1000　16 开　19.25 印张　280000 字
2017 年 9 月第 1 版　2017 年 9 月第 1 次印刷
ISBN 978-7-5141-8418-1　定价：68.00 元
（图书出现印装问题，本社负责调换。电话：010-88191510）
（版权所有　侵权必究　举报电话：010-88191586
电子邮箱：dbts@esp.com.cn）

前　言

党的十八届三中全会通过的《中共中央关于全面深化改革若干重大问题的决定》提出了财政是国家治理的基础和重要支柱的重要论断，并就深化财税体制改革作出了总体部署。当前，统筹推进"五位一体"总体布局和协调推进"四个全面"战略布局，牢固树立和贯彻落实新发展理念，努力实现"两个一百年"奋斗目标和中华民族伟大复兴的中国梦，都迫切需要充分发挥财政对于推进国家治理体系和治理能力现代化的基础和支柱作用，构建与我国综合国力和国际影响力相匹配的财政体系和财政能力。中央政治局会议审议通过的《深化财税体制改革总体方案》明确提出，到2020年基本建立现代财政制度。现代财政制度在体系上要构建全面规范、公开透明的预算管理制度，公平统一、调节有力的税收制度，中央和地方事权与支出责任相适应的制度；在功能上要适应科学发展需要，更好地发挥财政稳定经济、提供公共服务、调节分配、保护环境、维护国家安全等方面的职能；在机制上要符合国家治理体系与治理能力现代化的新要求，包括权责对等、有效制衡、运行高效、可问责、可持续等一系列制度安排。

深化财税体制改革是一场关系我国国家治理现代化的深刻变革，是完善社会主义市场经济体制、加快转变政府职能的迫切需要，是转变经济发展方式、促进经济社会持续稳定健康发展的必然要求，是建立健全现代国家治理体系、实现国家长治久安的重要保障。财政干部在深化财税体制改革、建立现代财政制度中责任重大，使命光荣。

为满足广大财政干部的学习需求，财政部人事教育司、干部教育中心组织协调中央财经大学、上海财经大学、中南财经政法大学、东北财经大学、江西财经大学、山东财经大学 6 所部省共建高校和部内有关司局，联合研究编写了我国现代财政制度系列教材。系列教材共分 7 本：《中国现代财政制度建设之路》《现代预算制度研究》《现代税收制度研究》《现代政府间财政关系研究》《现代财政法治化研究》《现代财政宏观调控研究》《现代财政监督研究》。教材突出前瞻性、实用性、科学性和通俗性，希望能为广大财政干部学习专业知识、提高业务能力提供帮助，进而为加快推进建立我国现代财政制度作出积极贡献。

《现代财政制度系列教材》编写组
2017 年 9 月

目　录

第一章　现代税收制度概述　/ 1

第一节　现代税收的基本内涵　/ 1
一、现代税收意识　/ 1
二、现代税收职能　/ 4
三、现代税收原则　/ 6

第二节　现代税收制度与国家治理现代化　/ 11
一、现代税收制度的基本特征　/ 11
二、国家治理现代化视角下的现代税收制度　/ 13

第三节　我国改革开放以来税收制度沿革与主要问题　/ 16
一、我国改革开放以来税收制度建设的历史沿革　/ 16
二、我国现行税收制度存在的主要问题　/ 23

第四节　深化我国现代税收制度改革的指导思想、基本原则与主要内容　/ 27
一、深化我国现代税收制度改革的指导思想　/ 27

二、深化我国现代税收制度改革的基本原则 / 28
三、深化我国现代税收制度改革的主要内容 / 32
四、深化我国现代税收制度改革应注意的问题 / 35

第二章 增值税制度建设 / 39

第一节 增值税概述 / 39

一、增值税的基本原理 / 39
二、增值税的经济优势 / 42

第二节 中国增值税制的历史沿革与现状分析 / 44

一、我国增值税制的历史沿革 / 44
二、我国增值税制的主要内容 / 47
三、我国现行增值税制存在的问题 / 52

第三节 增值税制度的国际经验借鉴 / 54

一、征收范围与经济发展水平相适应 / 55
二、税率结构趋于简化 / 55
三、税率水平稳中有升 / 57
四、税收优惠范围不断规范 / 58
五、增值税改革立法过程更加规范 / 59

第四节 我国增值税制度的改革 / 60

一、我国增值税制的改革目标 / 60
二、我国增值税制改革的具体思路 / 61
三、增值税改革中需要澄清的问题 / 62

第三章 消费税制度建设 / 65

第一节 消费税概述 / 65

一、消费税的内涵 / 65

二、消费税的特征 / 66

三、消费税的职能作用 / 67

第二节 我国消费税的历史沿革与现状分析 / 69

一、我国消费税的历史沿革 / 69

二、我国消费税的主要内容 / 72

三、我国消费税的现状分析 / 75

第三节 消费税制度的国际经验借鉴 / 78

一、征税范围 / 78

二、税率和计税方式 / 79

三、征收环节 / 81

第四节 我国消费税制度的改革 / 82

一、我国消费税制的改革目标 / 82

二、我国消费税制的改革思路 / 83

三、我国消费税制改革的具体措施 / 83

四、我国消费税制改革中应关注的问题 / 85

第四章 资源税制度建设 / 87

第一节 资源税概述 / 87

一、资源税的内涵 / 88

二、资源税理论依据 / 88

第二节 我国资源税历史沿革与现状分析 / 91

一、我国资源税的历史沿革 / 91

二、我国资源税制目前存在的问题 / 93

第三节 资源税体系的国际经验借鉴 / 95

一、资源税体系建设的国际比较 / 95

二、资源税体系的国际经验借鉴 / 101

第四节 我国资源税制改革 / **102**

一、全面推进资源税改革的重要意义 / 103

二、我国全面推进资源税改革的指导思想、基本原则与改革目标 / 104

三、我国资源税全面改革的主要内容 / 106

第五节 资源税改革中应注意的问题 / **109**

一、明确资源税的功能 / 109

二、以资源税为核心整合资源税费制度 / 110

三、调整现行资源管理法律法规 / 111

第五章 环境保护税制度建设 / 113

第一节 环境保护税概述 / **113**

一、环境保护税基本概念与特征 / 114

二、环境保护税的理论依据 / 116

第二节 我国现行环境税费体系与现状分析 / **119**

一、我国现行环境税费体系的基本情况 / 119

二、我国现行环境税费体系存在的问题 / 120

第三节 环境保护税制度的国际经验借鉴 / **121**

一、OECD 国家环境保护税制度的发展轨迹 / 121

二、OECD 国家环境保护税制度的主要内容 / 122

三、OECD 国家环境保护税制度的经验借鉴 / 125

第四节 我国环境保护税制度的建立 / **128**

一、我国建立环境保护税制的指导思想和基本原则 / 128

目 录

二、我国环境保护税的主要内容 / 129

三、我国建立环境保护税应注意的问题 / 133

第六章 房地产税制度建设 / 135

第一节 房地产税概述 / 135

一、房地产税的内涵 / 135

二、房地产税的主要功能 / 137

第二节 我国房地产税的历史沿革与现状分析 / 139

一、我国房地产税的历史沿革 / 139

二、我国房地产税改革的工作进展 / 141

第三节 房地产税制建设的国际经验借鉴 / 143

一、房地产税制功能定位 / 143

二、房地产税制征税范围 / 145

三、房地产税制税率与税收优惠 / 146

四、房地产税制税收征管 / 148

第四节 我国房地产税制的改革 / 150

一、明确房地产税功能定位 / 150

二、房地产税立法和改革的基本思路 / 151

三、房地产税立法和改革的难点 / 152

第七章 个人所得税制度建设 / 154

第一节 个人所得税概述 / 154

一、个人所得税的概念 / 155

二、个人所得税制的基本类型 / 156

三、个人所得税的扣除项目与税率选择 / 158

四、个人所得税的征收方法　/ 160

　　五、个人所得税的功能定位　/ 161

第二节　我国个人所得税的历史沿革与现状分析　/ **163**

　　一、我国个人所得税的历史沿革　/ 163

　　二、我国现行个人所得税制的主要内容　/ 167

　　三、我国个人所得税制存在的问题　/ 170

第三节　个人所得税制改革的国际经验借鉴　/ **174**

　　一、实行综合税制模式或综合分类相结合的税制模式　/ 174

　　二、扩大个人所得税税基　/ 175

　　三、奉行量能负担的费用扣除原则　/ 175

　　四、税率档次的结构简化与税负的适时调整　/ 177

　　五、税收征管的信息化　/ 178

第四节　我国个人所得税制的改革目标与建议　/ **179**

　　一、我国个人所得税制的改革目标　/ 179

　　二、我国个人所得税制改革建议　/ 180

第八章　企业所得税制度建设　/ 183

第一节　企业所得税概述　/ **183**

　　一、企业所得税的基本类型　/ 184

　　二、企业所得税的特点　/ 185

　　三、企业所得税的功能　/ 186

第二节　我国企业所得税税制的历史沿革与现状分析　/ **187**

　　一、我国企业所得税税制的历史沿革　/ 187

　　二、我国企业所得税的基本内容　/ 192

　　三、我国企业所得税的现状分析　/ 196

第三节 企业所得税改革的国际经验借鉴 / **201**

一、企业所得税税率改革的趋势分析 / 202

二、国际企业所得税税收优惠改革趋势 / 203

三、企业所得税与个人所得税协调的国际发展趋势 / 205

四、企业所得税征收管理的国际发展趋势 / 206

第四节 我国企业所得税制度的改革思路 / **208**

一、关注企业所得税税率的国际变化趋势 / 208

二、优化企业所得税的优惠政策体系 / 209

三、协调企业所得税与个人所得税之间的关系 / 210

四、提升企业所得税征管水平 / 211

第九章 其他税收制度与地方税体系建设 / 214

第一节 关税制度改革 / **214**

一、关税概述 / 214

二、我国关税制度的历史沿革与现状 / 216

三、我国关税制度的改革 / 219

第二节 城市维护建设税税制改革 / **220**

一、城市维护建设税概述 / 220

二、我国城市维护建设税的历史沿革与现状 / 221

三、我国城市维护建设税制度的改革 / 223

第三节 印花税税制改革 / **224**

一、印花税概述 / 224

二、我国印花税的历史沿革与现状 / 227

三、我国印花税制度的改革 / 228

第四节　地方税体系建设　/ 229

一、地方税与地方税体系概述　/ 229
二、我国地方税体系建设的现状分析　/ 232
三、地方税体系建设的国际经验借鉴与改革思路　/ 236

第十章　BEPS 视野下的国际税收　/ 239

第一节　国际税收概述　/ 239

一、国际税收的概念　/ 240
二、国际税收的产生与发展　/ 241

第二节　国际税收基本内容　/ 242

一、税收管辖权　/ 242
二、国际重复征税及其解决方法　/ 243
三、国际避税及其防范　/ 245
四、国际税收协定　/ 247

第三节　国际税收改革的新动向　/ 248

一、国际税收面临的挑战　/ 248
二、BEPS 下国际税收新动向　/ 250
三、BEPS 行动计划　/ 251

第四节　国际税收改革对我国的影响与挑战　/ 256

一、国际税收改革对我国的影响　/ 256
二、我国应对 BEPS 计划的措施和相关工作　/ 258

第十一章　税收管理与纳税服务体系建设　/ 264

第一节　税收征管能力理论基础　/ 264

一、税收征管理论　/ 265

二、新公共管理理论　　/ 266

三、信息不对称理论　　/ 266

第二节　现代税收管理体系　　/ **267**

一、税收管理与税收管理体系　　/ 267

二、我国税收管理体系的沿革　　/ 268

第三节　税收征管体制改革　　/ **270**

一、现行税收征管体制的问题　　/ 270

二、现代税收征管体制改革　　/ 272

第四节　纳税服务体系　　/ **274**

一、纳税服务体系概述　　/ 274

二、我国纳税服务的沿革　　/ 275

三、纳税服务的方向　　/ 276

第五节　税收信息体系　　/ **278**

一、税收信息体系的内涵　　/ 278

二、我国税收信息体系建设现状与问题　　/ 279

三、"互联网+税务"下税收信息体系建设　　/ 281

参考文献　　/ 286

后　　记　　/ 292

第一章　现代税收制度概述

本章导读：作为政府取得财政收入的主要形式和调节经济的重要手段，税收不仅能够促进土地、资金、劳动力、技术等经济资源在不同群体之间的合理分配，实现经济资源更有效的利用，而且能够反映国家治理体系与能力的现代化程度。因此，税收观念对于经济、社会、政治、法律都具有深远的意义。本章结合国家治理对现代税收制度的要求，首先分析了现代税收制度的意识、职能、原则，以及建立现代税收制度对于国家治理能力的重要意义。其次从改革开放以来我国税收制度的发展沿革与现实状况，归纳了我国税收制度发展路径和存在的主要问题。最后依据党和国家对于深化现代税收制度改革所制定的各项方针和政策，阐述了我国深化现代税收制度改革的指导思想、基本原则和主要内容。

第一节　现代税收的基本内涵

一、现代税收意识

对于什么是税收，国内外有不少学者给出自己的定义，但是，不同时期的学者对税收的认识和理解存在很大的差异。通常认为，税收是国家为满足社会公共需要，凭借公共权力，按照法律所规定的标准和程序，参与国民收入分配，强制取得财政收入的一种特定分配方式。作为政府取得财政收入的主要形式和调节经济的重要手段，正确的现代税收意识对于经济、社会、政治、法律都具有深远的意义。

(一) 现代税收的经济意识

首先，作为公共管理者，政府的重要职责之一就是为满足社会的公共需要提供公共产品。由于公共产品具有非排他性和非竞争性的特点，这就决定了公共产品难以通过市场交易方式取得足以补偿成本的资金。因此，税收就成为政府以非市场方式取得收入，为公共产品的供给提供资金保障的基本手段。从政府向社会公众提供公共产品并课征税款、社会公众获得政府公共产品的"利益"并支付税款的角度看，税收可以称为公共产品的"价格"，即它体现以政府为一方，社会公众为另一方的整体"交换"关系，正如马克思所认为的，"捐税体现着表现在经济上的国家存在。"[1]

其次，在市场经济中，市场机制在资源配置中起基础性作用。但是，当市场经济运行失调或存在某种缺陷时，政府课税能矫正失调或弥补缺陷，有利于改善资源配置状况，产生增进社会福利的正效应。因此，税收能够促进土地、资金、劳动力、技术等经济资源的合理分配与使用。同时，在市场机制下，由于每个市场主体获取收入的机会并不均等，收入分配的差距会呈现出"马太效应"，难以达到社会公平的目标，这对于保障社会发展和经济稳定是相当不利的，应当通过政府干预来调节收入和财富的分配状况。由于税收能够直接或间接影响纳税人之间的利益关系，因而是政府调节财富分配和实现社会公平的有力工具。

最后，市场机制的运行存在一定的盲目性，这种盲目性造成诸如经济结

---

[1] 马克思恩格斯选集（第一卷）[M]. 北京：人民出版社，1972：181.

构扭曲、价格水平不稳定和难以保持充分就业等问题，从而引起经济的周期性波动。现代政府担负的重要职责之一，就是要促进资源的充分利用和经济结构的合理化，保持宏观经济的稳定和均衡发展，为此，需要运用各种财政手段进行结构性和"反周期"性的调节，税收是主要的财政调节手段之一。

(二) 现代税收的社会意识

在现代社会，税收已经遍布经济社会的各个环节，在各个层面影响纳税人的经营活动和日常生活的同时，也影响着纳税人生活的诸多方面，最终改变其行为选择。因此，建立现代税收制度，就需要在税收政策制定、税收制度的调整等方面充分考虑税收可能带来的社会影响，以及由此带来的社会问题，尤其重视其能够形成正确的社会导向，注意避免形成不当的社会导向，带来负面社会现象。合法的税收活动和正确的税收观念，会在潜移默化中促进人们形成符合经济社会发展要求的价值观念和行为模式。19世纪美国法官霍尔姆斯指出，"税收是我们为文明社会付出的代价"，这充分说明税收对于现代社会建设的重要作用。

(三) 现代税收的政治意识

国家政权本身就是税收产生和存在的必要条件，国家政权的存在又依赖于税收的存在。没有税收，国家机器就不可能有效运转。同时，税收分配不是按照等价原则和所有权原则分配的，而是凭借政治权利对社会财富进行再调节，体现国家战略意识，从而达到维护和巩固国家政权的目的。所以，税收对于资源配置、市场规范、社会公平、国家长治久安有着重要的影响。国内外历史上由于税收问题处理不当而导致国家动荡、政府更替的事例不胜枚举。

(四) 现代税收的法律意识

建立现代税收制度是国家治理中的重要内容之一，能否科学地依法处理好税收问题就是"讲政治",就是维护国家的长治久安。

国家治理的各个方面均应在宪法和法律的框架下运行,税收也是一样,依法治税就是依法治国在税收领域的集中体现。国家的税收制度通过法律的形式予以颁布和实施,是国家治理现代化的要求。要从法律层面看待税制建设或税收政策问题,应当赋予税收应有的法律地位、法律程序、法律渊源和法律效力。税收制度的设计与实施要考虑到法律的形式、法律的内容、法律的程序、法律的实现、法律的效力等诸多方面的要求,因此,政府不能再简单地将税收作为单纯的经济问题或经济手段来随意地加以安排和调整,税收必须按照其应有的法律轨道来运行,将法律意识贯穿于税收工作的始终。

二、现代税收职能

税收职能,指税收内在的、固有的职责和功能。一般而言,现代税收具有两大基本职能:财政收入职能和经济调节职能。

(一) 财政收入职能

税收的财政收入职能,也称筹集资金或组织收入的职能。这是国家对税收最基本的要求,也是税收最重要的职能目标。由于国家作为非生产性的上层建筑,它不直接占有物质资料进行生产活动,通常是消费而不能主动创造物质财富,政府提供公共产品所需的绝大部分财政资金,通常来源于税收。因此,为政府活动筹集和提供资金,一直是国家赋予税收最基本的功能和职责。具体而言,税收的财政职能具有下列特点。

1. 适用范围的广泛性

由于税收是国家凭借政治权力向纳税人进行的强制征收,因此从纳税人看,包括国家主权管辖范围内的一切企业、单位和个人,没有所有制、行业、地区、部门的限制。从征税对象看,征收范围也十分广泛,既包括流转额、所得额、财产额，还包括对某些特定目的和行为的征税。

2. 取得收入的及时性

税法中明确规定了纳税义务成立的时间和纳税期限，从而保证了税收收入及时、均衡地入库。例如，流转税以纳税人实现销售收入为纳税义务成立时间，纳税人只要实现销售收入，不论盈亏与否都要依法纳税。又如，每个单行税种都会对纳税结算期和缴款期限作出规定，这样的税制设计对纳税人缴纳税款时间给予了严格的限制，有利于国家及时取得财政收入，以保证财政支出的正常进行。

3. 征收数额的稳定性

现代国家对税收的财政收入职能有两个最基本的要求：一是税收收入要充分，能够满足正常的财政支出需要。二是税收收入要有弹性，具体包括两层含意：一方面，税收收入应当能够伴随着经济发展和税源增长而同步增长；另一方面，税收应发挥稳定器的作用，随着经济运行的变化自动增减，进而自动调节需求，以达到缓和经济波动的效果。在经济税源一定的条件下，税收收入功能的效果主要取决于税收制度与征收管理的质量。

（二）经济调节职能

税收的经济调节职能属于派生职能。在现代社会，税收制度已经成为各国宏观经济政策的重要组成部分，它对社会经济发展的影响越来越大。一般来说，现代税收主要有三大经济调节职能，即促进资源有效配置、调节收入分配以及保持经济稳定增长。

1. 促进资源有效配置

资源配置指土地、资金、劳动力、技术等经济资源要素的分配与使用。尽管市场机制在资源配置中起着基础性作用，但却存在着诸多市场失败现象，这些失败会导致社会资源的低效配置，通过合理的税收制度，政府可以影响资源的合理配置和有效使用，改善资源配置状况，增进社会福利。

2. 调节收入分配

收入分配及其公平与否，既是一个经济问题，也是一个社会价值观问题。从经济角度看，国家谋求经济发展，不仅指经济产出总量的增长，而且应该包括经济、社会结构变化、分配状况改善等较为复杂的内容。合理的收入分配格局，既是"社会公正"的应有之义，同时也是确保经济增长可持续的必要条件，收入分配差距过大不利于经济增长。因此，运用税收手段调节社会收入分配是税收的一个重要经济职能，在各国经济社会政策体系中扮演着重要的角色。

3. 保持经济稳定增长

市场经济主要是通过市场价格机制调节社会总供给和总需求的平衡，然而，价格调节往往具有盲目性、滞后性和自发性。而且，市场的自发性并不能经常保证总供求在充分利用社会资源的水平实现均衡，因此，在社会经济发展的实践中，类似通货膨胀、非充分失业、贸易失衡、增长波动等问题经常会出现周期性的反复。税收作为政府直接掌握的政策工具，在平抑经济波动、体现政府政策意图方面具有重要作用。

税收调节宏观经济稳定主要采取两种方式：自动稳定机制和相机抉择的税收政策。税收的自动稳定机制，也称"内在稳定器"，是指政府税收规模随经济景气状况而自动进行增减调整，从而"熨平"经济周期波动的一种税收宏观调节机制。这种机制主要是通过累进的所得税制度予以实施。而所谓相机抉择的税收政策，指政府根据经济景气状况，有选择地交替采取减税和增税措施，以"熨平"经济周期波动的税收调控政策。

三、现代税收原则

作为税收制度选择与建立的准则，现代税收制度应遵循的原则对税收制度的建设具有十分重要的意义。依据党的十八届五中全会《中共中央关于制定国民经济和社会发展第十三个五年规划的建议》，在社会主义市场经济条件下，建立现代税收制度需要遵循税种科学原则、结构优化原则、法律健全原则、规范公平原则和征管高效原则。

(一) 税种科学原则

税收制度从狭义角度理解，就是指具体税种的课征制度，它由纳税人、课税对象、税率、减免税、纳税期限、纳税环节、纳税地点等税收要素构成。中国现行税种的形成原因各不相同，有的税种经过历史沿袭而来，有的税种借鉴国际经验而引进，也有立足国情根据特定时期政策目标需要而确立的。伴随着我国经济社会的发展及世界税收制度的演变，现行税种在很多方面呈现出不适应性。党的十八届五中全会提出的"创新、协调、绿色、开放、共享"的五大发展理念，明确了我国"十三五"乃至更长时期的发展思路、发展方式和发展着力点。现代税收制度建设也应该"与时俱进"，让相关税种的选择及每个税种税收要素的设计都体现出科学性和时代性。

税种是否科学可以从两个方面进行作出判断：

其一，现行税种能否较好地发挥财政收入功能。财政收入功能最基本的要求就是通过征税获得的收入能充分满足一定时期财政支出的需要。当然，税收规模是否充分是一个相对概念，同样额度的税收相对于提供公共产品规模比较大的政府是不足的，而相对于提供公共品规模比较小的政府却是足够的。因此，科学的税种设计应该可以为政府提供公共服务提供充分的税收收入，而且税收收入还可以保持相对稳定，能够将宏观税负稳定在一个适度的水平。宏观税负不宜经常变动，特别不宜急剧变动，以避免税收制度对正常的社会经济秩序的冲击。

其二，现行税种能否较好地发挥经济调节功能。首先，良好的税种设计应该有助于实现最小的"额外负担"，这是基于税收中性功能的认识。亚当·斯密认为，通过市场配置资源的效率是最好的，任何税种的开征，都会对良好的经济运行产生不利的影响，导致资源配置的扭曲。如果税种具有中性特征，对资源配置的不利影响就最小。税收制度应以中性为原则，减少对市场经济的扭曲，减少可能出现的"副作用"。其次，良好的税种设计还有助于提高资源配置的效率，这是基于税收调控作用的认识。如果税种计合理，税收政策运用得当，可以弥合政府与市场主体间的信息鸿沟，在经济过热时通过税收杠杆抑制市场主体的投资，在经济低迷时通过税收优惠鼓励市场主体的投资，不仅可以降低税收的经济成本，而且可以弥补市场的缺陷，提高经济的运行效率，使资源配置更有效。

（二）结构优化原则

税收制度依据不同标准可以划分为不同的税收系列或类别。各个税系在税收制度和税收分配活动中的地位是不同的，这决定了它们之间相互关系亦不尽相同。如果其中的某一类税种在履行税收职能中处于主导地位，它便属于税收制度中的主体税种，其他税种则构成辅助税种。

在现代复合税制体制中，税收的各种功能是通过有序的税制结构体现出来的。税制结构是指一国税收制度中不同税系之间、税种之间，以及各自内部的相互配合、相互制约关系的构成方式。税制结构的功能首先是系统的，它既包括财政功能、经济调节功能，也包括税收的社会政策功能，后者又包含总量均衡、结构调整、社会分配公正和级差收益调节等诸多内容。同时，税制结构在客观上也要求具有协调性，在大致分工的基础上，彼此间又相互衔接，注意发挥结构总体效应。

因此，现代税收制度不仅要求实现税种的科学性，还要求实现税制结构的优化问题，这是由税收制度的内在属性和职能要求决定的。这是因为要实现不同税种各自的功能，互相取长补短，必须通过结构优化的路径方能实现，在与国际税制接轨的基础上，根据本国实际国情优化税制结构，才能实现现代税收制度与现代财政制度的目标。

（三）法律健全原则

税收法律是国家制定的用以调整国家与纳税人之间在征纳税方面的权利

及义务关系的法律规范的总称。它是构建国家及纳税人依法征税、依法纳税的行为准则体系，其目的是保障国家利益和纳税人的合法权益，维护正常的税收秩序，保证国家的财政收入。因此，税收法律作为税收制度的法律表现形式，要求法律健全本身就是依法治税在现代税收制度建设中的必然诉求。

税收法律依据立法目的、征税对象、权限划分、适用范围、职能作用的不同，可以划分为不同类型。例如，按照基本内容和效力的不同，可分为税收基本法和税收普通法；按照职能作用的不同，可分为税收实体法和税收程序法；按照征收对象，可以分为流转税法、所得税法、财产行为税法、资源税法等；按照立法与征管权限，可以分为中央税法、地方税法和共享税法；按照税收管辖权的不同，可分为国内税法、国际税法、外国税法。

因此，每一个税收制度表现出来的法律形式就是税法，而每一个税法在不同的层面能够发挥各自的功能。现代税收制度作为一项系统工程，无论是基础性的税收制度，还是实体制度或者征管制度，都像是一座大楼的不同零部件，不能缺失。而作为国家治理体系的重要组成部分，通过更加完善的税收制度实现法律健全才能提高税收治理能力，进而提高整个国家的治理能力。

（四）规范公平原则

要实现市场机制的决定性资源配置作用，需要营造公平的市场竞争环境，而公平规范的税收制度有助于实现这样的基本要求。规范的税收制度意味着税收优惠要有章可循，税收征管不可随意操控，更容不得对税收负担进行任意调节。规范的税收制度可以促进纳税人税收待遇的公平，有效融合税收制度优化和社会公平正义目标，让税收制度的选择更加符合社会发展的需要。

就税收制度本身来看，税收公平对维持税收制度的正常运转也是不可缺少的。目前，现代社会中的税收公平原则，主要包括税收横向公平和税收纵向公平两个层面。

1. 税收横向公平

税收横向公平是指经济情况相同、纳税能力相等的纳税人，应当享有相等的纳税待遇，缴纳数量相同的税款。这种税收公平观实际表明，税收是不应该存在特权阶层或差别待遇的。现代社会对税收横向公平的基本原则并无异议，但对根据什么标准来衡量相同经济情况或相等纳税能力，一直存有财产说、消费说、收入说等不同标准的争议。

2. 税收纵向公平

税收纵向公平是指经济情况不同或纳税能力不等的纳税人，其缴纳的税收也不应该相同。这种税收公平观实际表明，能力高的应该多缴税，能力低的应该少缴税。

在不同的税制设计下，纳税人税收负担的变化一般包括三种情况：（1）税负累退，即负担能力越大税负越轻，这种情况一般只发生在对生活必需品流转额的课税上。（2）税负成比例，即负担能力和税负的比例在任何情况下都是同一的，从形式上看，负担是均等的，但如果从实际负担能力来衡量，相对来看也是累退的，即负担能力越大税负相对越轻。（3）税负累进，即负担能力大的比负担能力小的税负比例要按一定级差累进。只有税收制度具有累进性，按照负担能力来衡量，税负才可能实现纵向的相对公平。当然，税收的纵向公平是相对的，它不能普遍应用于所有纳税人，它比较适用于处理个人收入的税负，而很难用于处理公司企业收入的税负。

（五）征管高效原则

现代税收制度的实际运行离不开征管水平的支撑，只有将税收征管能力与效率、公平等原则综合加以考虑，才能建立一个现实、可行的现代税收制度，也只有将税收制度的设计与税收征管能力的提升同步推进，才能对现在与未来的税收实践，提供更为有力的支持。一方面，脱离实际征管水平的税制改革不仅不可持续，而且还会带来更多的低效率和不公平，最终偏离现代税收制度设计的初衷；另一方面，现阶段税收征管水平的制约，也不能成为现代税收制度建设可以停滞不前的借口。改善税收征管条件，特别是做好税收征管现代化的基础工作，沿着正确的路径前进，能够为现代税收制度提供高效的技术基础与能力保障，才可能真正实现建立现代税收制度的目标。

第二节　现代税收制度与国家治理现代化

一、现代税收制度的基本特征

税收制度，是国家向纳税人征税的法律依据和工作规程。广义的税收制度是指一个国家设置的由各个税收组成的税收体系及各项征收管理制度，主要内容包括各种税收法律、条例、办法、暂行规定等税收基本法规，以及税收管理体制、税收征管制度和税收计划、会计、统计制度等。狭义的税收制度就是指具体税种的课征制度，是由若干税收要素构成的单行税种。

一个国家一定时期的税收制度选择不是偶然的，它取决于特定历史时期的经济、社会与政治等诸多因素。基于马克思主义辩证唯物历史观，税收制度属于由经济基础决定的上层建筑范畴。经济基础是生产力和生产关系相适应的物质生产方式，而生产力的核心要素是生产工具，生产关系也属于人与人关系的范畴。因此，作为国家最主要的收入形式之一，税收制度直接反映出国家与纳税人之间的经济关系。现代税收制度应该是适应于社会主义市场经济发展与现代财政制度要求的税收制度，应该具备以下特征。

（一）税收中性化

税收中性化是建立和完善符合市场经济发展要求的现代税收制度的首要特征。坚持税收中性原则，意味着始终坚持税收是政府收入基本形式的理念，把筹集政府收入作为最主要职能；始终坚持公平税负的理念，最大限度地消除重复征税，最大限度地减少税收优惠，最大限度地实现普遍征收，最大限度地消除税负不公；发挥直接税"自动稳定器"和"收入调节器"的作用，减少间接税对商品和服务价格的扭曲，提高市场配置资源的效率；始终坚持依法治税的理念，提高税收法律级次、增强法律效力、健全法律规定、强化法律监督，使各项税收制度纳入法制化轨道。

（二）制度国际化

伴随着经济全球化的进程加快，税源国家化程度日益提高，跨国公司通过复杂的管理交易操纵利润，加大了跨境税源监管和维护国家税收权益的难度，国际间税收竞争和税收趋同化日益明显。我国作为全球第二大经济体，税制国际化是顺应时代发展需要的必然要求。要适应经济全球化和税制国际趋同化的趋势，建立符合国际惯例、具有国际竞争力的现代税收制度，实现税种间的整体协调，加大对部分消费行为和污染行为的征税力度，科学规范征纳义务和责任，形成完整的现代税制体系。要在国际税收交流和合作上实现更大的作为，就必须在国际税收规则制定过程中扩大话语权，积极推动国际税收规则的制定，维护和发展良好的国际税收秩序，为促进中国与世界其他各国的经济融合创造良好的发展环境。

（三）征管信息化

信息技术的日新月异和网络经济的迅猛发展，改变了传统的贸易和结算方式，也加大了税收征管难度，传统征管方式已经不能满足新形势需要。为此，要建立与现代税收制度相促进、与税源状况相适应、与科技创新相协同，覆盖税收工作全环节、技术强大、运行安全、国际先进的税收管理信息系统，能够精准实施税收风险监控，严厉打击涉税违法犯罪行为，营造公平正义的税收环境，有效降低征税成本和遵从成本，为纳税服务、税款征收、管理决策提供强大的信息支撑。还需要实现全社会、跨部门涉税信息的共享，以及纳税人信息共享，为推进现代税收制度的改革提供必要的配套条件。

二、国家治理现代化视角下的现代税收制度

(一) 现代税收制度与国家治理的关系

现代税收制度是对传统税收制度的继承和发展，是适应市场经济发展要求而逐步建立起来的新型税收制度，随着市场经济体制的不断完善，现代税收制度也将得到不断的优化。党的十八届三中全会通过的《中共中央关于全面深化改革若干重大问题的决定》（以下简称《决定》）首次指出，"现代财政制度是国家治理的基础和重要支柱"。为了构建与国家治理体系现代化相适应的现代财政制度，2014年6月30日中共中央政治局通过了《深化财税体制改革总体方案》，作为改革重要环节的财政不仅是政府手里的工具，更是国家治理的基础，能够与国家治理体系和治理能力现代化相匹配的财政和财税体制，应当是基于全新的理念和思维建立起来的。

从税收制度角度出发，它与人民生计、现代法治的形成等密切相连，是影响社会发展的核心枢纽。一方面，在现代国家中，税收制度支撑着整个现代国家履行职能、为公民提供公共产品和公共服务的职责，是现代国家治理有效运行的基石。税收是政府职能履行的物质基础，没有这个物质基础，国家机器将无法运转，国家治理无从谈起。税收制度是否科学合理，将决定一个国家整体的治理效率[1]。因此，税收制度对国家治理具有积极影响，能够在决定和加强国家与纳税人的关系上发挥关键作用，只有通过规范的税收制度，国家才能实现优良的治理水平。另一方面，国家治理体系和治理能力的现代化水平高低，也决定着一个国家能否采取更加合理有效的税收方式，对纳税人的收入和财富行使管辖权。政府治国理政的战略思维可以在税收问题上得到集中体现，具体表现为是否具有合理的治税权配置结构、税收政策是否做

---

[1] 柳华平，张景华，郝晓薇．国家治理现代化视域下的税收制度建设 [J]．税收经济研究，2016 (6)．

到公开透明等。

因此,现代税收制度不仅仅是经济问题,也不仅仅是社会问题,更是国家治理体系、国家变革的重要手段和国家治理能力提升的重要工具。正如熊彼特指出的,只要税收成为事实,它便会成为社会发展的推手,它可以改变社会结构,只要掌握了税收的力量,便掌握了国家命运的推动力量。

(二) 建立现代税收制度对国家治理的意义

在新的历史起点上,现代税收制度必须从完善国家治理体系和提升国家治理能力的角度进行改革,以适应现代国家治理为目标,以民主化和法治化为核心建设现代税收制度。其重要意义在于:

1. 有利于提升国家治理能力

党的十八届三中全会在《决定》中提出全面深化改革的总目标——"完善和发展中国特色社会主义制度,推进国家治理体系和治理能力现代化"。《决定》指出,"到二〇二〇年,在重要领域和关键环节改革上取得决定性成果","形成系统完备、科学规范、运行有效的制度体系",即在党的十八届三中全会后的7年内要实现国家治理体系的现代化。税收制度无论是广义还是狭义方面的理解,都必须解决"向谁征税,收什么税,收多少税,怎么收税,怎样用税,如何决策"等一系列切实关系到民生、法治的重大问题。正因为如此,税收制度是国家治理的基本制度,能够通过其独特方式塑造国家和社会之间的关系,甚至可以将税收看作一个国家得以有效运行的核心能力——税收制度越有效,国家的运行能力越高效、越繁荣、越合法。

2. 有利于推进法治国家建设

法治是现代国家治理的重要特征,在现代国家治理过程中,依法治国被视为政府治理各项事务的最高准则,所有政府部门均应该在法律法规的授权范围内开展工作和实施管理,并形成各类社会组织和民众自觉而普遍的法治环境。党的十八届四中全会通过的《全面推进依法治国若干重大问题的决定》明确指出,依法治国是坚持和发展中国特色社会主义的本质要求和重要保障,是实现国家治理体系和治理能力现代化的必然要求，事关我们党执政兴国，事关人民幸福安康，事关党和国家长治久安。现代税收制度的建设离不开依法治税，将政府的征税行为纳入法治框架，是实现整个社会法治化的重要内容和制度保障，这本身也是依法治国理念在税收领域的表现形式，更是各级财税部门开展工作的基本准则。

3. 有利于转变经济发展方式

目前，我国正处于跨越"中等收入陷阱"的关键阶段，在"十三五"时期，我国必须深化体制改革，通过挖掘和培育新的动力，力争在保持经济增长、转变经济发展方式、推动创新驱动发展、促进公平分配、加强生态文明建设等方面取得明显突破，如期实现经济社会发展的实质性进展，全面建成小康社会。税收制度作为财政制度的重要组成部分，也是政府通过经济手段进行国家治理的重要手段之一，已经成为新时期全面深化改革过程中极为重要的环节之一，也应该在我国转变经济发展方式的过程中发挥巨大作用。

4. 有利于建立公平统一市场

"公平统一市场"至少有三层含义：一是商品和服务能够自由流通，让所有资本、管理、人才等市场要素能够充分自由发挥各自的能力；二是各类经济行为主体的制度待遇要公平，不能有制度上的差异形成不公平的竞争环境；三是要清除市场壁垒，提供公开透明的市场规则。因此，公平统一是市场经济在资源配置中的基本要求，一个公平统一的市场才是一个更有生命力的市场，才能最大限度地发挥各市场主体的积极性，更好地促进经济发展。

税收制度的规范化与统一性，是厘清政府与市场边界的内在要求和重要标志，尽快通过统一税制、公平税负来促进市场主体的公平竞争，既是建设现代财政制度的重要内容，更是营造公平统一的市场竞争环境的必要条件。

5. 有利于实现社会公平

市场失灵会导致居民间、城乡间、区域间等方面的收入分配差距不断扩大，从而对社会公平功能造成不利的影响。由于收入分配问题很难通过市场机制自发地予以解决，需要政府通过制定相关制度与政策加以调整和校正，而财税制度就是市场经济国家缩小收入分配差距的一项重要制度安排。中共十八大要求："加快健全以税收、社会保障、转移支付为主要手段的再分配调节机制。"作为国家筹集财政收入的一种最主要方式，也是调控宏观经济的一个非常重要的杠杆，税收制度本身具有调节收入分配的功能。税收调控收入分配差距以实现社会收入分配公平的功能，主要是通过税收参与国民收入分配全过程中不合理的部分进行有效的矫正。目前，我国运用税收手段调控收入分配的税种主要包括流转税中的消费税、所得税中的个人所得税和某些财产税等。

6. 有利于实现国家长治久安

维护经济社会稳定是税收的经济职能之一，税收制度自身的适应性与稳定性，本身就是维护国家政治、经济、社会稳定的基础制度之一。一方面，需要做好顶层系统设计，稳步推进，在伴随着经济社会发展的要求而作出调整的同时，也要保持基本稳定，这是保持经济社会主体实现预期稳定的必要条件；另一方面，应该合理地将相机抉择和自动稳定器功能设计于税收制度之中，兼顾平衡好纳税主体间、政府间利益关系，取得改革的最大共识，以此来实现对经济社会的调控，发挥其在国家治理中的积极作用，为实现国家长治久安提供制度基础与治理能力。

第三节　我国改革开放以来税收制度沿革与主要问题

一、我国改革开放以来税收制度建设的历史沿革

自1978年改革开放以来，中国税制改革进程可以划分为有计划的商品经济时期的税制改革（1978~1993年）、社会主义市场经济初期的税制改革

（1994年分税制改革）和社会主义市场经济完善时期的税制改革（1994年至今）三个阶段[①]。

（一）有计划的商品经济时期的税制改革（1978~1993年）

这一时期的税制改革可分为涉外税制的建立、两步"利改税"方案的实施和1984年工商税制改革。

1. 1978~1982年的涉外税制改革

从1980年9月到1981年12月，为适应我国对外开放初期引进外资、开展对外经济合作的需要，先后通过了《中外合资经营企业所得税法》《个人所得税法》和《外国企业所得税法》，初步形成涉外税收制度。1991年，将中外合资经营企业所得税法与外国企业所得税法合并为《外商投资企业和外国企业所得税法》。

2. 所得税制改革

1983年，国务院决定在全国试行国营企业"利改税"，即第一步"利改税"，将新中国成立后实行了30多年的国营企业向国家上缴利润的制度改为缴纳企业所得税。从理论上和实践上突破了国营企业只能向国家缴纳利润、国家不能向国营企业征收所得税的禁区，成为国家与企业分配关系的一个历史性转折。

3. 1984年第二步"利改税"方案和工商税制改革

为了加快城市经济体制改革的步伐，从1984年10月起在全国实施第二步"利改税"和工商税制改革，发布了关于国营企业所得税、国营企业调节税、产品税、增值税、营业税、盐税、资源税的一系列行政法规。此后，国务院陆续发布了关于征收集体企业所得税、私营企业所得税、城乡个体工商业户所得税、个人收入调节税、城市维护建设税、奖金税（包括国营企业奖金税、集体企业奖金税和事业单位奖金税）、国营企业工资调节税、固定资产

[①] 马海涛，肖鹏. 中国税制改革30年回顾与展望［J］. 税务研究，2008（7）.

投资方向调节税、特别消费税、房产税、车船使用税、城镇土地使用税、印花税、筵席税等税收的法规。

经过上述税收制度改革，我国初步建立了一套内外有别，以流转税和所得税为主体、其他税种相配合的税制体系。税收制度改革突破了一直以来封闭型税收制度的体制障碍，转向为开放型税制；突破了统收统支的财力分配关系，重新确立和规范了国家与企业的分配边界；突破了以往税收制度改革片面强调简化税制的思维惯性，注重多环节、多层次、多方面地发挥税收制度的经济杠杆作用，由单一税制转变为复合税制。

（二）社会主义市场经济初期的税制改革：1994年工商税制改革

1992年9月召开的党的十四大，提出了建立社会主义市场经济体制的战略目标，其中包括税制改革的任务。1993年6月，中共中央、国务院作出了关于加强宏观调控的一系列重要决策，其中的重要措施之一就是要加快税制改革。同年11月，党的十四届三中全会通过了《关于建立社会主义市场经济体制若干问题的决定》，按照"统一税法、公平税负、简化税制、合理分权"的原则规范税制。

1. 全面改革流转税制度

在保持总体税负不变的情况下，生产企业普遍征收增值税，并实现价外计税的办法，部分产品开征消费税，对提供劳务、转让无形资产和销售不动产保留征收营业税。改革后的流转税制度，形成以增值税为主体，消费税和营业税为补充，以公平、中性、透明和普遍征税为特征的流转税体系。

2. 统一企业所得税制度

取消传统按照所有制形式设置所得税的做法，对国有企业、集体企业、私营企业及股份制和各种形式的联营企业，实行统一的企业所得税制度。同时，取消国有企业调节税，取消国有企业所得税前归还贷款利息、上缴国家能源交通重点建设基金和国家预算调节基金的规定。

3. 简并个人所得税制度

将个人收入调节税，适用于外籍人员的个人所得税和城乡个体工商业户所得税简并，建议统一个人所得税。

4. 其他税收制度的改革和调整

将原来的农林特产农业税和原工商统一税中的农林牧水产品税目合并，增加烟叶、牲畜产品税（后改为农业特产税）；调整资源税、城市维护建设税和城镇土地使用税；取消集市交易税、牲畜交易税、烧油特别税、奖金税和工资调节税；开征土地增值税、证券交易印花税；盐税并入资源税；特别消费税并入消费税。

此外，划分国家税务局和地方税务局，组建国家税务局和地方税务局两套税收征管体系，加强税收的征收管理，并清理和整顿各级政府的收费、摊派项目和"预算外收入"，将保留的部分纳入法定的预算收入管理。

经过1994年税制改革和多年来的逐步完善，我国已经初步建立了适应社会主义市场经济体制需要的税收制度，对于保证财政收入，加强宏观调控，深化改革，扩大开放，促进经济与社会的发展，起到了重要的作用。

（三）社会主义市场经济完善期的税制改革：1994年以后的税制完善

1994年以后，根据经济社会的发展变化及税制运行过程中的新情况、新问题，对于税制的调整和完善也在不断推进之中，又大致分为三个阶段：一是1994~1997年，为了保证新税制的顺利推行，采取了一些过渡性措施，同时对税收政策制度进行补充调整，包括调整完善增值税、消费税、进口税收、出口货物退（免）税制度，加快税收立法进程。二是1998~2003年，为贯彻积极财政政策，适时采取了一些有增有减的结构性调整措施，包括调整和完善营业税、所得税制度，稳步推进税费改革，严格税收征管权限，维护税收秩序。三是2004年以来，按照"简税制、宽税基、低税率、严征管"的原则，进一步完善税收制度，主要包括以下内容：

1. 全面实施增值税改型和扩围改革

首先，在2004年7月1日对东北地区装备制造业等八大行业实施增值税转型试点改革，自2009年1月1日起，在全国范围内，全面实行增值税转型方案，实施消费型增值税。其次，2012年1月1日，在上海市将交通运输业和部分现代服务业开展营业税改征增值税的试点改革并扩大到全国，2016年5月1日，将在原营业税征税范围中全面实现"营改增"改革。

2. 适时调整完善消费税制

自2006年至今，取消了护肤护发品、轮胎等税目；新增了高尔夫球及球具、高档手表、游艇、木制一次性筷子、实木地板、电池、涂料等税目；调整成品油、化妆品、小汽车税目。同时调整了白酒、卷烟、小汽车、摩托车、化妆品等税率。

3. 统一内外资企业所得税

为维护国家的税收主权，制定适应我国市场经济发展要求和国际发展趋势的企业所得税法，将《中华人民共和国企业所得税法》及其实施条例适用于具有法人资格的各类企业，统一和规范了原内外资企业的法定税率、税前扣除办法和标准，建立了"产业优惠为主、区域优惠为辅"的税收优惠新体系，结束了企业所得税法律制度对内外资分立的局面，建立起一个规范、统一、公平、透明的企业所得税法律制度。

4. 多次修订个人所得税法

自1994年以来，五次修订个人所得税法，提高了工资薪金所得减除费用标准，调整了工薪所得和个人工商户生产经营所得的税率结构，先后开征、减征和暂免征收储蓄存款利息所得个人所得税。

5. 实施成品油税费改革

2008年通过提高成品油消费税税额的方式，替代公路养路费等收费项目，逐步有序取消了政府还贷二级公路的收费。

6. 调整完善出口退税制度

包括调整部分出口商品增值税退税率，增补加工贸易禁止类商品目录，取消高能耗、高污染产品的出口退税，降低容易产生贸易摩擦的大宗出口商品的出口退税率，提高劳动密集型、科技含量及附加值较高产品的出口退税率。

7. 开启房产税改革

2009年1月废止《城市房地产税暂行条例》，外商投资企业、外国企业和外籍个人统一适用《中华人民共和国房产税暂行条例》。上海市、重庆市自2011年起开展对个人住房征收房产税改革试点。

8. 改革完善资源税制

将原油、天然气改革由新疆扩大到全国，相应提高税负水平，统一内外资企业的油气资源税收制度，继煤炭、稀土、钨、钼等资源税陆续实施从价征收改革之后，自2016年7月1日起，全面推进资源税改革，逐步将水、森林、草场、滩涂等资源纳入征税范围，并对绝大多数矿产品实行从价计征，同时清理、规范相关收费基金。

9. 积极推进其他地方税制改革

包括取消农业税，调整车船税税目和减免范围，制定实施新的《中华人民共和国车船税法》，将外资企业纳入城镇土地使用税征收范围，提高耕地占用税税额标准，并将外资企业纳入征收范围，统一内外资企业和内外籍个人的城市维护建设税和教育费附加制度。

10. 环境保护税正式立法

为了保护和改善环境，减少污染物排放，推进生态文明建设，2016年12月，全国人民代表大会常务委员会通过了《中华人民共和国环境保护税法》，将于2018年1月1日起实施。

除了上述改革之外，国务院还多次下文，要求加强非税收入管理，而各地也不断加强非税收入法规制度建设，构建和完善非税收入体系，强化非税收入管理，地方非税收入立法和制度建设也取得了明显进展，制定发布了一系列分类别、专项性的非税收入管理制度，切实减轻了市场主体的负担，为税制改革营造了良好的实施环境。2013年以来，中央和地方层面通过统一取消、停征、减免涉企政府性基金、行政事业性收费、企业社保费用支出等项目，持续为实体经济减负。进入 2017 年以来，国务院又持续出台降低企业物流成本、减少经营服务性收费、清理能源领域政府非税收入电价附加、降低电信网码号资源占用费等行政事业收费标准、暂免银行业和保险业监管费等措施，进一步营造良好的实体经济发展环境。

（四）我国现行税收制度基本内容

截至 2016 年 12 月，我国现行税收制度是以流转税和所得税为主体，其他税类为辅助税种的复税制体系，现共有 19 个税种（含已改征增值税的营业税）。各税类包括的具体税种见表 1 – 1。

表 1 – 1　　　　　　　　　　中国现行税类与税种体系

税　类	具体税种
流转税类	增值税、消费税、关税、烟叶税、营业税（已改征增值税）
所得税类	企业所得税、个人所得税
资源税类	资源税
财产行为税类	房产税、契税、印花税、城镇土地使用税、车船税、土地增值税、城市维护建设税、车辆购置税、船舶吨税、耕地占用税、环境保护税（2018 年 1 月 1 日征收）

上述 19 种税，除企业所得税、个人所得税、车船税、环境保护税是以国家法律的形式发布实施外，其他各税种都是经全国人民代表大会授权，由国务院以暂行条例的形式发布实施的。这些税收暂行条例适应了改革开放的需要，与 4 部税收法律一同构建了适应社会主义市场经济需要的税收制度，为保障改革开放和社会主义市场经济体制的建立发挥了重要作用。

当然，在税收制度中，还需要规定不同的税收管理法规，以保障各税种的贯彻实施。我国对税收征收管理适用的法律制度，是根据税收管理机关的不同而分别规定的，即由税务机关负责征收的税种的征收管理，按照全国人大常委会发布实施的《税收征收管理法》执行；由海关机关负责征收的税种的征收管理，按照《海关法》及《进出口关税条例》等有关规定执行。

二、我国现行税收制度存在的主要问题

(一) 现行税制结构有待优化

现行税制结构距离现代国家治理和现代财政制度的要求,仍然存在一定的差距,具体表现在:

1. 直接税与间接税结构失衡

直接税与间接税的结构是一个国家经济社会发展水平、税源结构、征收管理能力等各种情况的综合反映。总体来看,发达国家税制结构以直接税为主,发展中国家以间接税为主。相对于直接税,间接税税源充足,有利于为财政筹集稳定的资金来源,而直接税能更好地发挥调节收入分配的作用。我国现行税制结构中,直接税与间接税的比重过于失衡,具体情况见表1-2。

表1-2　　　　　　　　中国税收收入结构　　　　　　　单位:亿元

税种	国内增值税	国内消费税	营业税	企业所得税	个人所得税	进口环节增值税与消费税	关税	车辆购置税	其他	税收收入总额
收入	40712.08	10217.23	11501.88	28851.36	10088.98	12784.59	2603.75	2674.16	10926.7	130360.73
比重(%)	31.23	7.84	8.82	22.13	7.74	9.81	2.00	2.05	8.38	100.00

资料来源:《2016年全国一般公共预算收入决算表》。

从表1-2可以看到,2016年的全部税收收入中,来自国内增值税、国内消费税、营业税、进口货物增值税和消费税、关税、车辆购置税等间接税收入的占比达到61.75%;来自企业所得税、个人所得税等直接税收入的占比仅为38.25%。虽然中国间接税比重较高是由现阶段经济社会发展水平、征管水平所决定的,但是这种状况也在一定程度上制约了税收自动稳定器作用的发挥,削弱了政府调节收入分配的能力,不利于促进经济社会转型。

2. 税种设置存在缺位与重复

首先,现行税收制度对财产持有和交易环节的税种设置不科学。以房地

产行业为例,现行税制中的城镇土地使用税、房产税、土地增值税、耕地占用税、契税五个税种均围绕房地产行业进行调节。在税种的具体设计上,存在征税税基重叠、重复征税等情况。例如,对房地产租金征收的增值税与房产税计税依据相同,都是租金收入,却要同时征收11%的增值税和12%的房产税;对转让房地产收益征收的土地增值税与企业所得税、个人所得税计税依据相近。在税种覆盖范围上,现行房产税还缺乏对居民非经营性住房的全面覆盖,形成"重交易、轻持有"的税制格局,既有悖税制公平原则,也存在避税空间。

其次,现行税制对环境保护与资源节约的"绿色化"程度不够。我国对于某些供求关系紧张、环境损害程度很高的稀缺资源及相关消费行为,缺乏有效的税收调节手段。一方面,随着我国工业化的不断推进,环境污染的问题愈加严重,要求投入治理环境的资金不断增加,资源环境保护迫切需要稳定的资金渠道。与OECD国家为代表的西方国家不同,我国长期以来缺乏一个完整的以保护环境、节约资源、促进绿色生产和消费为目的的税种,直接制约了我国税收制度对破坏生态环境行为的控制力度。另一方面,对于资源环境保护的税收政策主要散见于增值税、消费税、企业所得税、资源税、车船税、城市维护建设税、城镇土地使用税等税种中,相互之间联系不够紧密,缺乏系统性。

最后,现行税制中的地方主体税种建设滞后。按照1994年分税制改革的有关规定,划给地方政府的税种数量并不少,但这些税种往往都是税源比较分散、征管难度比较大、税收收入数量少的小税种。那些税源集中、税收收入数量大的税种要么划为中央税(如消费税、关税),要么划成共享税(如增值税、企业所得税、个人所得税等),而且中央在分成比例上占大头。由于长期以来作为地方税制主体税种的营业税在2016年全面"营改增"之后也不复存在,因此,地方税体系单薄,缺少主体税种的问题在后"营改增"时期显得更加突出。另外,我国地方税制的税种设计也不适应社会经济迅速发展的要求,类似于遗产与赠与税、社会保障税等税种尚未开征,税收聚财功能、收入调节功能的发挥受到很大限制；其他地方税如房产税、城市维护建设税等也不适应形势发展的要求，需要进一步改革完善。

3. 税费结构不合理

市场经济条件下，税收应该是政府收入的主要来源，非税收入是政府收入的必要补充。但是我国现阶段非税收入高速增长，"以费代税"的问题仍然存在，税收和非税收入有结构失衡的迹象。1994~2016年，全国税收收入占一般公共预算收入的比重不断下降，从98.25%下降到81.68%，与此同时，全国非税收入占一般公共预算收入的比重逐年提高，2016年全国非税收入实现2.92万亿元，占全部一般公共预算收入比重为18.32%，相对于2015年决算中的非税收入增长6.96%，而同期税收收入增长率为4.35%，非税收入增长率是税收收入增长率的1.6倍。上述情况的出现，说明我国目前税收制度筹集财政收入的主渠道作用发挥得还不够充分。

（二）现行税收制度不能完全适应经济转型的要求

1. 优化资源配置方面存在的问题

优化资源配置就是需要让市场在资源配置中发挥决定性作用，实质上就是让作为引导资源配置方向的价格信号在市场机制下发挥决定性作用。由于我国目前税制结构中，流转税的比例过高，则表明相当一部分税收收入会作为构成要素嵌入各种商品和要素的价格之中，这说明我国税收同商品和要素价格之间高度关联，不仅扭曲了市场价格的正常形成机制，也会导致政府在控制物价水平和取得税收收入之间出现两难的选择。

2. 维护市场统一方面存在的问题

税收制度应尽可能保持"中性"，不能因为税负水平的差异而干扰企业的经济决策，这是维护市场统一，促进市场主体自由竞争的重要基础。由于目前税收收入主要来源于企业，说明中国企业经营状况与税收之间高度关联，政府对于税收的重视也就变为对企业的重视，政府倾向于借助税收优惠政策营造"政策高地"与"投资洼地"，从而在区域竞争中能够实现吸引外来资金流入和企业投资，进而实现取得税源与税收收入的目标。因此，不规范的区域性税收优惠政策不仅造成区域间非正常的税收竞争日益频繁，而且破坏了统一的市场竞争环境。

3. 促进结构转型方面存在的问题

目前，虽然全面实行的"营改增"改革对货物和服务统一征收了增值税，有助于消除重复征税、促进产业结构升级，但是，增值税采取由中央和地方按照来源地分成的办法，仍在一定程度上助推了数量型经济的增长；而反映要素稀缺、供求关系、环境损害程度的环境保护税制度还尚未执行，资源税的全面推进改革还有待进一步深化，在促进资源节约与环境友好及企业技术创新等方面还任重道远。

（三）现行税收制度调节收入分配功能较弱

让税收在调节居民收入分配、促进社会公平方面发挥作用，无疑要建立在税收与居民个人之间拥有可直接对接的渠道上，这也恰是中国现行税收制度的"软肋"所在。在现行税制中，能够直接针对居民个人进行征收的也只有个人所得税，而截至2016年，个人所得税收入仅占税收总收入的7.74%。在这种情况下，个人所得税对于居民收入分配调节的功能相当有限，同时又几乎没有任何向居民个人直接征收的财产税，意味着中国税收与居民个人之间缺乏对接渠道，政府运用税收手段调节居民收入分配差距，特别是调节包括收入流量和财产存量在内的贫富差距，便会在很大程度上难以实施。而一半以上的税收收入来源于间接税，则意味着中国的税收归宿在整体上是难以把握的，这会导致无论增税还是减税，基本上都难锁定特定的收入群体实现"定点调节"，从而降低了税收制度调控收入分配的精确性[①]。

[①] 高培勇. 由适应市场经济体制到匹配国家治理体系——关于新一轮财税体制改革基本取向的讨论[J]. 财贸经济, 2014 (3).

(四) 现行税收制度法制化程度不高

我国税收法律体系从高到低依次是税收法律、行政法规、税收地方性法规、税收部门规章、税收地方规章等。在现行税收制度中，仅有个人所得税、企业所得税、车船税、环境保护税是由全国人大立法以法律形式规定的，其他税种大多以暂行条例、行政法规等形式加以规定，使得税法缺乏权威性。而在税收执法过程中，也有很多依靠"补充规定"等部门规章或者规范性文件来解决实际税收问题的情况，由于税务机关执法缺乏良好的法律约束，不仅容易在执法中产生风险，也必然影响到税收制度的合法性程度，以及纳税人对税收工作的正确认识[①]。因此，深化税制改革、推进依法治税，已经成为完善统一公平市场体系、推进法治中国建设的迫切需要。

第四节 深化我国现代税收制度改革的指导思想、基本原则与主要内容

一、深化我国现代税收制度改革的指导思想

全面贯彻落实党的十八大和十八届三中、四中、五中、六中全会精神，深入贯彻习近平总书记系列重要讲话精神和治国理政新理念新思想新战略，围绕建立健全有利于转变经济发展方式、形成全国统一市场、促进社会公平正义的现代财政制度与全面深化财税体制改革的总体要求，建立税种科学、结构优化、法律健全、规范公平、征管高效的税收制度，充分发挥税收筹集财政收入、调节收入分配、促进结构优化的职能作用。

[①] 朱为群，曾军平. 现代国家治理下我国税制体系的重构[J]. 经济与管理评论，2015（1）.

二、深化我国现代税收制度改革的基本原则

改革开放初期，考虑到税收制度的建立、完善面临的错综复杂的情况，同时缺少相关经验，全国人大及其常委会遵循税收法定原则，依据宪法第89条关于全国人大及其常委会可以授予国务院其他职权的规定，于1984年出台《全国人民代表大会常务委员会关于授权国务院改革工商税制发布有关税收条例草案试行的决定》（已于2009年6月废止），授权国务院在实施国营企业利改税和改革工商税制的过程中，拟定有关税收条例，以草案形式发布试行；1985年出台《全国人民代表大会关于授权国务院在经济体制改革和对外开放方面可以制定暂行的规定或者条例的决定》，授权国务院对于有关经济体制改革和对外开放方面的问题，包括税收方面的问题，必要时可以根据宪法，在同有关法律和全国人民代表大会及其常务委员会的有关决定的基本原则不相抵触的前提下，制定暂行的规定或者条例。因此，长期以来，国务院根据有关授权决定颁布实施了一系列的税收暂行条例，这些税收暂行条例适应了改革开放的需要，与几部税法一道构建了适应社会主义市场经济需要的税收制度，为保障改革开放和社会主义市场经济体制的建立发挥了重要作用。随着社会主义市场经济的发展和中国特色社会主义法律体系的形成和完善，我国已经基本形成了多税种、多环节、多层次的税收体系，税收制度基本建立并日趋完善。授权立法虽然在一定程度上有助于我国税收制度建设的快速构建与完善，但是毕竟距离依法治国、依法治税的需要还存在一定的差距。同时，作为世界大国，税收制度长期游离于国际通行的税收法定原则之外，也不利于我国国家治理体系与能力现代化的建设。贯彻落实税收法定原则，将现行税收条例上升为法律，实现所有税种的设立、征收、管理等均由法律规范的时机已经成熟。

2013年11月，党的十八届三中全会通过了《中共中央关于全面深化改革若干重大问题的决定》，首次在中央文件中提出要"落实税收法定原则"。

2014年10月，党的十八届四中全会通过的《中共中央关于全面推进依法治国若干重大问题的决定》，明确提出"全面推进依法治国，总目标是建设中国特色社会主义法治体系，建设社会主义法治国家"。2015年3月15日，第十二届全国人民代表大会第三次会议修订了《中华人民共和国立法法》，明确规定"税种的设立、税率的确定和税收征收管理等税收基本制度"只能制定法律。不仅如此，2015年3月26日，中共中央审议通过了《贯彻落实税收法定原则的实施意见》，给出了贯彻落实税收法定原则的"路线图"，明确提出落实税收法定原则的改革任务。2015年10月29日，党的十八届五中全会通过的"中共中央关于制定国民经济和社会发展第十三个五年规划的建议"提出要建设"法律健全"的现代税收制度。落实税收法定原则，已经成为我国建设现代税收制度应该遵循的基本原则。

（一）税收法定原则的内涵

通常而言，税收制度是以法律的形式出现的，这是税收的强制性特征的具体体现。一方面，站在政府的角度，它只有用法律强制才能确保纳税人能履行纳税义务；另一方面，站在纳税人的角度，只有用法律约束政府和其他纳税人，才能确保自己的合法权益。税收法定原则的基本含义是指税收的课征必须基于法律的依据才能进行，这项原则体现了税收分配活动的本质要求。税收法定原则的产生参见专栏1-1[①]。

专栏1-1 税收法定原则

自1066年诺曼底公爵威廉征服英格兰开始，打破了英国原有的封建王权体制，逐步形成了一种特殊的法律制度，即普通法制度，设置了"御前会议"管理国家财政的制度，形成了议会控制财政的雏形。到了1214年，由于战争

---

① 陈志勇，姚林. 税收法定主义与我国课税权法治化建设 [J]. 财政研究，2007（5）.

的需要，英王约翰与贵族之间就开征盾牌钱展开了激烈的斗争，最终以国王被迫签下《自由大宪章》而告终。《自由大宪章》中规定"一切盾金或援助金若不是基于朕之王国一般评议会的决定，则不许课征"。这是世界历史上第一次对国王征税权的限制。至1602年，斯图亚特王朝建立，仍是出于战争军费需要，国王与议会之间就征税问题发生了激烈的斗争，到1688年，"光荣革命"确立了资产阶级的议会制并颁布了史上著名的《权利法案》。该法案规定：凡未经议会允许，借口国王特权或供国王使用而任意征税，超出议会准许的时间或方式皆为非法，从而正式确定了"无法律则无税"的税收法定主义原则。

一般认为，税收法定原则应该包括：

（1）政府征税权应该通过法律进行实施。征税权是政府行政权力体系中的重要组成部分，它是政府机构赖以存在和行使其他行政权力的经济基础，也直接关系到公民的私有产权，关系到经济发展与社会稳定。政府征税权法定要求征税必须要制定法律，法律未规定的税不得向人民征收。

（2）税收制度要素应该通过法律进行设计。一方面，涉及税收课征的一切要素的内容，都必须由法律规定。凡没有正式法律规定，而只是以部门或单位规定的形式出现的征税要素，均属无效。另一方面，税制课税要素也应该通过法律进行明确。法律健全要求凡构成课税要素和税收征收程序的部分，其内容须尽量准确，而不出现歧义，从立法技术上保证课税要素的法定性。

（3）征税程序应该通过法律进行规范。税收程序内容是税收法律体系的重要组成部分，法律健全要求税务行政机关必须严格依据法律的规定稽核征收，无权变动法定课税要素和法定征收程序。征税机关和纳税人也不得自行确定开征、停征、减免税、退补税及延期纳税等项事宜。

（二）落实税收法定原则的基本要求

落实税收法定原则，是党中央明确提出的重要改革任务，也是十二届全国人大三次会议新修改的《立法法》进一步明确规定的重要制度。根据党的十八大和十八届三中、四中、五中全会精神,党中央审议通过的《贯彻落实税收法定原则的实施意见》,按照实施意见的要求,落实税收法定原则的改革任务,将力争在2020年前完成,将税收暂行条例上升为法律或者废止,并相应废止《全国人民代表大会关于授权国务院在经济体制改革和对外开放方面可以制定暂行的规定或者条例的决定》,这是一项艰巨的任务。在此期间,全国人大的授权决定仍然有效;国务院可以根据客观情况变化和税制改革需要,依据授权决定和相关税收条例的规定,对相关税收政策进行必要的调整和完善。

依据《贯彻落实税收法定原则的实施意见》,切实落实税收法定原则,根据税收制度建设的进展情况,对2020年前在相关税收立法方面应完成以下工作:

首先,在税收法律规范方面。原则上不再出台新的税收条例,对于拟新开征的税种,将根据相关工作的进展情况,同步起草相关法律草案,并适时提请全国人大常委会审议。与税制改革相关的税种,将配合税制改革进程,适时将相关税收条例上升为法律,并相应废止有关税收条例。在具体工作中,有一些税种的改革涉及面广、情况复杂,需要进行试点,可以在总结试点经验的基础上先对相关税收条例进行修改,再将条例上升为法律。对于那些其他不涉及税制改革的税种,可根据相关工作进展情况和实际需要,按照积极、稳妥、有序、先易后难的原则,将相关税收条例逐步上升为法律。

其次,在税收授权立法方面,待全部税收条例上升为法律或废止后,提请全国人民代表大会废止《全国人民代表大会关于授权国务院在经济体制改革和对外开放方面可以制定暂行的规定或者条例的决定》。

最后,全国人大常委会将根据有关安排,在每年的立法工作计划中安排相应的税收立法项目。全国人大常委会将按照新修改的《立法法》第8条的规定,税种的设立、税率的确定和税收征收管理等税收基本制度应按法律规定的要求进行相关税收立法,并根据实施意见要求,在调整立法规划工作中,将全国人大常委会计划完成的有关税收立法项目在规划中作出安排。在具体工作中，深入推进科学立法、民主立法，加强立法公开，充分听取各方面意见，通过立法反映人民诉求，体现人民意志。

当然，落实税收法定原则，推进有关税制改革，不可避免地会涉及现有利益格局的调整，有关部门和单位应当按照实施意见的安排，奋发有为，积极工作，拿出更大的决心冲破思想障碍，突破利益藩篱，抓紧落实。在时间安排上能够提前的，要尽量提前，力争早日完成全面落实税收法定原则的改革任务。

三、深化我国现代税收制度改革的主要内容

（一）科学设计税种

1. 进一步推进增值税改革

按照税收中性原则，在2016年全面实现"营改增"之后，简并优化增值税税率，建立规范的消费型增值税制度，并适时完成增值税立法。

2. 逐步建立综合与分类相结合的个人所得税制

加快构建个人所得税改革的征管配套条件，合并相关项目，逐步建立健全综合与分类相结合的个人所得税制度。完善税前扣除，在合理确定综合所得基本减除费用标准的基础上，适时增加专项扣除项目。优化税率结构，以现行个人所得税法规定的税率结构为基础，适度调整边际税率，合理确定综合所得适用税率。

3. 加快房地产税立法并适时推进改革

加快推进房地产税立法，统筹考虑税收与收费等因素，合理设置房地产建设、交易和保有环节的税负水平，在保障基本居住需求的基础上，对所有经营性房地产和个人住房统一开征房地产税，按房地产评估价值确定计税依据。改革后，房地产税将逐步成为地方政府持续稳定的财政收入来源和县

（市）级主体税种，形成促进建立房地产市场健康发展的长效机制。

4. 完善消费税制度

进一步发挥消费税对高耗能、高污染产品和部分高档消费品的调节作用，调整征收范围、部分税目征收环节及部分税目税率。在消费税的立法权、税种开征停征权、品目税率（幅度）调整权、减免税权等归中央的前提下，选择具有较强地域特点的部分税目，赋予省级政府一定的税政管理权。

5. 推进资源税改革

全面推开矿产资源税从价计征改革，建立税收自动调节机制，清理涉及矿产资源的收费基金，逐步扩大资源税征收范围。

6. 落实环境保护税制度

在通过环境保护税立法之后，利用正式实施前的缓冲时期，综合考虑现行排污费收费标准、实际治理成本、环境损害成本和收费实际情况等因素设置税率，并尽快推动涉税信息共享平台和工作配合机制的建设，为正式实施提供技术支撑。

7. 健全地方主体税种建设

以保持中央和地方税收分配格局总体稳定为前提，以优化税制结构为基础，构建能够稳定地保障地方各级政府公共基本支出需要、有利于加强地方税源控管、维护市场统一、促进社会公平、合理引导地方政府行为的具有中国特色的地方税体系。

（二）优化税制结构

在现代复合税制体制中，再优良的税种，其主要功能也是必须通过合理的税制结构加以体现。因此，为适应我国经济结构、税源结构、征管能力和发展目标的变化，要逐步形成税种功能组合合理、税制要素配比优化的税制结构，在税种改革的基础上，促进直接税和间接税比例的调整。

随着我国经济发展水平、经济效益、税务管理和整个社会管理水平的提高，生产资料所有制和收入分配结构的变化，可以考虑继续合理调整流转税、所得税、财产税的比例，逐步提高直接税收入在税收总额中所占的比重，降低间接税收入在税收总额中所占的比重。

实践证明，直接税收入与间接税收入占税收总额的比重的调整不宜简单地通过两者存量之间的此消彼长方式实现，而应当从总体税负调整的角度出发，通过增量的安排实现，主要应当考虑如何随着经济发展和体制改革逐步增加所得税、财产税收入，并将一部分非税财政收入转化为所得税、财产税收入。所得税、财产税收入增长得快了，直接税占税收总额的比重提高了，间接税收入占税收总额的比重自然就会下降。

同时，应当着眼于企业管理的改善和经济效益的提高、个人收入的增加、税收管理的加强。出于照顾民生，加大税收在国民收入分配和再分配中调节作用等方面的考虑，也可以直接采取适当的税制调整措施，如降低增值税的税率、提高高收入者的个人所得税负担率、对高档住宅开征房地产税等。

因此，在今后一段时期的税制改革之中，应该始终注重逐步提高直接税比重的理念，充分发挥直接税"自动稳定器"和"收入调节器"的作用，减少间接税对商品和服务价格的扭曲，提高市场资源配置资源的效率。

（三）实现规范公平

首先，党的十八届三中全会强调财税改革要以稳定税负为前提，即保持宏观税负基本稳定。所谓稳定税负，就是要正确处理好国家与企业个人的分配关系，保持税收收入占国内生产总值（GDP）比重基本稳定，合理控制税收负担，增强财政可持续性。合理的宏观税负水平，能够帮助在税制结构优化的基础上，既有利于保证市场有活力，调动市场主体、社会主体和个人创业积极性；又有利于保障政府有能力，更好地提供基本公共服务，支持重点领域特别是社会事业发展，促进社会和谐稳定。既要考虑保障国家发展和人民对公服务的需要，适当集中财力，也要考虑企业、个人承受能力，将税负控制在合理范围之内，采取税费联动、有增有减、兼顾需要与可能，保持宏观税负相对稳定。

其次，通过现代税收制度改革，促进社会公平，推动社会善治。在税种设置、税制结构、税收负担不断优化的基础上，保障好、维护好贫困人群和低收入者利益，逐步扩大中等收入者阶层，保护好高收入者合法权益，使不同社会群体各得其所、各展其能，营造公平有效的体制机制，让改革的红利、发展的成果由人民群众共享。

最后，全面规范税收优惠政策。应从法律层面建立约束机制，设立地方不能逾越的红线，同时完善中央和地方收入分配关系，减少地方制定税收优惠政策的利益冲动，通过全面清理已有的税收优惠、切实规范各类税收优惠政策和加强定期检查与问责制度，实现税收优惠的规范化管理。

(四) 促进征管高效

1. 全面修订税收征管法

加快构建面向自然人的税收管理服务体系和第三方涉税信息报告制度，从法律框架、制度设计、资源配置等方面，充分体现自然人作为直接纳税主体的要求，逐步实现法人、非法人机构、自然人之间税收征管的均衡布局，确保税务部门依法有效实施征管。

2. 提升涉税信息整合管理能力

随着互联网和信息技术的快速发展，我们迎来了大数据时代。应以大数据的推广应用为契机，全面掌握涉税信息，更好地监控税源，通过税收征管信息化真正实现信息管税的理想目标。

3. 建立现代化的税收征管体系

要立足于提高税法遵从度和纳税人满意度、降低税收流失率和征纳成本，努力构建以明晰征纳双方权利和义务为前提、以风险管理为导向、以专业化管理为基础、以重点税源管理为着力点的现代化税收征管体系。

四、深化我国现代税收制度改革应注意的问题

伴随我国改革进入深水区，经济呈现新常态，建设现代税收制度被赋予

了重大的历史使命，不仅是为适应市场经济体制改革，而且是要增强税收治理能力，建立与国家治理体系现代化相匹配的现代税收制度，为推进国家治理体系现代化和提升治理能力保驾护航[①]。作为系统工程，在加强自身制度建设的同时，还应该注意处理好以下几个问题。

（一）坚持处理好政府与市场的关系

深化现代税收制度改革，必须使市场在资源配置中起到决定性作用和更好地发挥税收调节作用。通过税种设计、税收负担、税制结构的合理化与规范化，要创造平等、公平的竞争条件和市场环境，从而有利于最大限度地激发市场主体的创业、创新活力；要有利于加快转变经济发展方式，纠正地方追求速度型经济增长，纠正地方通过滥用税收优惠扭曲要素价格、干扰市场机制、误导资源配置的倾向；要规范市场形成的初次分配秩序，配合社会保障、转移支付等手段实现收入再分配，促进共同富裕，维护公平正义与社会稳定；要正确处理好税收制度改革中国家财力需要与纳税主体承受能力的关系，充分考虑税收制度改革可能产生的影响与反应。

（二）坚持发挥中央与地方两个积极性

中国是一个人口众多、地域辽阔、地区间发展不均衡的大国，能否处理好中央与地方的关系，关系到"两个积极性"，这是一个重要的问题。其关键在于能否形成激励相容制度，既能各得其所，又能形成全国合力。这是1994年分税制改革成功的经验，也是深化现代税收制度改革必须坚持的基本原则。一方面，要保障中央政府实施宏观调控、推进基本公共服务均等化、协调区域保障和发展能力，地方政府需要从国家长治久安角度看待税制改革，坚定不移地贯彻落实相关改革措施；另一方面，中央需要切实保护地方利益，对于税制改革所出现的地方财力缺口，尽量予以弥补，同时提高地方政府税收

---

① 岳树民．基于国家治理的财政改革新思维［J］．郑州大学学报，2015（7）．

征管的自主权，注意调动和发挥地方改革发展的积极性、主动性和创造性，增强地方经济社会的活力。

（三）坚持兼顾效率与公平

党的十八大报告指出，"初次分配和再分配都要兼顾效率和公平，再分配更加注重公平"。党的十八届三中全会要求让市场在资源配置中发挥决定性作用，推动资源配置依据市场规则、市场价格、市场竞争实现效益最大化和效率最优化，同时要求更好地发挥政府作用，包括加强和优化公共服务，促进共同富裕等。深化现代税收制度改革必须处理好效率和公平的关系，在提高效率的基础上更加注重公平，以促进社会公平正义、增进人民福祉为出发点和落脚点，让社会经济发展成果更多更公平地惠及全体人民。现代税制改革既要保障市场主体的权利平等、机会平等、规则平等，提高资源配置和使用效率，也要通过税收努力缩小收入分配差距，激发创新创业创富活力。

（四）坚持统筹当前和长远利益

改革是发展的动力，是实现经济长期稳定的基础，而经济持续健康发展，又是推动各项改革的前提条件。深化现代税收制度改革必须围绕稳增长、调结构、防风险、惠民生等主要任务，着力解决影响当前经济社会发展中的突出矛盾。税制改革肯定会对财税部门的当前利益和社会发展的长期目标产生影响，甚至会出现矛盾。一方面，要考虑当前情况，对各个具体改革方案进行风险评估，充分考虑经济社会发展的承受能力，将风险和阻力降到最小；另一方面，要着眼于长远，以增强税收的可持续性，推进构建以人为本的科学发展体制，为实现"两个一百年"奋斗目标提供制度保障。

（五）坚持总体设计与分步实施相结合

深化现代税收制度改革，既要加强顶层设计，总结已有的成功经验，借鉴国外通行做法，将税制改革研究清楚、思考透彻，明确改革的逻辑顺序、主攻方向，增强改革的整体性、系统性和协调性；又要在具体实施中分步推进，制定各项改革的路线图和时间表，准确把握各项改革措施出台的时机、力度和节奏，确保改革的协同、稳健和实效。推进局部的阶段性税制改革要在加强顶层设计的前提下进行，加强税制改革的顶层设计要在总结局部阶段性改革的经验上进行不断优化。

（六）坚持协同推进税制改革与其他改革

现代税收制度改革是全面深化改革的重要组成部分，与其他改革之间存在关联性、互动性。现代税收制度改革需要统筹推进经济、政治、文化、社会、生态文明等领域的改革，上述方面的改革也离不开现代税收制度改革的支持。因此，必须注意协调现代税收制度改革与其他改革相互的衔接、相互协调，在实施过程中互相促进，在改革效果上相得益彰，形成共振效应，形成各项改革的联动机制。

回顾与总结：税收在财政收入与经济调节方面具有十分重要的意义，在现代社会中，税收还承载着更多的社会、经济、政治、法律方面的要求。在我国目前传统税收制度向现代税收制度过渡的关键时期，还应该从有利于国家治理的角度进行改革，以适应现代国家治理为目标，以民主化和法治化为核心建设现代税收制度。虽然自改革开放以来，我国的税收制度建设取得很大的进展，但是与国家治理的需要相比，在税制结构、经济转型、收入分配、法制建设等方面都存在相当大的问题。因此，应以落实税收法定为基本原则，从税种科学、结构优化、规范公平、征管高效等方面建设中国现代税收制度。

第二章 增值税制度建设

本章导读：增值税是对销售货物、服务、不动产、无形资产和提供加工修理修配劳务（以下统称"货物和服务"）过程中产生的增值额作为计税依据而征收的流转税，也是我国现行税收制度中的第一大税种。增值税制度的建设与改革，对于确保我国财政收入稳定、促进经济发展方式转变、发挥市场资源配置决定性作用等方面都具有重要意义。本章介绍了增值税的计税原理与经济优势，分析了我国增值税制改革的历史进程与现存问题，在借鉴发达国家增值税制改革经验的基础上，对我国下一阶段的增值税改革提出完善的建议。

第一节 增值税概述

一、增值税的基本原理

（一）增值税的计税依据

增值税是对货物和服务流转过程中产生的增值额征收的税种，其计税依据是增值额，增值额可以从不同角度进行理解。

从经济学理论分析，任何一种商品或服务的价值均由 C（生产资料价值）、V（劳动力价值）、M（剩余价值）三部分构成。而商品或服务价值扣除 C 以后的部分，就是该货物或服务的新增价值 V＋M。

从一个企业的生产经营全过程分析，增值额是指该企业货物或服务的销售额扣除外购货物或服务金额的余额。众所周知，一个企业或生产经营者要从事任何一种货物或服务的生产，都必须事先进行投资，购买投入物品，如原材料、燃料、动力、包装物品、低值易耗品、机器设备、土地和建筑物等。然后支付工资使工人们对投入物品进行加工，形成最终产品或劳务予以出售，取得商品或服务的销售额，并核算货物或服务的利润。企业的销售额减去外购投入物品金额的剩余部分，即为货物或服务的增值额。

从企业核算的角度分析，增值额一般由工资和利润两部分构成（暂不考虑其他增值性因素）。因此，增值额＝工资＋利润，或增值额＝产出－投入。也就是说增值税的征税对象或税基不是货物或服务的销售额，而是以货物或服务的销售额（产出）减除外购货物或服务金额（投入）后的增值额（工资＋利润）。

因此，从一个商品生产经营的全过程而言，增值额则相当于该商品制造和流通过程中的商品总值。

（二）增值税的基本类型

作为增值税课税对象的增值额，在各国增值税制度中，受诸多因素的影响，其内涵和外延都不尽相同。这种差异主要表现在各国对外购投入物品的减除规定不尽一致。一般来说，用于生产货物或服务的外购投入物品包括：原材料及辅助材料；燃料、动力；低值易耗品；外购劳务；固定资产（如机器设备、土地建筑物等）。各国增值税制度通常允许将前四项列入扣除项目，从货物或服务的销售额中予以扣除。但是，对最后一项即外购固定资产价值的扣除处理，则因国情而异，有的允许全额抵扣，有的允许部分抵扣，有的则不予抵扣，由此，各国增值税可以分为三种类型。

1. 生产型增值税

在计算增值税时，只允许将前四项列为扣除项目，而不允许将外购固定资产的价款（包括年度折旧）从货物或服务的销售额中抵扣。由于作为增值税税基的增值额大体相当于国民生产总值（GNP），故这种类型增值税被称为生产型增值税。

2. 收入型增值税

在计算增值税时，除允许将前四项列为扣除项目外，还允许将当期固定资产折旧从商品和服务的销售中予以扣除。由于作为增值税税基的增值额大体相当于国民生产净值（NNP）或国民收入，故被称为收入型增值税。

3. 消费型增值税

在计算增值税时，除允许将前四项列为扣除项目外，还允许从商品和服务的销售额中扣除当期购进固定资产总额。由于这种增值税不对资本投入品课税，而只是对消费品课征，故被称为消费型增值税。

（三）增值税的计税方法

增值税以增值额为计税依据，而增值额从相加的角度来说相当于工资加利润，从相减的角度来说等于产出减投入。因此，对增值税可以采用以下四种计税方法。

直接相加法：应纳增值税额 =（工资 + 利润）× 税率

间接相加法：应纳增值税额 = 工资 × 税率 + 利润 × 税率

直接减除法：应纳增值税额 =（产出 – 投入）× 税率

间接减除法：应纳增值税额 = 产出 × 税率 – 投入 × 税率

在上述四种计税方法中，第一、第二种方法要求直接依据利润、利息、租金等增值性项目计算增值税。由于这些项目的认定、计算极为困难，有的在财务核算上时滞性较大，不便于增值税的准确计算和及时征收。第三种方法虽然绕开了上述困难，但在依据进销差额确定增值税时，往往出现有些项目免税，有些项目减税，账户记载要求十分精确，且税款计算涉及成本、费用核算，实行起来难度也很大。因此，世界各国大多实行第四种方法，即扣税法。因为采用凭发票注明税款进行扣税来计算增值税，不仅科学、严谨，而且简便易行。

根据扣税法计算增值税，其计税原理为：在每一个应税阶段，对销售商品或提供服务所产生的相应计税基础，按适用税率计算销项税额，然后减去已经直接影响构成货物或服务价格各组成部分成本的进项税额（其金额已在发票上注明），即为应纳增值税额。

二、增值税的经济优势

增值税的兴起堪称财税史上的一个奇迹，自1954年法国诞生以来短短的60多年的时间，先后为世界上160余个国家所采用。其产生的具体情况参见专栏2–1[①]。时间之短，发展之迅速，是其他任何税种所不能及的。增值税之所以备受各国政府青睐，应归因于增值税制度方面的特点。这种现代间接税制，一方面继承了传统间接税的特点；另一方面又克服了传统间接税的致命弱点，具有良好的财政、经济、贸易优势。

专栏2–1 增值税的诞生与发展

第一次世界大战结束时，美国耶鲁大学教授马斯·S·亚当斯以及担任政府顾问的德国商人威尔海姆·万·西蒙斯博士，就曾经提出过增值税的设想。随后一些国家也进行过某些具有增值税性质的销售税改革尝试，但是因为各种原因，都未能形成真正的增值税制度。1954年，担任法国税务总局局长助理的莫里斯·格雷积极推动增值税制度的制定与实施，并取得成功，被誉为"增值税之父"。从20世纪70年代开始，增值税在全世界迅速推开，最终成为一个国际性的税种。

---

① 吴利群，杨春玲. 中国税制［M］. 北京：高等教育出版社，2016：33.

(一) 增值税能保证财政收入的普遍性和稳定性

1. 普遍性

普遍性是指增值税的课税范围可以涉及社会的生产、流通、消费、劳务等诸多生产经营领域，凡从事应税商品生产、交换和提供劳务，并取得增值额的单位和个人，都要缴纳增值税。而且，它在生产经营的每一个环节上，实行道道征税，税基极为广阔。

2. 稳定性

增值税能够保证国家稳定地取得收入，主要表现在两方面：一是增值税不受生产结构、经营环节变化的影响。既不会因为生产经营由集中走向分散而增加企业负担，也不会因为生产经营由分散走向集中而减少财政收入。二是增值税实行扣税法，且凭发票注明税款进行扣税，使购销单位之间因扣税而形成相互制约关系，有利于税务机关对纳税情况的交叉稽核，防止偷漏税的发生。

(二) 增值税有利于生产经营专业化、协作化发展

现代工业生产随着科学技术的广泛使用，分工愈来愈细，工艺愈来愈复杂，技术要求愈来愈高，它在客观上要求大力发展生产专业化、协作化。然而，传统间接税课征的结果，导致生产同一产品，全能厂的税负轻，专业协作企业的税负重。因而严重阻碍现代工业生产和商品经济的发展。实行增值税，可以从根本上解决传统间接税制与经济发展不相适应的矛盾。具体来说：

（1）就一个企业而言，增值税负担不受产品协作分包程度影响。增值税消除分包协作过程中的重复征税，这就改变了原来按销售全额征税，协作比例愈大，企业负担愈重的状况，为企业扩大协作生产创造了条件。

（2）就一个产品而言，增值税的总体负担不受产品生产经营结构和环节变化的影响。增值税避免了原来按销售全额征税，造成全能厂、联合企业税负轻，专业协作厂、中小企业税负重的不合理现象，使税收既有利于促进专业化生产，又不妨碍工业在专业化基础上实行生产联合。

（3）就商品流通而言，增值税负担不受商品流转环节多寡的影响。由于增值税对由上一环节转移而来的商品价值不再征税，它不会像传统的间接税那样，每增加一个商品流转环节，就发生一次重复征税。因此，实行增值税有利于疏通渠道，搞活流通领域。

（三）增值税有利于贯彻国家鼓励出口的政策

随着世界贸易的发展，各国之间的商品出口竞争日趋激烈。许多国家政府为了提高本国商品的出口竞争能力，大多对出口商品实行退税政策，使之以不含税价格进入国际市场。然而在传统间接税制度下，出口商品价格所包含的税金因该商品的生产结构、经营环节不同而多寡不一，因而给准确退税带来了很大的困难；退税额超过征税额又会形成财政补贴出口，不仅影响一国的财政收入，而且有可能引起他国的经济报复。

实行增值税从根本上克服了上述弊端。增值税的一个基本特点是，一个商品在出口环节前缴纳的全部税收与该商品在最终销售环节或出口环节的总体税负是一致的。换言之，一个商品在生产经营各个环节的增值额之和等于这个商品最终销售时的销售价格。这样，根据这个最终销售额和增值税率计算出的增值税额，也就是该商品出口以前各环节已纳的增值税之和。如果将这笔税额退还给商品出口者，就能做到出口退税的准确、彻底，使出口商品以不含税价格进入国际市场。

第二节 中国增值税制的历史沿革与现状分析

一、我国增值税制的历史沿革

（一）1979年开始试点引入增值税制度

1979年，我国开始对征收增值税是否具有可行性进行调研；在1980年选择在柳州、长沙、襄樊等城市，对重复征税矛盾较为突出的机器机械和农业机具两个行业试点开征增值税；1981年，将试点范围扩大到自行车、电风扇和缝纫机三种产品；1983年，征税地点扩大到全国范围；1984年，国务院发布《中华人民共和国增值税暂行条例（草案）》。这一阶段的增值税的税率档次过多，而且征税范围并不包括全部产品和所有环节，只是引进了增值税计税方法，并非真正意义上的增值税。

（二）1994年建立覆盖所有货物的增值税制度

1993年底，我国工商税制进行了较为彻底的全面改革。1993年12月13日发布的《中华人民共和国增值税暂行条例》，确立了自1994年1月1日起，增值税的征税范围为销售货物，加工、修理修配劳务和进口货物，因为不允许一般纳税人扣除固定资产的进项税额，属于"生产型增值税"。实行生产型增值税，主要是基于控制投资规模、引导投资方向和调整投资结构的需要。

1994年后征收的增值税，与此前试行开征的增值税相比，具有以下几个方面的特点：（1）实行价外税，即与销售货物相关的增值税额独立于价格之外单独核算，不作为价格的组成部分；（2）扩大了征收范围，即征收范围除了生产、批发、零售和进口环节外，还扩展到劳务活动中的加工和修理修配；（3）简化了税率，即重新调整了税率档次，采用基本税率、低税率和零税率；（4）采用凭发票计算扣税的办法，即采用以票控税的征收管理办法，按照增值税专用发票等抵扣凭证上注明的税款确定进项税额，将其从销项税额中抵扣后计算出应纳税额；（5）对纳税人进行了区分，即按销售额的大小和会计核算的健全与否，将纳税人划分为一般纳税人和小规模纳税人，对小规模纳税人实行简易征收办法。

（三）2009年初步实现消费型增值税制度

为了进一步规范增值税制度，促进区域均衡发展，2004年，我国开始实行由生产型增值税向消费型增值税的转型试点。自2004年7月1日起，东北地区的辽宁省、吉林省、黑龙江省和大连市实行扩大增值税抵扣范围政策的试点；自2007年7月1日起，扩大增值税抵扣范围的改革由东北三省一市扩大到中部地区26个老工业基地城市；自2008年7月1日起，东北老工业基地扩大增值税抵扣范围试点政策适用于内蒙古东部地区；与此同时，增值税转型试点扩大到汶川地震中受灾严重地区，包括极重灾区10个县市和重灾区41个县区。

为了应对国际金融危机的冲击，切实减轻企业税收负担，实现结构性减税，促进企业技术进步和经济发展方式的转变，在总结前期改革试点经验的基础上，2008年11月5日，国务院修订了《中华人民共和国增值税暂行条例》，决定自2009年1月1日起，在全国范围内实施增值税转型改革。主要内容包括：在增值税率不变的条件下，准予全国范围内（部分地区和行业）的所有增值税一般纳税人抵扣其新购进设备所含的进项税额。同时，取消进口设备免征增值税和外商投资企业采购国产设备增值税退税政策。这标志着我国增值税制向科学、规范的方向又迈进了重要一步。

（四）2012年以来实施"营改增"试点改革

由于对货物和服务分别征收增值税和营业税，增值税覆盖的广度有限，造成重复征税和额外的税收成本，抑制了企业间分工协作的深化和服务业的发展，不利于经济结构优化升级和经济发展方式转变。随着社会分工的日益细化，重复征税问题变得越来越突出，进一步推动增值税和营业税改革势在必行。为进一步完善增值税制度，消除重复征税，促进经济结构优化，自2012年1月1日起，我国率先在上海实行交通运输业及部分现代服务业的营业税改征增值税（简称"营改增"）试点改革。随后，北京市、天津市、江苏省、安徽省、浙江省（含宁波市）、福建省（含厦门市）、湖北省、广东省（含深圳市）自2012年9月1日起先后纳入"营改增"的试点地区。经国务院批准，自2013年8月1日起，在全国范围内开展交通运输业和部分现代服务业"营改增"试点。自2014年1月1日起，铁路运输和邮政业纳入了"营改增"试点。自2014年6月1日起,电信业也纳入试点范围。

2016年3月24日,财政部和国家税务总局发布《关于全面推开营业税改征增值税试点的通知》,宣布自2016年5月1日起,全面推开"营改增"试点,将建筑业、房地产业、金融业、生活服务业等行业纳入试点范围。该文件同时对现行的"营改增"试点政策作出相应调整。至此,所有原营业税行业纳入"营改增"试点范围,从而使增值税全面替代营业税。

该项改革的重要意义在于:一是扩大增值税适用范围,明确征收品目。由于所有的营业税应税项目都已纳入增值税范围,因此需要对适用增值税的项目作出合理的分类和界定。结合此前试点所反映的问题,该项改革对增值税应税项目进行了较为细致和全面的梳理,并就税目划分作出了一些合理的调整,以使相关规定更符合实践的需要。二是降低全行业税负,有助于推动投资。为了贯彻所有行业税负"只减不增"和实现平稳过渡的原则,本次"营改增"扩围在制度设计上,采取了一定的过渡性措施,以实现降税效果。

自2017年7月1日起,为了简并增值税税率结构,对农产品(含粮食)、自来水、暖气、石油液化气、天然气、食用植物油、冷气、热水、煤气、居民用煤炭制品、食用盐、农机、饲料、农药、农膜、化肥、沼气、二甲醚、图书、报纸、杂志、音像制品、电子出版物等货物取消原先13%的税率,采取11%的税率。

二、我国增值税制的主要内容

(一) 我国增值税制的基本要素

1. 纳税人

在中华人民共和国境内销售货物或者提供加工、修理修配劳务以及进口货物的单位和个人,为增值税的纳税人。按照《增值税暂行条例》缴纳增值税。

在中华人民共和国境内销售服务、无形资产或者不动产的单位和个人，为增值税纳税人。按照《营业税改征增值税试点实施办法》缴纳增值税。

单位租赁或者承包给其他单位或者个人经营的，以承租人或者承包人为纳税人。

报关进口货物的纳税人是进口货物收货人或报关进口单位。代理进口的，以海关完税凭证（专用缴款书）上的纳税人为增值税的纳税人。

以年应征增值税销售额为标准，增值税的纳税人分为一般纳税人和小规模纳税人。

中华人民共和国境外的单位或者个人在境内提供应税劳务，在境内未设有经营机构的，以其境内代理人为扣缴义务人；在境内没有代理人的，以购买方为扣缴义务人。中华人民共和国境外单位或者个人在境内发生应税服务，在境内未设有经营机构的，以购买方为增值税扣缴义务人。

2. 税目与税率

增值税根据不同的货物和应税劳务、应税服务，分别实行差别比例税率和零税率。具体见表 2-1。

表 2-1　　　　　　　　我国现行增值税税目税率

序号	项　目	税　率
一、销售和进口货物，提供加工修理修配劳务		
1	大多数货物和加工修理修配	17%
2	粮食、图书、饲料等特殊货物	11%
二、"营改增"试点服务		
3	有形动产租赁	17%
	——有形动产融资租赁、有形动产经营租赁	17%
4	交通运输	11%
	——陆路运输、水路运输、航空运输、管道运输	11%
5	电信	11%、6%
	——基础电信	11%
	——增值电信	6%

续表

序号	项　目	税　率
6	邮政	11%
	——邮政普遍服务、特殊服务、其他邮政服务	11%
7	建筑	11%
	——工程、安装、修缮、装饰、其他建筑服务	11%
8	销售土地使用权、不动产	11%
9	现代服务	6%、11%
	——其中的不动产融资租赁、不动产经营租赁	11%
	——其中的研发技术服务、信息技术服务、文化创意、物流辅助、鉴证咨询、广播影视、商务辅助、其他现代服务等	6%
10	金融	6%
	——贷款、直接收费、保险、金融商品转让	6%
11	生活服务	6%
	——文化体育、教育医疗、旅游娱乐、餐饮住宿、居民日常、其他生活服务等	6%
12	销售无形资产	6%
	——技术、商标、著作权、商誉、自然资源使用权、其他权益性无形资产等	6%

3. 计税方法

增值税的计税方法包括一般计税方法与简易计税方法。

（1）一般计税方法。一般纳税人销售货物，提供应税劳务、应税服务，适用一般计税方法计税。

一般纳税人在计算应纳增值税税额的时候，应当先分别计算其当期销项税额和进项税额，然后以销项税额扣除进项税额之后的余额为应纳税额。应纳税额计算公式：

$$应纳税额 = 当期销项税额 - 当期进项税额$$

$$当期销项税额 = 当期销售额 \times 适用税率$$

（2）简易计税方法。小规模纳税人销售货物，提供应税劳务、应税服务，适用简易计税方法计税。

小规模纳税人在计算应纳增值税税额的时候,应当以销售货物、提供应税劳务、应税服务取得的销售额为计税依据,按照征收率,计算应纳税额。应纳税额计算公式:

$$应纳税额 = 销售额 \times 征收率$$

4. 主要免税规定

规定的农业生产资料,农业生产单位和个人销售的自产初级农产品,来料加工复出口的货物,符合规定条件的国内企业为生产国家支持发展的重大技术装备、产品确有必要进口部分关键零部件、原材料,避孕药品和用具,向社会收购的古旧图书,直接用于科学研究、科学试验和教学的进口仪器、设备,外国政府、国际组织无偿援助、赠送的进口物资和设备,中国境外的自然人、法人和其他组织按照规定无偿向受赠人捐赠进口的直接用于扶贫、慈善事业的物资,残疾人组织直接进口的供残疾人专用的物品,残疾人员个人提供的应税劳务、应税服务,个人转让著作权,技术转让、技术开发和与之相关的技术咨询、技术服务,国际货物运输代理服务,中国境内的单位、个人在中国境外提供的某些应税服务,销售额没有到达法定起征点的,可以免征增值税。

(二) 我国增值税制的主要特点

经过1994年的税制改革,增值税制逐步规范,初步形成了既适合市场经济要求,又切合我国国情的征税办法。概括地说,现行增值税具有以下特点:

(1) 实行价外税,使增值税的间接税性质更加明显。1994年之前,我国增值税采取价内税模式,而规范的增值税应采取由生产经营者或销售者缴纳、由购买者或消费者负担、税款可以转嫁的间接税,上述转嫁的性质未能明确体现出来。1994年后,增值税改为价外税办法,即税金不再包含在销售价格内,将税款和价款明确划分开来。其优点在于:一是使企业的成本核算、经济效益不受税收影响;二是更好地体现增值税的转嫁性质,明确企业只是税款的缴纳者，消费者才是税款的最终负担者，提高了国家和企业之间税收分配关系的透明度；三是可以为发票注明税款创造条件。另外，在零售环节出售商品和对消费者提供服务时，税法规定价格和税金不再分开标明，这符合我国群众的消费心理，但并未改变增值税价外税的间接税性质。

（2）统一实现规范的扣除法，即凭发票注明税款进行抵扣的方法。我国在初行增值税阶段曾同时采用过扣额法和扣税法，1986年后统一改为扣税法。从1994年起，计税方法得到进一步完善，统一实行凭增值税专用发票注明税款进行抵扣的增值税制度。实行凭发票注明税款扣税的办法以后，销货企业在开出的专用发票上，不仅要注明价款，还要注明税款，这样对进货企业来讲，进项税款是发票上注明的而非自己计算的，从而大大减轻纳税人计算进项税金的工作量，而且使抵扣税金更加准确。

（3）采用较为完整的消费型增值税，对购进货物和服务的税金予以抵扣。2009年1月1日以前，我国增值税类型是生产型增值税，即计算增值税应纳税额时不允许企业抵扣购进固定资产的进项税额。上述设计对于保障财政收入、调节经济发展发挥了积极作用，但是存在明显的重复征税问题，也制约了企业技术改造的积极性。随着这些年来经济社会环境的发展和变化，各界要求增值税由生产型向消费型转变的呼声很高。为进一步完善我国增值税制度，国家实施了一系列改革措施，一是2009年起全面实施增值税转型改革，将机器设备等固定资产所含的增值税纳入抵扣范围；二是自2012年启动"营改增"试点，并于2016年5月1日将试点全面推开，将所有营业税行业都改为征收增值税，相应将所有货物、服务、不动产和无形资产纳入增值税抵扣范围，实现了由生产型增值税向全面消费型增值税的转型。

（4）对不同经营规模的纳税人，采取不同的计税方法。设计增值税的计算征收方法，既要考虑国际上的通用做法，又要考虑我国中小企业较多、经营规模较小、会计核算不健全的实际。因此，现行增值税纳税人划分为两类：一类为一般纳税人，采用扣税法计税；另一类是小规模纳税人，采用简易方法计算征收。这样，既有利于增值税制度的推进，又有利于简化征收，强化征管，降低征收成本。

三、我国现行增值税制存在的问题

经过多年的税制改革，我国增值税制度日趋完善，财政收入规模不断增长，已经成为我国现行税制结构中的第一大税种，具体情况见表2-2。

表2-2　　　　　　　　全国增值税税收收入情况

年 份	增值税收入（亿元）	增值税收入占税收收入（%）	增值税占流转税比重（%）
1994	2308.34	45.02	61.75
1995	2602.33	43.10	60.50
1996	2962.81	42.88	60.01
1997	3283.92	39.88	58.57
1998	3628.46	39.17	57.31
1999	3881.87	36.34	55.99
2000	4553.17	36.19	56.70
2001	5357.13	35.01	58.28
2002	6178.39	35.03	59.53
2003	7236.54	36.15	59.38
2004	9017.94	37.32	59.54
2005	10792.11	37.50	60.89
2006	12784.81	36.73	61.05
2007	15470.23	33.91	60.21
2008	17996.94	33.19	60.07
2009	18481.22	31.05	54.78
2010	21093.48	28.81	52.28
2011	24266.63	27.04	51.15
2012	26415.51	26.25	50.01
2013	28810.13	26.07	50.63
2014	30855.36	25.89	51.10
2015	31109.47	24.90	48.97
2016	40712.08	31.23	65.21

注：增值税仅包括国内增值税，流转税包括国内增值税＋国内消费税＋关税＋营业税。
资料来源：《中国统计年鉴（2016）》及2016年全国一般公共预算收入决算表。

但是，我国现行增值税制度还主要存在以下四个方面的问题。

(一) 税率结构较复杂

目前，我国增值税制度中一般纳税人适用的税率分别是17%、11%、6%和零税率，还包括3%和5%两档征收率，较为复杂的税率制度会带来高昂的遵从成本和管理成本，降低征税效率。一方面，随着社会分工的不断细化，在从事经济业务活动过程中，纳税人可能面临多种税收问题，为了正确计算税款，需要确定适用何种税率，同时纳税申报的过程中，还需要完成一套复杂的纳税申报表，需要耗费纳税人大量时间和精力，带来巨大的遵从成本。另一方面，在多重税率下，纳税人会有较强的逃税动机，减少适用高税率项目的销售额，增加低税率项目的销售额，征管部门需要取得大量的信息来审核纳税人是否进行了正确的纳税申报，有无逃税行为，加大了征收管理的难度，征收成本显著增加，降低了征税效率。

(二) 税收优惠较多

有效地发挥税收优惠政策的导向作用，进一步促进国民经济全面、协调、可持续发展和社会全面进步。但是，根据增值税的计税原理，增值税一般不会过多设置税收优惠项目，即使是非设不可的项目，也都设在最终消费环节。因为增值税属于间接税，具有转嫁性质，消费者是税收负担的最终归宿。因此，需要体现国家政策的减免优惠，其享受对象只能是消费者，而不能是生产企业和经营者。而且，由于增值税实行多环节多次征收，上一环节的税款可在下一环节予以抵扣，因而对最终销售以前环节的减免税就成为毫无意义的税收支出。长期以来，增值税优惠制度设计在理论和实践中一直处于两难境地。一方面，少优惠或没有优惠是实现增值税征收链条完整的前提，也是理想增值税制度所追求的。另一方面，考虑到增值税的累退性、征管及产业激励等因素，我国对相关征收内容也实行了免税或零税率政策，仅在《营业税改征增值税试点实施办法》(2016)中就规定了"营改增"过渡时期的40

余个免税项目。目前较多的增值税税收优惠政策在一定程度上会影响增值税中性功能的发挥。

(三) 立法层级相对较低

我国现行增值税适用的还是由人大授权国务院制定的暂行条例,尽管具有法律效力,但是立法层次低,影响税收的法定性和权威性。尤其是在2016年"营改增"之后,增值税作为我国现行税制结构中第一大税种,长期以暂行条例的形式存在,既不符合增值税在我国税制结构中的地位,也不符合我国"依法治税"理念的践行。

(四) 税收征管较为复杂

自2012年启动"营改增"改革以来,改征增值税行业的应税服务政策与原暂行条例中涉及应税货物、应税劳务的税收政策之间存在一定程度的差异,导致征纳双方在具体业务处理方面存在争议。而且,由于增值税改革在近年来推进速度不断加快,尤其在应税服务方面,政策在适用性方面存在差异性,纳税人应税服务范围与营业执照、国民经济行业标准不对应、不匹配,实际经营范围与应税服务范围不一致等问题也不断涌现。同时,为了便于推进"营改增"进程,减少改革阻力,在相当多的行业经营行为上,采取新政策与过渡期政策并存的设计,也加大了征纳税双方的核算、征收、稽查等方面的复杂性。

第三节　增值税制度的国际经验借鉴

尽管不同国家和地区的增值税制度存在诸多差异,但随着经济全球化的发展,目前增值税制度改革已经呈现出一些趋同的特点。

一、征收范围与经济发展水平相适应

从理论上分析，增值税征收范围越广泛，越有利于发挥其经济优势，但是征收范围的选择还受制于经济发展状况、税制结构、税收征管能力等多种因素。因此，目前在增值税征收范围的选择上，存在三种情况：

一是全面征收。对第一产业、第二产业、第三产业各个领域都征税，范围非常广泛，不仅对农业的各个方面进行征收，同时对工业的生产、批发和零售的各个环节进行征收，还涉及商品和服务的所有内容。例如，2003年以前最初加入欧盟的15个老成员，就实行的是全行业征收增值税的制度。

二是大范围征收。征收的范围是整个制造业和批发业，以及进口的商品，对于其他领域则有所取舍。例如，摩洛哥对零售行业不予以征收，2003年以后加入欧盟的国家（如爱沙尼亚、匈牙利、捷克、拉脱维亚、斯洛伐克等）征收范围均不含农业。

三是小范围征收。增值税的范围只是制造业和进口的产品，但是对批发和零售环节不予征收。目前采用该种征税范围的国家主要为一些发展中国家，如塞内加尔、科特迪瓦、哥伦比亚、蒙古国等。

由此可见，增值税的征税范围与经济发展水平之间存在明显的关联性，经济越发达，增值税所覆盖的范围也就越宽泛，宽税基是现代型增值税制度的理想状态。

二、税率结构趋于简化

由于增值税实行环环抵扣，从理论上看，单一税率最有利于消除双重征税。虽然由于一些特殊商品和服务的存在，各国往往在标准税率的基础上增加一两档优惠或特殊税率，但越来越多的国家已经意识到，过多的税率档次会使增值税税负抵扣不完全，造成新的经济扭曲，影响增值税中性优势的发挥。新西兰于1986年10月开始实行的增值税被认为是单一税率增值税模式的典范。这种模式对各种货物或服务在各个环节都按同一税率课征。单一税率能够体现增值税税负中性、便于计征的优点，但不利于对不同货物或服务的生产和消费进行调节。目前，实施现代型增值税模式的国家主要有新西兰、澳大利亚、加拿大、韩国、新加坡、南非等。

多档税率结构是由两个及两个以上不同税率构成，包括标准税率、低税率和高税率，分别适用于一般商品和服务，食品、药品等生活必需品，以及少数需要加以限制的高档商品或奢侈品。欧盟则是设置多档税率的典型代表。因为欧盟增值税制度是在原法国增值税基础上发展起来的，成员之间原有税制基础不同，因此保留了许多特定的临时性条款，欧盟各国的增值税税率和具体征收办法存在较大差异。欧盟第六号指令《关于成员国流转税的法律协调——增值税统一纳税基础》明确了最低增值税税率及其适用的基本原则，确保增值税在欧盟内部顺利运行。

由于取消大范围的低税率能有效防止"攀比"，统一的税率也减少了对每一项货物与服务进行分类所产生的巨额管理费用，有助于实现税收征管和遵从成本的最小化。因此，目前税率简化成为基本趋势。据统计，1995年至今已有瑞士、尼泊尔、加纳、柬埔寨、越南、澳大利亚、津巴布韦、印度等34个国家新开征增值税，这些国家中，23个实行单一税率、6个实行两档税率、5个实行三档税率。截至2013年，在实施增值税的167个国家（地区）中，就税率结构来看，有83个国家实行单一税率，占全部国家（地区）的49.7%。在实行多档税率的国家（地区）中，有36个国家实行一档标准税率加一档低税率，约占42.9%；有37个国家（地区）实行一档标准税率加两至三档低税率（主要是两档低税率），只有少数国家实行四档以上税率[1]。

---

[1] The Editors. International Overview of General Turnover Taxes and Tax Rates [J]. International VAT Monitor, 2014, 25 (2): 2-12.

三、税率水平稳中有升

后金融危机时代，世界各国均面临着回复健康财政状况和削减公共债务到可持续水平的挑战，其关键是如何在增加税收的同时不损害经济体的竞争力和长期增长潜力。有证据表明增值税对于储蓄、投资和就业的扭曲程度比所得税要低，因此，提高增值税收入对经济增长的不利影响更少。许多国家都在寻求从增值税而非其他税种筹集增量的财政收入。2008年以来，在美国次贷危机和欧洲主权债务危机的影响下，各国纷纷提高增值税税率。OECD33个征收增值税的国家中（目前仅有美国未开征增值税），超过19个国家已提高增值税税率。其中，希腊2010年将税率由19%提高至23%，新西兰2010年将税率由12.5%提高至15%，爱尔兰2011年将税率由21%提高至23%。

截至2016年，依据荷兰财政文献局税收数据库的信息，除美国没有开征增值税外，有25个OECD成员的增值税标准税率设置在20%及以上，多为实施欧洲传统型增值税制度的国家。标准税率在10%及以下的OECD成员有5个，分别是澳大利亚（10%）、加拿大（5%）、日本（8%）、韩国（10%）、瑞士（8%）。标准税率处于10%（不含10%）~20%（不含20%）的OECD成员有10个，分别是智利（19%）、塞浦路斯（19%）、德国（19%）、罗马尼亚（19%）、马耳他（18%）、土耳其（18%）、以色列（17%）、卢森堡（17%）、墨西哥（16%）、新西兰（15%）。而在欧盟区国家中，除丹麦实行单一税率（25%）外，其他国家都实行多档税率，且标准税率基本处于15%~25%，有16个国家的标准税率高于20%。只设有一档低税率的国家有9个，除拉脱维亚（12%）外，其他国家的低税率均设在5%~10%之间。

除了提高标准税率之外，一些成员（如法国、希腊、挪威、波兰、葡萄牙和捷克等）近期都已经取消了低税率或者提高税率，或者缩小了适用低税率的商品及服务的范围①。

四、税收优惠范围不断规范

从实现增值税中性原则的角度考虑，大多数国家基于目的地原则，在商品和服务的出口环节实施零税率，在进口环节征收增值税。除此之外，增值税税率优惠范围主要集中在以下特定产品和服务上。

第一，基本的生活必需品，如食品、药品、农林渔业产品等。对这些产品和劳务免征、征收零税率或低税率的增值税，主要是为了保障低收入群体的基本生活，发挥税收调节收入再分配的作用。几乎所有开征增值税的国家都将生活必需品纳入税率优惠范围，但是各国规定并不相同。以生活必需品中的食品为例，有的国家课以低税率，如法国、德国、荷兰、意大利；有的国家课征零税率，如英国、墨西哥；有的国家给予免税，如韩国。除了保障公众的基本生活外，很多国家对殡葬服务也给予免税优惠，如英国、日本、荷兰、挪威。

第二，具有正外部性效应的产品和服务，如教育、社会文化服务、慈善活动、体育活动、节能环保产品等。通过对这些产品和服务实行低税率或免税以刺激更多的生产和消费，增加社会福利。例如，法国对报纸、药品、音乐演出（包括音乐剧、音乐会、芭蕾舞、马戏团）按照低税率征收增值税，对有关工业废物、材料回收再利用的交易行为，非营利性公益组织所提供的社会教育、文化、体育、慈善等服务，教育和培训服务等免征增值税；荷兰对教育服务、社会文化服务、体育服务，以及公共无线电和电视传播机构提供的非商业活动等免征增值税；英国对非营利体育比赛门票、慈善机构的筹款活动、文化服务等免征增值税。

第三，公共事业性服务，如公共交通、邮政、电力、通信等。对这些服

---

① 何杨，王文静. 增值税税率结构的国际比较与优化［J］. 税务研究，2016（3）.

务实行低税率或免税以扶持这些产业的发展，为公众提供便利的公共服务。例如，挪威对公共客运建设、维护公路铁路的劳务实行零税率；加拿大对桥梁、道路和渡口通行费（起始站和终点站在加拿大境外的摆渡服务适用零税率）免征增值税；荷兰对公共交通按照低税率征收增值税；英国、荷兰对邮政服务免征增值税。很多国家都对国际运输给予增值税优惠政策，如法国、日本对国际运输服务免征增值税，新西兰、加拿大、韩国对国际运输服务实行零税率。

第四，金融保险、不动产租售、宾馆住宿、贵金属供应等特殊产业。对金融服务实行增值税免税政策，是目前绝大多数国家的做法。各国做法的差异主要体现在是对狭义的金融服务免税，还是对广义的金融服务免税。对不动产租售免税，也是很多国家的通行做法，法国、德国、英国、日本、荷兰、新西兰、新加坡、加拿大等国都将不动产租售纳入增值税免税范围。另外，还有一些国家将宾馆住宿、贵金属供应纳入增值税减免税范围。

由于税收优惠政策会切断了增值税链条，容易导致重复征税，造成经济扭曲。因此，近年来，增值税税收优惠政策已经引起各国的关注。经济合作与发展组织（OECD）报告就认为，各国实施税收优惠的主要目的是为了帮助贫困者，但这样做的效果并不理想。以食品为例，部分国家对食品实行低税率或者"零税率"，尽管贫困者在食品方面的花费占收入比重大，但富人花费在食品上的绝对金额仍超过贫困者。因此，实施低税率和税收减免，富人反而受益更大，这并不是救济贫困者的最好办法。此外，差别税率和税收减免大大增加了税收征管和遵从成本。近年来，部分国家通过改革增值税，实施包括减并税率、清理税收优惠等在内的一系列措施，实现税制简化，扩大增值税税基，以降低税收成本和增加税收收入。

五、增值税改革立法过程更加规范

增值税立法程序公开透明，充分吸取多方意愿、程序合理是发达国家成功推行增值税改革的重要保障。在增值税制度改革的过程中，基本上都经过公开透明程序征集各方需求，形成法律规范文件。首先，通过举行多方听证会，征集各方意见；其次，利益相关方积极参加听证，能以多种渠道反馈意愿；最后，立法信息公开透明，得到公众监督，并强调依法治税。基本上，通过一部法律涵盖所有与增值税相关的重要规定。

此外，近年来有关国家还在不断加强增值税领域的合作，相互学习借鉴、交换税收情报，以应对税收欺诈，以及国际服务贸易、电子商务、区域经济一体化、贸易自由化等带来的新挑战。OECD 近年来发布了一系列的增值税指南和报告，提出增值税的基本原则应该是中性、效率、确定、简单和公平。2012 年 11 月，OECD 召开第一次增值税全球论坛，各国达成共识需要制定统一的、国际通行的增值税原则和规范。2013 年 2 月，OECD 发布了《国际增值税——商品及服务税指南征求意见稿》，对增值税消费地原则的适用、对服务行业的征税、对商品流转及提供服务的时间与归属地的规则、商品和服务的定价、遵从问题、双重征税免除等关键内容提出了指导性的意见。

第四节 我国增值税制度的改革

一、我国增值税制的改革目标

我国增值税制改革的总体目标是按照税收中性原则，建立规范的消费型增值税制度。建立规范的消费型增值税制度，要适应国际现代型增值税的发展趋势，全面改革我国增值税制度，实现税收法定，努力做到征税范围覆盖所有的货物和服务，简化税率结构，进项税应抵尽抵，彻底消除重复征税，逐步剥离调控功能，做到税制简洁、税负公平、政策清晰、管理有效，全面体现税收中性。

二、我国增值税制改革的具体思路

(一) 尽快完善"营改增"改革

虽然此次"营改增"的全面推开是一项令人欣喜的改革,但是现行"营改增"改革还带有一定过渡性的色彩,考虑到当前经济状况的复杂性与不确定性,这次颁布的"营改增"实施方案还将接受现实的考验,在其实施过程中可能还会出现有待改进之处,这在理论上也可能影响增值税中性作用的发挥。

以建筑业和房地产业为例,"营改增"后这两大行业适用11%的增值税税率,相较改革之前的3%和5%的营业税税率高出很多,但根据《关于全面推开营业税改征增值税试点的通知》,一方面,允许建筑业和房地产业相关纳税人将支付的建筑分包款和土地出让金从销售额中予以扣除,并推出预缴和清算相结合的增值税制度,以解决房地产开发企业可能产生的进销项错配问题;另一方面,针对2016年4月30日之前的老项目,制定过渡期政策,允许纳税人选择简易计税办法计缴增值税。如此复杂的处理办法,都需要通过实践中的检验进行进一步的优化与规范。

(二) 全面规范增值税

一是简并增值税税率。按照税收中性原则和简化税制的要求,我国增值税宜以单一税率为最终目标。但由于税率的合并涉及各环节税负的重大调整,一次性减并成一档税率影响过大,较为稳妥的办法是先将税率整合成三档或两档。2017年7月1日的税率简并已经拉开了增值税税率优化的序幕,后面还应该根据实际情况进一步加快规范的步伐。

二是清理增值税优惠。享受相关优惠的行业和企业已形成一定的政策依赖,清理难度不小。因此,可考虑采取分步实施的方式,先重点清理那些不符合增值税原理的优惠政策，再清理其他优惠政策，减少改革的震动。

在借鉴欧盟及其他国家和地区经验的基础上，我国增值税法原则上可以规定适用于所有创造和实现增值额的经济领域，无论是农业、制造业、商业还是服务业都尽量统一征收增值税，但对医疗服务、教育、文化、福利、环境保护等服务业根据具体情况给予适当的免税待遇。

三是逐步扩大期末留抵退税政策和出口货物服务零税率的适用范围，并对进口货物和服务充分征税，增强税收公平。

四是优化增值税征管制度，以"金税三期"为核心，全面提升我国"信息管税"的水平，进一步降低税收征管成本，提高纳税人遵从度。

（三）推进增值税立法

"营改增"进一步完善和增值税规范后，要适时启动并抓紧完成增值税立法。通过立法提升增值税的法律层次，以法律形式巩固前期改革的各项成果。增值税作为我国第一大税种，推进其立法工作的完成，必将有助于我国在"十三五"期间真正实现落实税收法定原则的目标。

三、增值税改革中需要澄清的问题

由于我国增值税制是由原来的产品税、营业税制演变而来，社会公众对增值税的认识或多或少还带有产品税、营业税的烙印。要顺利推进增值税改革，需要澄清一些观念。

一是增强税收中性应当成为增值税改革的基本原则。税收中性是增值税最大的优势所在，也是增值税促进经济增长的主要原因，更是增值税有别于企业所得税等税种的核心特征。现行增值税制存在的问题，大多与偏离税收中性原则有关。增值税存在一定的累退性，即纳税人的税负随着收入增加而负担变小，但解决这一问题的最有效办法，不是实行免税或低税率政策，而是直接对低收入者实行财政补助或社会保险政策。增强增值税的中性特征，不仅是增值税原理的外在表现，也是国际增值税制度发展的重要趋势，更是让市场在资源配置中起决定性作用的必然要求。这就要求全面推进增值税对货物和服务的全覆盖、清理和规范税收优惠、简并税率、对进出口充分征税、对出口充分退税等各项改革举措。

二是理性看待增值税税负问题。目前社会上对增值税税负普遍存在认识误区，认为企业增值税税负率越低对企业越好。但实际上，增值税作为一种价外核算的间接税，其实际税负是通过增值税链条不断向下游转嫁，最终由消费者全额支付和负担的，链条中间环节的企业，在其中起到的作用主要是代收代付，即从下游的企业或消费者收取销项税，抵扣支付给上游供应商的进项税后交给税务机关，并不实际负担增值税。因此，从理论上看，"企业增值税税负率"的概念是不成立的，这也是国际财税界的基本共识，企业增值税税负的高低，都不会影响其收入、成本和利润水平。即使因为习惯一时难改，在现阶段还需要继续使用"企业增值税税负率"的话，也要格外注意并理解其概念的严重缺陷和不可比性。影响"企业增值税税负率"的因素很多，最关键的是企业的专业化程度，还会受到固定资产更新周期、内部管理水平、一次性销售库存、季节性采购等诸多因素的影响。因此，行业间、企业间、同一企业不同时期间的"增值税税负率"都不具有可比性。

三是正确理解"营改增"的减税效应。"营改增"，不是一项单纯的减税措施，也不是简单的税种转换，而是体制机制的转变，是一项更大的制度变革。"营改增"的主要目标是通过健全增值税的征抵机制，消除重复征税，从而促进社会化分工协作，激发市场活力，提高市场效率，促进经济结构的转型升级。消除重复征税的必然结果，是产业链的总体减税，市场机制会将总体减税逐渐分配到产业链的各个环节，使产业链上的所有企业受益，从而共享改革红利。因此，"营改增"的减税并不是要让每个企业缴纳的增值税额都比其原来缴纳的营业税减少。因为这样做，既没有必要性，也没有可能性。特别是在"营改增"试点前期，有的企业也没能完全适应新税制的要求，受经营模式、内部管理等原因的影响，取得的抵扣凭证不充分，从而没能在既有税制下做到进项税的应抵尽抵。在这种情况下，将试点后缴纳的增值税额与原来缴纳的营业税额比较是增加还是减少，不具有现实意义。评价"营改增"是否达到预期目标，关键要看改革后有没有做到进项税的应抵尽抵，重复征税是否有效消除，只要做到这一点，增值税的税收中性就能充分发挥，"营改增"促进社会化分工协作、促进经济结构的转型升级等各项预定目标就能实现。

回顾与总结：增值税是我国目前税制结构重要的组成部分，作为目前税收规模最大的税种，其规范性直接影响着中国税制体系的现代化进程。虽然我国的增值税制度建设在不断完善之中，但是制度设计和贯彻执行方面的问题仍需要引起一定的重视。尤其通过与发达国家现代增值税制度相比，我国现行增值税制度在税率结构、税收优惠、税收立法和税收征管等方面还存在一定的差距。在2016年全面推行"营改增"试点改革之后，我国的增值税还需要进一步进行完善，实现税制简洁、税负公平、政策清晰、管理有效，全面体现其税收中性的经济优势。

第三章　消费税制度建设

本章导读：现行消费税制度是中国 1994 年分税制改革后正式实施的，具体是以部分特定消费品的流转额为课税对象征收的一种流转税，属于中央税收的重要组成部分。根据深化财税体制改革和建立绿色税制的要求，消费税通过调整消费税征税范围、税率和征税环节，有助于在改善生态环境、引导居民合理消费等方面发挥更加重要的作用。本章介绍了消费税的基本原理，分析了我国消费税制度建设的历史沿革与现行状况，在借鉴国外消费税制度改革经验的基础上，针对我国未来经济发展趋势和现代财政体制改革要求，提出消费税制度改革的政策建议。

第一节　消费税概述

一、消费税的内涵

国际对消费税有两种通行解释：一种解释认为消费税指对消费品或消费行为课征的税收，属于间接税的范畴，税收随价格及交易行为的完成，转嫁给消费者负担。此种含义下的消费税属于间接税范畴。另一种解释是指对个人的消费支出课征的税，可称为消费支出税。它是所得课税的一种特殊形式，课征对象是个人及家庭在一定时期的应税消费额，即所得额扣除所得税和储蓄额后的余额。中国现行税收制度中的消费税属于前者。

在间接税范畴内，消费税还存在广义与狭义的区分。狭义消费税是指以特定消费品或消费行为为课税对象而征收的特殊消费税；而广义消费税是指以所有消费品或消费行为为课税对象征收的税种，它既包括狭义消费税，还包括对一般消费品或消费行为征收的税类，如增值税等。在我国，消费税特指的是以特定消费品（或消费行为）的流转额作为征税对象的一种间接税，是在增值税普遍征收范围内选取特定的消费产品再进行特殊调节的间接税，因此属于狭义消费税的范畴。

二、消费税的特征

（一）征收范围具有选择性

在确定消费税课税对象时，需要充分考虑财政政策、消费政策和市场供求情况等因素。一般来说，可以列入消费税征税范围的商品都要经过严格的选择。不论是基于财政、经济还是社会目标，一般都是将那些具有一定消费规模、收入价格弹性比较大和税源较为普遍的消费品列入征税范围，主要包括非生活必需品、奢侈品、高档消费品、不可再生的稀缺资源产品及高能耗产品等。因为对上述消费品进行征税，不仅不会影响居民的基本生活需求，而且可以达到限制有害消费品使用、抑制不良消费行为、促进资源有效利用、缓解社会收入分配不公等目标。

（二）征收方式具有灵活性

由于消费税的征收范围并不是一成不变的，需要随着经济情况的变化进行调整。因此，根据不同消费品的特点，消费税也会采取不同的征收方式，除了对绝大部分应税消费品实行从价定率征收之外，对某些价格差异不大、计量单位规范的消费品也可以实行从量定额征收。另外，为了充分发挥消费税特殊调节作用，还可以对一些应税消费品实行从价定率和从量定额相结合的复合征收方法。上述征收方式在中国的消费税制度中均被使用。

(三) 税负水平具有弹性

由于应税消费品之间存在明显的差异，而每一种消费品所对应的居民消费偏好、消费习惯、税收负担承受能力也各不相同，消费税在税率设计上应该具有明显的针对性。一般而言，消费税会将纳入征税范围的应税消费品分别确定不同的税率，项目之间的税负水平差异很大。这种税率层次多、税负差距大的特点，能够体现国家有关消费政策和产业政策的需要。因此，在市场经济运行体系中，消费税虽然可能在收入规模上不如其他主体税种，但是也具有其他税种难以替代的独特调节功能。

(四) 税负具有转嫁性

消费税是对应税消费品课税，税负归宿应为消费者。一般为了简化征收管理，消费税直接以应税消费品的生产经营者或销售者为纳税人，于进口环节、产制销售环节或零售环节缴纳税款，并成为商品价格的一个组成部分向购买者收回，消费者为税负的最终归宿。

三、消费税的职能作用

(一) 组织财政收入

税收具有组织财政收入的职能，这是由税收的本质决定的。在各国财政收入中，消费税收入占比逐年稳定提升，这与消费税征收范围和税率水平密切相关。一方面，由于人们对应税消费品的消费规模会随着收入水平的提高而不断增加，这就使得消费税的税源更加充足和集中；另一方面，由于消费税具有特殊调节目标，平均税率在设计时会比较高，而流转税的性质也保证了消费税的收入不会受到实际经营成本和利润的影响，从而也保证了消费税组织财政收入职能的实现。

（二）合理引导消费

消费税的征税对象多是需求弹性较大的非生活必需品，对消费者来说，有些消费品是非必需的，通常采用较高的税率，会增加消费者的税收负担。因此，消费税具有较强的行为调节作用，进而体现国家的产业政策和消费政策，实现政府调节社会生产、引导健康消费行为的政策意图。

具体而言，首先，通过对征收范围的选择，对某种行业或消费品是否征收消费税作出规定，可以体现政府对各个行业发展及各种产品消费的奖限政策，从而调节生产结构和引导消费行为。其次，通过对差别税率的制定，使不同应税消费品承担高低不同的税负，可以在一定程度上调节生产企业的利润水平，进而间接引导企业生产方向和社会投资流向，对产业结构调整发挥积极作用。最后，通过对烟、酒等特殊消费品征收较重的消费税，可以限制产品的生产和消费，而对部分稀缺性资源产品、高能耗消费品和高污染消费品开征消费税，可以引导绿色消费观念。

（三）调节收入分配

通过对某些奢侈品或特殊消费品征收消费税，立足于从调节个人支付能力的角度间接增加某些特定消费群体的税收负担，体现"收入多者多负税"的政策精神，从而可在一定程度上配合个人所得税及其他有关税种，缓解社会分配不公的矛盾，实现社会公平。

（四）保护生态环境

通过对引起环境污染、生态破坏等具有负外部性的消费品，以及不可再生或没有替代品的资源紧缺类产品开征消费税，在一定程度上将消费者或生产者承担的社会成本以价格的形式表现出来。一方面，激励社会寻求替代商品，减少对重污染类商品的消费；另一方面，通过增加生产企业的生产成本的方式，迫使生产厂商采取新技术和新工艺，研发生产"生态友好"型的消费品，从而达到保护环境、减少污染的政策目标。

第二节　我国消费税的历史沿革与现状分析

一、我国消费税的历史沿革

（一）1994年正式建立消费税制度

1950年1月，我国曾在全国范围内统一征收了特种消费税，当时的征收范围只限于对电影戏剧及娱乐、舞厅、筵席、冻食、旅馆等消费行为征税。1953年修订税制时，将其取消。1989年针对当时流通领域出现的彩色电视机、小轿车等商品供不应求的矛盾，为了调节消费，2月1日在全国范围内对彩色电视机和小轿车开征了特别消费税，后来由于彩电市场供求状况有了改善，1992年4月24日取消了对彩电征收的特别消费税。1994年1月1日，《中华人民共和国消费税暂行条例》正式实施，对烟、酒及酒精、化妆品、护肤护发品、贵重首饰及珠宝玉石、鞭炮焰火、汽油、柴油、汽车轮胎、摩托车、小汽车11类货物征税，初步建立了比较完整的消费税制度。

（二）2006年调整消费税征税范围

2006年4月1日起，我国对消费税税目、税率及相关政策进行了调整。这次调整，遵循了以下几个基本原则。一是充分发挥消费税调节功能，促进环境保护和资源节约；二是优化税率结构、体现税收公平，更好发挥消费税的调节作用;三是便利税收征管、兼顾财政收入。具体调整内容包括两个方面:(1)对消费税的应税品目进行有增有减的调整。一是新增了高尔夫球及球具、高档手表、游艇、木制一次性筷子和实木地板等税目,并将汽油、柴油两个税目取消,增列成品油税目,汽油、柴油作为该税目下的两个子目,同时将石脑油、溶剂油、润滑油、燃料油、航空煤油等油品作为五个子目征收消费税;二是取消了"护肤护发品"税目,同时将原属于护肤护发品征税范围的高档护肤类化妆品列入化妆品税目。(2)对原有税目的税率进行有高有低的调整。现行11个税目中,涉及税率调整的有白酒、小汽车、摩托车、汽车轮胎几个税目。调整后,消费税的税目由原来的11个增至14个。2006年消费税政策的调整是1994年税制改革以来,消费税第一次较大规模的调整,适应了消费形势变化的要求,较好地发挥了消费税的调节作用。

(三)2008年调整乘用车消费税政策,修订消费税暂行条例

2008年9月1日,为促进汽车产业的节能减排,国家决定再次调整汽车消费税政策:一是提高大排量乘用车的消费税税率;二是降低小排量乘用车的消费税税率;三是进口环节小汽车消费税税率也作出相应调整。此次调整汽车消费税政策,旨在抑制大排量汽车的生产和消费,鼓励小排量汽车的生产和消费,有利于降低汽油和柴油消耗,减少空气污染,促进国家节能减排工作目标的实现。

同年,对消费税暂行条例进行了修订,将1994年后消费税政策调整内容,更新到新修订的消费税条例中,并与新修订的增值税条例衔接,对消费税的纳税期限、纳税地点等要素进行了调整。2008年11月10日,国务院颁布了修订后的《中华人民共和国消费税暂行条例》。

(四)2009年成品油税费改革,调整烟产品消费税政策

2009年1月1日起,我国正式实施成品油价税改革。改革的主要内容是:取消原来成品油价外征收的公路养路费、巷道养护费、公路运输管理费、公

路客货运附加费、水路运输管理费、水运客货运附加费等六项收费，逐步有序取消政府还贷二级公路收费；同时，将价内征收的成品油消费税单位税额相应提高。此次改革旨在建立完善的成品油价格形成机制和规范的交通税费制度，促进节能减排和结构调整，公平负担，依法筹措交通基础设施维护和建设资金。

2009年5月1日起，为遵守《世界卫生组织烟草控制框架公约》，促进人民健康，相应适当增加财政收入，我国进一步完善卷烟消费税制度，调整卷烟产品消费税政策。一是调整卷烟产品生产环节消费税。甲类卷烟（即每标准条200支）调拨价格70元以上的（含70元），税率调整到56%；乙类卷烟（即每标准条200支）调拨价格70元以下，税率调整到36%。雪茄烟生产环节税率调整到36%。二是在卷烟批发环节加征一道从价税，税率为5%。

（五）2014年以来的消费税调整

党的十八届三中全会《中共中央关于全面深化改革若干重大问题的决定》提出，调整消费税征收范围、环节、税率，把高耗能、高污染产品及部分高档消费品纳入征收范围。为此，新一轮消费税制度调整逐步推开。经国务院批准，2014年12月取消气缸容量250毫升（不含）以下的小排量摩托车消费税。气缸容量250毫升和250毫升（不含）以上的摩托车继续分别按3%和10%的税率征收消费税。取消汽车轮胎税目。取消车用含铅汽油消费税，汽油税目不再划分二级子目，统一按照无铅汽油税率征收消费税。取消酒精消费税。自2015年2月1日起，将电池、涂料纳入在消费税征收范围。自2015年5月10日起，将卷烟批发环节从价税税率由5%提高至11%，并按0.005元/支加征从量税。

2016年10月1日起，普通化妆品取消征收消费税，高档化妆品税率从30%降为15%，其中高档化妆品只包括高档美容、修饰类化妆品、高档护肤类化妆品和成套化妆品。

2016年12月1日起,"小汽车"税目下增设"超豪华小汽车"子税目,征收范围为每辆零售价格130万元(不含增值税)及以上的乘用车和中轻型商用客车。对超豪华小汽车,在生产(进口)环节按现行税率征收消费税基础上,在零售环节加征消费税,税率为10%。

通过上述消费税制度的完善,我国现行消费税的征税范围、税率结构和征收环节日益合理,而消费税收入总额出现了较快增长,已经成为中央税收的主要组成部分之一。

二、我国消费税的主要内容

(一) 我国消费税的基本要素

1. 纳税人与征税环节

在中华人民共和国境内生产、委托加工和进口本条例规定的消费品的单位和个人,以及国务院确定的销售《中华人民共和国消费税暂行条例》规定的消费品的其他单位和个人,为消费税纳税义务人。

应税消费品在生产、委托加工、进口、零售中的指定环节一次性缴纳消费税,其他环节不再缴纳。除金银首饰在零售环节征收,卷烟在批发环节加征一道消费税之外,其他应税消费品的消费税在生产(进口)环节征收。

2. 征税范围

现行消费税的征税范围包括15大税目,分别是烟、酒、鞭炮焰火、小汽车、摩托车、高档化妆品、成品油、贵重首饰及珠宝玉石、高尔夫球及球具、高档手表、游艇、实木地板、一次性木筷、涂料、电池等。

3. 税率

我国消费税在设计每种产品具体适用税率时,主要考虑了以下五个方面:一是要能够体现国家的产业政策和消费政策;二是要能够正确引导消费方向,有效地限制超前消费的倾向,起到调节供求关系的作用;三是要能适应消费者的货币支付能力和心理承受能力；四是要有一定的财政意义，适当积累财政资金；五是要考虑应税消费品的负担水平。现行消费税税率包括比例税率和定额税率两种形式。

比例税率主要适用于那些供求矛盾突出、价格差异较大、计税单位不规范的应税消费品。包括：雪茄烟、烟丝、其他酒、高档化妆品、贵重首饰及珠宝玉石、鞭炮焰火、汽车轮胎、小汽车、摩托车、高尔夫球及球具、高档手表、游艇、木制一次性筷子、实木地板、电池和涂料。

定额税率主要适用于那些供求基本平衡、价格差异不大、计量单位规范的消费品。具体适用于黄酒、啤酒、成品油。

除此之外，白酒、卷烟两种应税消费品实行比例税率与定额税率相结合的复合计税。

4. 应纳税额的计算

消费税实行从价定率、从量定额，或者从价定率和从量定额复合计税（以下简称"复合计税"）的办法计算应纳税额。应纳税额计算公式：

实行从价定率办法计算的应纳税额＝销售额×比例税率

实行从量定额办法计算的应纳税额＝销售数量×定额税率

实行复合计税办法计算的应纳税额＝销售额×比例税率＋销售数量×定额税率

5. 征收管理

消费税由税务机关征收，进口的应税消费品的消费税由海关代征。个人携带或者邮寄进境的应税消费品的消费税，连同关税一并计征。

纳税人销售的应税消费品，以及自产自用的应税消费品，除国务院财政、税务主管部门另有规定外，应当向纳税人机构所在地或者居住地的主管税务机关申报纳税。委托个人加工的应税消费品，由委托方向其机构所在地或者居住地主管税务机关申报纳税。除此之外，由受托方向所在地主管税务机关代收代缴消费税税款。进口的应税消费品，由进口人或者其代理人向报关地海关申报纳税。

（二）我国消费税的特点

1. 仅以特定消费品为课税对象

消费税以需要进行特殊调节的部分最终消费品为课税对象。现行消费税列举征税的品目只有15个，我国消费税的征税范围具有以下明显的特征：第一类是过度消费会对人类健康、社会秩序、生态环境等方面造成危害的特殊消费品，如烟、酒、鞭炮焰火、涂料、电池等。第二类是少数高收入群体为消费主体的奢侈品与非生活必需品，如贵重首饰及珠宝玉石、高尔夫球及球具、高档手表、游艇等。第三类是高能耗及高档消费品，如小轿车、摩托车等。第四类是不可再生和替代的资源类产品，如一次性木筷、实木地板、成品油等。除此之外，对其他消费品和消费行为不征消费税。

2. 征税环节整体具有单一性

消费税负担的最终归宿虽然是消费者，但是，为了加强源泉控制，防止税款流失，消费税的纳税环节主要确定在产制环节或进口等单一环节，但是对卷烟等子税目也有多环节征收的情况。以我国消费税为例，除个别产品外，一般是在应税消费品的生产、委托加工和进口环节缴纳，在以后的批发、零售等环节中，由于价款中已包含消费税，因此不必再缴纳消费税。这样，既可以减少纳税人的数量，降低税款征收费用和税源流失的风险，又可以防止重复征税。

3. 实行差别税率，税负差异大

消费税属于国家运用税收杠杆对某些消费品进行特殊调节的税种。为了有效体现国家政策，消费税实行差别税率，其平均税率水平一般定得比较高，并且不同征税项目的税负差异较大，对需要限制或控制消费的消费品，通常征税较重。我国现行消费税是同增值税相互配合而设置的。这种办法在对某些需要特殊调节的消费品在征收增值税的同时，再征收一道消费税，从而形成了一种双层次调节的间接税体系。

4. 从价征收与从量征收并存

我国现行消费税对不同应税消费品分别实行比例税率和定额税率。即既可以实行从价定率征收，也可以实行从量定额征收。通常大部分应税消费品都以消费品的销售额为计税依据，实行从价定率的征收办法，而对少数价格差异不大，计量单位规范的消费品以其实物量为计税依据，实行从量定额的征收方法。

5. 实行价内税

消费税就其价税关系分析，有价外税和价内税两种形式。国外的消费税大多采取价外税，其税基为不含消费税的商品销售额；我国的消费税实行价内税模式，其税基是由生产成本、利润和消费税三部分构成的销售额。

三、我国消费税的现状分析

自 1994 年征收消费税以来，其收入规模不断攀升，现已成为我国的第三大税种，收入规模次于增值税和企业所得税。具体见表 3-1。

表 3-1　　　　　　　　全国消费税税收收入情况

年　份	消费税收入（亿元）	消费税收入占税收收入（%）	消费税占流转税（%）
1994	487.40	9.51	13.04
1995	541.48	8.97	12.59
1996	620.23	8.98	12.56
1997	678.70	8.24	12.11
1998	814.93	8.80	12.87
1999	820.66	7.68	11.84
2000	858.29	6.82	10.69
2001	929.99	6.08	10.12
2002	1046.32	5.93	10.08
2003	1182.26	5.91	9.70
2004	1501.90	6.22	9.92

续表

年　份	消费税收入（亿元）	消费税收入占税收收入（%）	消费税占流转税（%）
2005	1633.81	5.68	9.22
2006	1885.69	5.42	9.01
2007	2206.83	4.84	8.59
2008	2568.27	4.74	8.57
2009	4761.22	8.00	14.11
2010	6071.55	8.29	15.05
2011	6936.21	7.73	14.62
2012	7875.58	7.83	14.91
2013	8231.32	7.45	14.47
2014	8907.12	7.47	14.75
2015	10542.16	8.44	16.60
2016	10217.23	7.84	16.37

注：消费税仅包括国内消费税，流转税包括国内增值税+国内消费税+关税+营业税。
资料来源：《中国统计年鉴（2016）》及2016年全国一般公共预算收入决算表。

由此可见，消费税占总税收收入的比重经历了一个先下降后上升的U型曲线，从1994~2008年呈现不断下降的趋势，从初始9.5%降至2008年的4.7%；消费税占流转税收比重从初始13%下降到2008年的8.57%。消费税占流转税比重在2008年之后逐步稳定，一直保持为14%~16%。2008年，中国历经了金融危机导致的税收收入增速放缓的过程，但随着居民消费水平不断提高和居民消费行为的相对稳定，保障了消费税收入增长，也使得消费税成为中国经济危机期间稳定中央财政收入的重要财源。

我国消费税最为突出的税收职能就是调节和引导消费，通过对不利于健康、生态环保的商品和服务，以及高档消费品征税来进行调节特别消费行为。从中国目前的消费税制度分析，还存在以下问题需要解决。

（一）征税范围"缺位"与"越位"并存

一方面，自消费税征收以来，征收范围就随着经济社会的发展而处在不断变化之中。以前适合征收消费税的消费品，随着经济社会的发展，目前已不适合征收消费税。消费税制度应该随着整体国民经济的消费升级，进行及时调整，否则将导致消费税征收范围出现"越位"的局面。

另一方面，从保护环境角度看，随着社会经济的发展，环境保护、节能减排和保持良好生态平衡已经得到共识。而目前，消费税针对高能耗、高污染方面的征收内容还比较狭窄，对环境保护的作用有限。例如，对高档消费的征收，现行消费税主要针对高档消费品中的高档手表、高尔夫球及球具、珠宝玉石和金银首饰进行征税，不仅范围比较局限，也还没有涉及目前日益丰富的高档消费服务等内容，征收范围存在一定程度的"缺位"现象。

(二) 税率设计存在不合理的地方

部分应税消费品存在税率过低的问题，对于危害人们健康和资源消耗的产品还缺乏控制力。例如，从国际经验来看，作为在控烟运动中能够发挥重要角色的消费税，会占到一些国家卷烟零售价格的70%。但是在我国，卷烟消费税却没有达到类似的水平，尚有一定的空间继续提高税率。

(三) 征税环节过于偏好于生产领域

目前，我国主要在生产环节或进口环节征收消费税。上述处理办法便于税收征管，能够实现消费税税额的及时入库，但是也表现出一定的问题。首先，消费税集中在生产环节征税，消费者对所承担的实际税负不易察觉，当消费税税率提高时，不利于发挥消费税调节功能；其次，由于生产环节计税依据明显小于零售环节，不仅影响税收收入，也弱化了消费税对消费者的引导作用；最后，消费税与地方财政收入关系紧密，生产环节征收消费税容易激发地方政府的投资冲动与地方保护，不利于鼓励地方政府培养税源、刺激本地消费、通过拉动消费带动经济发展的经济转型。

第三节　消费税制度的国际经验借鉴

消费税的征收历史可以追溯到古罗马帝国时期，早期对各种商品征税，如盐、酒、矿产品、皮毛税等，为现代消费税的雏形。在工业革命后，建立了销售税（或周转税）与消费税相结合的流转税制模式，消费税的地位也日趋重要。19世纪中叶之后，随着以所得税为代表的直接税制体系的发展，消费税占各国税收收入的比重有所下降，但是由于其具有独特的调节作用，仍然受到各国政府的重视。20世纪70年代以来，以美国为代表的减税浪潮席卷西方发达国家，各国纷纷开始探索降低所得税比重，加强和改进流转税建设的道路，尤其是发达国家对环境和生态保护的重视，使得消费税的课征范围又呈现出逐渐扩大的趋势。

一、征税范围

按照消费税征税范围，消费税可以划分为有限型消费税、中间型消费税和延伸型消费税。具体而言，有限型消费税的征税对象主要是一些传统的应税消费品，如烟草、酒、石油制品、机动车辆以及娱乐行为等，征税对象一般在10~15个。实行此类消费税的有美国、英国等国家。中间型消费税除有限型消费税所涉及的项目外，还将部分食物制品（牛奶和谷物制品）、生活消费品（如纺织品、鞋类、药品等），生产资料（如水泥、建筑材料、颜料、油漆）等也列入消费税的征税对象，征收对象大约在15~30个之间。采取中间型消费税的国家有德国、法国、意大利、西班牙等国家。而延伸型消费税的征税对象最为广泛，一般超过30种以上的类别，除中间型消费税包括的品目以外，还包括更多的生活消费品和生产资料（如电器设备、收音机、电视机、音响和摄影器材、钢材、铝制品、塑料、树脂、橡胶制品、木材制品以及机器设备等）。采用延伸型消费税的国家有韩国、巴基斯坦、印度等。

以美国为例，目前联邦特别消费税主要包括酒税、烟草税，机场、航线、高速公路税，制造业者消费税等。而地方特别消费税征收范围由各个地方政府自主决策，差异较大，但美国全国50个州均征收酒税、烟草税和汽油税。美国的消费税按作用可分为三类：以受益为征收原则的消费税，即政府特定服务的受益者必须缴纳相关税金，负担政府部分费用；为限制特定消费行为的消费税，包括麻药、枪支及赌博等不利于社会安定的物品或行为；节约性消费税，如汽油消费税等。而且在目前日益关注环境污染治理背景下，美国消费税的课税范围还有进一步扩大的趋势。

欧盟消费税是对特定产品的销售或使用征收的间接税，消费税的收入完全属于成员国。目前，欧盟成员国必须对酒精、烟草、能源征收消费税。烟草制品包括：香烟；雪茄及小雪茄烟；烟丝。对啤酒征收的消费税根据产成品的百升或度数设定，成员国把啤酒分为不同类型（一般不超过四种），每类啤酒适用相同的税率。能源产品、电力仅在被用作发动机或加热燃料时被征收消费税，还设定了发动机燃料的最低税率，当能源产品满足一定条件时可以免于征收消费税。

德国的消费税采取中间型课征范围，根据德国联邦财政部2013年的资料，应税项目主要有波普甜酒、啤酒、矿物油、咖啡、烧酒、电气、烟草、核能、香槟等。韩国特别消费税的主要征税范围包括奢侈品高档消费品、限制性消费品和奢侈性活动，征税对象共涉及33种产品及7种场所，值得注意的是韩国对日用生活品的课税范围比较广泛，甚至对糖类和饮料也征税[①]。

二、税率和计税方式

各国消费税的税率设置较为灵活，税率档次间差别较大，一般而言，具

---

① 高阳，李平. 部分OECD国家消费税的特征及借鉴［J］. 国际税收，2015（5）.

有以下特点。

（一）税率设置具有显著的差异性

通过对基本消费品设置较低的税率，对奢侈品或限制消费的商品设置较高的税率，充分发挥消费税的引导作用。例如，韩国对家具、糖、饮料等必需品、生产资料征收10%的较低税率，而对于奢侈品、高档娱乐场所和活动、资源类产品等征收较高的税率，如对赛马场征收50%的税率，对毛皮及其产品、珠宝首饰征收的税率达60%，对汽油的征收税率高达100%。再如，英国汽车消费税税率根据排放量大小设定为13级，A级为二氧化碳排放量在每公里100克以下的车辆，免征消费税，而B级到M级随着排放量的增大从20英镑逐级递增到455英镑。

（二）计税方式具有灵活性

对于相同的征税对象，各国由于国情、消费习惯不同，计税方式具有很强的灵活性。以欧盟为例，成员国会规定最低香烟消费税的数额。对于香烟征收的消费税要至少占加权平均零售价格的57%；或者不考虑香烟的零售价格，消费税每1000支的价格不能低于64欧元。如果满足每1000支不少于101欧元，则可以不满足57%的条件。除了香烟，欧盟国家还应对其他烟草制品征收消费税，可以采取基于最大零售价格从价征收、每千克或每1000个单位从量征收，以及从价从量复合计征的方式。最低消费税的数额如下：（1）雪茄，含税零售价格的5%或每千克12欧元；（2）精切烟丝，加权平均零售价格的40%或每千克40欧元；（3）其他烟丝，含税零售价格的20%或每千克22欧元。

酒类产品消费税方面，会根据产成品的百升或度数设定来设置税率。成员国把啤酒分为不同类型，每类啤酒适用相同的税率。成员国对由小型企业生产的啤酒采取低税率，但是不能低于标准税率的50%。白酒、葡萄酒、汽酒、发酵酒及中间产品的消费税则根据产成品的百升数设定，同一类酒征收相同的税率，有些成员国对实际酒精度不超过15%的中间产品采取低税率，但是不能低于标准税率的40%。酒精及酒精饮料的消费税则根据20℃以下纯酒精数确定。低税率可以适用于小蒸馏酿酒厂生产的乙醇酒精，但是不能低于标准税率的50%。

能源消费税方面，能源产品、发动机燃料等产品的最低税率情况见表3-2和表3-3。

表3-2　　　　　　　　　发动机燃料最低税率水平

项　目	最低消费税税率（欧元）
汽油（每1000升）	421
无铅汽油（每1000升）	359
柴油（每1000升）	330
煤油（每1000升）	330
液化石油气（每1000升）	125
天然气（每吉焦耳）	2.6

资料来源：OECD. Consumption Tax Trends：VAT/GST and Excise Rates [J]. Trends and Administration Issues 2014.

表3-3　　　　　　　　燃料用于工业或商业的最低税率水平

项　目	最低消费税税率（欧元）
柴油（每1000升）	21
煤油（每1000升）	21
液化石油气（每1000升）	41
天然气（每吉焦耳）	0.3

资料来源：OECD. Consumption Tax Trends：VAT/GST and Excise Rates [J]. Trends and Administration Issues 2014.

三、征收环节

多数国家消费税的征税环节主要选择在生产、进口、批发或者零售环节，但由于政策目标不同导致各国消费税征收环节存在较大差异。例如，OECD国家大多在产品进入终端消费领域时征收，显示出较强的消费引导意图。美国特别消费税是单一环节征税的税种，但是除了污染品在生产环节征收外，美国消费税的征税环节主要集中在零售环节。德国消费税法对征税环节的管理规定是多环节征税，应税产品在生产和零售环节消费时缴纳消费税；其税款的纳税期限一般为产品离开生产企业或进关后的两个月内，纳税期限核定需要较长时间，具有消费后支付税款的特点。选择在零售环节征税的典型国家还有瑞典、意大利、哥伦比亚、泰国、墨西哥和巴西等。

出于便于控制和管理的考虑，发展中国家和经济转型国家的消费税大多采用在生产环节征税的形式，如印度、俄罗斯等国主要在生产环节或者批发环节征收消费税，玻利维亚的消费税只在生产和进口环节征收。选择在生产和批发环节征税的典型国家还包括荷兰、西班牙、澳大利亚和日本等国家。

通过对国外消费税制度的分析，许多国家的消费税税率调整空间十分灵活，可以根据不同经济阶段下政府财政需求进行改变和浮动，以适应不同时期国家宏观经济调控的要求。而且其征税范围比中国消费税征税范围更加宽泛，体现了多元化的政策目标。大多数国家还会重点强调消费税的绿色环保功能，将高能耗、高污染的产品纳入消费税征税范围；对于奢侈品、有害品的消费税征收方式会随商品属性进行分级征税，社会负向效应越大的征税幅度越高。相当多的国家将消费税的征税环节设置为零售环节，地方政府更加容易掌握主要税源与参与税收利益的分配。

第四节 我国消费税制度的改革

一、我国消费税制的改革目标

按照党的十八届三中、四中、五中全会的部署，消费税改革的基本目标是"调整消费税征收范围、环节、税率，把高能耗、高污染及部分高档消费品纳入征收范围"。而且，消费税的制度改革，不仅是要进一步完善我国现行税收制度，还应该为财政体制改革做有力的支撑。通过调整消费税的征收范围、环节和税率，对消费税的功能进行拓展，实现以下政策目标：第一，进一步落实消费税制度的改革措施，将高污染和高能耗消费品纳入消费税征税范围，配合国家调整经济结构的政策目标，进一步体现消费税在节约能源、环境保护方面的作用。第二，对更多的高档消费品和奢侈消费行为征收消费税，鼓励日常和节能消费品的消费。第三，降低或取消对部分普通消费品的税收负担，体现消费税调节收入分配差距方面的作用。第四，调整部分消费品的征收环节，一方面兼顾地方政府税收利益，另一方面转变地方政府过于关注投资生产的行为偏好。

二、我国消费税制的改革思路

我国消费税制改革的整体思路应该是：

首先，增强消费税的宏观调控能力。国家需要增强消费税在促进节能减排方面的调控功能，通过调整消费税的征税范围和税率，加快节能减排、促进产业转型，以及地方经济增长方式的转变。

其次，提高财政收入。受国家的结构性减税和政策调整的影响，导致财政收入增速放缓，特别是中央财政收入增速偏低。将高能耗、高污染和高端奢侈品纳入征税范围，并进行税率范围的调整，有助于补充政府财政收入。

最后，调整消费税征税范围的内部结构。原来征收消费税的奢侈品，而后逐渐成为日常生活用品的产品应取消消费税；而把高能耗、高污染产品及部分高档消费品纳入消费税的征收范围。而是否需要后移消费税的征税环节，需要综合考虑税源均衡与征管能力等因素。

三、我国消费税制改革的具体措施

（一）加强调控，调整范围

随着中国经济社会发展，对于奢侈品或高档消费品的界定也在不断的发展变化，原有的消费税制度中的有些奢侈品或高档消费品已经逐步成为生活必需品，可以逐步取消对这些商品征收消费税的规定，而新的奢侈品、高档消费品、高档服务等消费行为也会伴随着生活水平的提高不断涌现，也应该及时将其加入消费税的征税范围，以适应社会生产和居民消费结构的变化，更加充分发挥消费税的特定调节作用。

(二) 合理负担，优化税率

从国际经验来看，尽管各国消费税的税率设置不尽相同，但在税率结构的设置上，共同特征是基本消费品税率低，非必需消费品、奢侈品、危害身体健康等不利于社会发展的行为税率高。因此，我国消费税制度的改革应合理调整相关应税消费品的税率结构，适度增加差距，对节能型产品、清洁能源和有利于节能环保的产品实行减税或免税；对一些不利于环境保护、社会公平的品目则进一步提高税收负担，提高调控力度。

(三) 征管改革，稳步推进

借鉴消费税制改革的国际经验，许多发达国家将零售环节作为消费税的征税环节。而我国调整消费税征管环节是否需要后移，应该从出于均衡税源的角度，逐步推进。一方面，可逐步试点将目前主要集中于生产（进口、委托加工）环节的征收逐步适当向批发或零售环节转移，以扩大税基、均衡地区间税源分布，增强消费地政府对消费环境和消费能力的关注。另一方面，部分在批发环节或零售环节不易征管的消费税品目则继续留在生产（进口）环节征收，兼顾生产地税源的需求。

(四) 因地制宜，下放税权

从国外消费税制度的运行状况分析，联邦制国家的地方政府通常享有相对完整的消费税税权，而单一制国家的地方政府通常不享有消费税的立法权，仅享有征管权和收益权。在我国消费税制改革的过程中，确立消费税立法权划归中央的基础上，可以选择部分具有较强地域特点的税目，赋予省级地方政府一定的税政管理权。当然，为保证消费税立法修订符合地方实际情况，可以增强地方对消费税立法的建议权。

（五）统筹配套，推进绿色税制

我国消费税改革应与环境保护税、资源税的税制建设相协调，增强消费税的环境保护效应，将那些无法回收利用、在使用中会对环境造成严重污染的高能耗、高污染产品列入消费税的征收范围；并根据课税对象的环保作用设定相应税率，提高那些污染严重而又非生活必需品的产品的税率，对具有环保作用的绿色产品给予较低税率优惠等。

四、我国消费税制改革中应关注的问题

第一，处理好扩大消费税征收范围、调整消费税税率与税负上升之间的矛盾。消费税改革在扩大将高能耗、高污染、部分高档或服务的征税范围、增加税负的同时，也需要取消部分普通消费品征税并降低税负过高商品的税负。然而，消费税改革在整体上是否会加重生产者或消费者的负担，尤其是否会提高普通民众的生活成本，是消费税制改革的焦点。这就需要对消费税的征收范围和税率调整幅度进行更加细致的考虑，并且要求做好消费税制改革的宣传与沟通。

第二，处理好消费税征收环节后移与征管能力之间的矛盾。如果改革将部分消费税品目的征税管理环节向后移送至零售环节，确实有利于地方政府就地征收管理。然而，由于零售环节的纳税人会大幅增长，征管难度也必然增加。一方面，面对消费税征税环节后移引起的纳税人数量增加和分散的问题，税务机关应加强消费税税源的监控管理。通过充分利用现代互联网技术，建立以纳税申报为基础的消费税纳税人信息采集制度，建立以消费税申报资料为依据的数据库，定期更新消费税税源变化的相关资料。加强对重点税源

信息资料的管理，建立健全全社会信息共享机制，提高税源管理数据的时效性和共享性。另一方面，要建立起消费税相关行业良好的纳税秩序，税务机关除加强对相关行业的监控外，还应该针对性地采取措施，加大对消费税偷逃税款行为的专项稽查力度，提高税务稽查水平、提高稽查工作质量。

回顾与总结：我国消费税是流转税同时也是中央税收的重要组成部分，由于消费税在保证财政收入、合理引导消费行为、调节收入分配和保护生态环境等方面具有重要的功能，成为目前税制改革中的热点之一。本章借鉴国外消费税制改革的经验，立足于贯彻党的十八届三中全会精神，指出消费税制改革应调整消费税征收范围、环节、税率，把高能耗、高污染及部分高档消费品纳入征收范围，通过调整征收范围、优化税率结构、完善征收管理、下放税权管理和建立绿色税制五个方面，逐步推进我国消费税制改革的进程。

第四章　资源税制度建设

本章导读：自然资源是现代社会发展和进步所需的重要物质基础，与社会生产和居民生活都密切相关。但是随着我国经济的快速发展，自然资源的损耗与破坏也日益严重。通过税收手段对自然资源进行保护，实行有序开采利用是资源税设置的根本目的。本章介绍了资源税征收的理论依据，回顾了我国改革开放以来资源税制改革的历史演变进程，分析了现阶段资源税制存在的问题，在借鉴国外资源税制建设经验的基础上，结合《关于全面推进资源税制改革的通知》的要求，探讨了我国资源税制全面改革的具体思路。

第一节　资源税概述

资源税是以自然资源为课税对象的税种，在目前资源消耗与环境恶化日益严重的社会经济背景下，改革资源税制对于促进资源节约集约开采利用、理顺资源税费关系、增强地方政府财力与遏制资源环境恶化等方面都具有重要的意义。

一、资源税的内涵

资源作为客观存在的自然要素或社会要素，是指一国或一定地区内拥有的物力、财力、人力等各种物质要素的总称。广义的资源是指人类生存和发展所必需的物质和非物质资源，如资本、劳动力、技术及管理能力等。狭义的资源一般是指自然资源，即天然存在的、人类可以直接从大自然获取的用于生产生活的物质，它一般包括三类：一是非再生性资源，如各种矿产资源。二是再生性资源或可恢复更新的资源，如草场、森林等。三是无须更新可循环使用的资源，如太阳能、水、光等。上述狭义的资源区别于其他资源的主要特点就在于它的稀缺性。

资源税按征收范围不同分为广义的资源税与狭义的资源税。广义的资源税可以对所有的资源征收，狭义的资源税就是主要对自然界存在的天然物质资源，即自然存在的劳动对象为课税对象所征收的税种。目前世界各国所征收的资源税，一般均属于狭义的资源税。我国现行资源税因为主要是针对我国境内从事矿产品开采和生产盐的单位和个人进行课征，属于狭义的资源税。

资源税按性质不同分为一般资源税和级差资源税。一般资源税是对占有、开发国有自然资源者普遍征收的资源税。其特点是对占有、开发自然资源的单位和个人，不论其所占有资源质量优劣、取得收入多寡，一律平等对待进行无差别的征收资源税。级差资源税是以资源禀赋差异而对开采者带来的利润差异进行调节的资源税。其特点是对占有、开发自然资源的单位或个人，视其资源质量优劣与取得的收入多寡进行有差别的征收资源税。

二、资源税理论依据

（一）资源级差地租理论

马克思经济理论认为地租是直接生产者在生产中所创造的剩余生产物被

土地所有者占有的部分，是土地所有权在经济上实现的形式。根据产生地租的原因和条件的不同，马克思把地租分为绝对地租、级差地租和垄断地租。绝对地租是因为土地所有权的垄断而产生的，每块土地不管肥沃程度如何，都必须缴纳这种地租。绝对地租就是来源于产品的价值高于生产价格的差额而形成的超额利润。

由于不同土地的生产效率取决于自然肥力的差异，因而可以把土地从劣等到优等划分为不同级别。而级差地租就是由投在最坏土地上的资本收益和投在较好土地上的资本收益之间的差额决定的。级差地租又可以划分为两种类型。

矿产资源级差地租Ⅰ是指由于矿产资源蕴藏丰度、赋存条件、开采难易程度及交通地理位置优劣，使得资源条件好的开采单位能获得超过社会平均利润的超额利润。这部分超额利润应该归属于矿产资源的所有者。矿产资源级差地租Ⅱ是指矿产资源投资者把同等数量的资本连续投资在同样自然条件的矿产资源上，企业由于不同的劳动生产率取得个别生产价格低于社会生产价格的超额利润。这部分超额利润应属于追加投资的生产资料所有者。

实际上，由于矿产资源的稀缺性和供需变化，矿产企业既可能在某一时期获得超额利润，也可能在有些周期内面临亏损。从整个生产周期看，它可能是企业长期承担矿产开发的经营风险应获得的补偿，也可能由于资源的稀缺性，在整个生产周期中都存在的超过社会平均利润的、由于稀缺性产生的超额利润。对于后者的这部分利润，国家理应享受相应的收益权。因此，基于"级差地租"理论，国家可以通过征收资源税对不同地区、不同矿种、不同品级资源间的收益差距予以调节。

（二）资源耗竭性理论

由于很多资源是不可再生资源，随着资源耗竭性问题越来越严重，很多学者便提出资源税应作为促进资源可持续利用的政策工具。该理论研究的基本问题就是在市场经济条件下，资源拥有者如何通过合理控制矿产的开采量来实现其在资源开采期限内的收益最大化。由于资源拥有者不仅要考虑当前的利益，还要考虑以后的长远利益，通过合理安排来实现收益最大化。因此，应该建立一种对资源耗竭进行补偿的资金筹集机制，对资源耗竭进行补偿就成了资源可持续利用与保持代际公平的必要前提。

Hotelling（1931）认为，在竞争性的市场条件下，耗竭性资源的净价格或资源补偿费（即价格与边际开采成本之差）将按市场利率的速度上升，如果市场是垄断的，价格上升速度会更快，从而减少资源消费量[①]。因此，资源的耗竭特性决定了应该建立和完善资源耗竭补偿机制。资源耗竭补偿其实质是属于跨代间的资源配置和利益共享问题，也就是代际间的公平问题。国家征收资源税，一方面可以对当代人的过度开采对未来消费者所造成的价值损失进行补偿，一方面如果用于加强地质勘查及资源保护和寻找新的替代资源，还可以实现资源的可持续利用。

（三）外部性补偿理论

"福利经济学之父"庇古首次从福利经济学的外部性角度系统地研究环境与税收的关系问题（Pigou，1920）。他揭示了这样一个重要原则：在研究经济问题时，不仅要注意经济活动本身的运行和效率，而且要注意由生产或消费活动造成但不由市场机制体现的对社会环境造成的影响。

资源开发的外部不经济性，主要划分为两大类：一类是资源使用过程中所造成的外部不经济问题；另一类是资源开采过程中所造成的外部不经济问题。例如资源在开采过程中给矿区带来的污染（包括空气污染、水污染、噪声污染及废弃物污染等），以及对资源环境的破坏（例如过度开采、使用资源造成生态与自然环境的改变等）。

由于企业在开采、使用资源过程中给周围环境带来了负面影响，侵害到当地居民的环境权益，威胁到他们的生存、发展权，产生环境冲突。按照环

---

① Harold Hotelling. The Economics of Exhaustible Resources [J]. *Journal of Political Economy*, 1931, 39 (2): 137–175.

境公平的原则，矿产资源的开采者、利用者应对资源过度开采、污染治理、自然资源破坏恢复承担补偿责任，通过资源税等相关税收的方式进行补偿。因此，资源开发的外部不经济性构成了资源税的重要理论基础之一。

第二节 我国资源税历史沿革与现状分析

一、我国资源税的历史沿革

我国现行资源税是对我国境内从事开采矿产品和生产盐的单位和个人征收的一种税。资源税制度的发展主要经历了四个阶段。

（一）1984~1994年初步建立资源税制度

为了配合第二步"利改税"，调节开发自然资源的企业资源结构和开发条件的差异所形成的级差收入，妥善处理国家和企业的分配关系，促进国有资源的合理开发和有效利用，1984年国务院颁布了《资源税条例（草案）》，决定自1984年10月1日起对我国境内从事原油、天然气、煤炭、金属矿产品和其他非金属矿产品资源开发的单位和个人征收资源税。考虑到当时企业实际经营情况，实际上暂时只针对原油、天然气和煤炭3个品目征收资源税，对金属矿产品和其他非金属矿产品资源暂缓征收。当时的计税依据是应税产品的销售收入，并根据应税产品的销售收入利润率（简称"销售利润率"）确定的超率累进税率计算缴纳资源税。由于按照应税产品销售利润率进行超率累进征收的计税方法存在着收入不稳定、计税技术要求高、征管难度大、不利于鼓励先进和鞭策落后等问题，1986年将原油、天然气、煤炭资源税的计税方法改为从量定额征收，1992年起又对铁矿石按照从量定额的办法征收资源税。

(二) 1994~2007 年改革和完善资源税制度

本着"普遍征收、级差调节"的原则，国务院于 1993 年重新修订颁布了《资源税暂行条例》，同时废止了《盐税条例（草案）》，延续了资源税从量定额征收办法，并扩大征收原油、天然气、煤炭、其他非金属矿原矿、黑色金属矿原矿、有色金属矿原矿和盐 7 大类。纳税人具体适用的税额，由财政部会同国务院有关部门，根据纳税人所开采或生产应税产品的资源状况，在规定的税额幅度内确定。1994 年以后，根据社会发展情况，国家陆续调整了原油、天然气、煤炭、铁矿石等资源品目的适用税额标准，以及岩金矿石等资源品目的矿山等级。部分地区还对地热、矿泉水、建筑砂石等征收了资源税。

(三) 2007~2013 年逐步实施原油、天然气等资源税从价征收改革

为了合理发挥资源税的调节作用，2007 年财政部会同有关部门研究提出资源税改革方案，建议按照"先易后难、分步实施"的改革原则，逐步将原油、天然气、煤炭等资源税由从量计征改为从价计征。但是由于 2007 年后国内商品价格形势比较严峻，2008 年下半年又受到了国际金融危机的影响，资源税改革方案未能出台。2010 年 5 月，国务院批准自 2010 年 6 月 1 日起在新疆率先实施原油、天然气资源税的从价计税改革，税率为 5%；自 2010 年 12 月 1 日起，改革扩大到整个西部地区。在总结改革试点成功经验的基础上，国务院于 2011 年 9 月 30 日重新修订发布《资源税暂行条例》，增加了从价计征办法，规定自 2011 年 11 月 1 日起全国范围内实施原油、天然气资源税从价计税改革。同时，统一了内外资企业的油气资源税收制度，取消了中外合作油气田和海上自营油气田征收的矿区使用费，统一征收资源税。此外，还调整了焦煤和稀土矿的税额幅度。2013 年 1 月 1 日，为了支持湖北、湖南"两型"社会建设，经国务院批准，在两省实施了部分金属矿和非金属矿资源税的从价计征改革试点，并清理和取消相关收费基金。

(四) 2014 年至今深化其他品目资源税改革

为了响应中央关于加快资源税改革的要求,自 2014 年以来,财政部会同相关部门一直积极推进其他资源品目的资源税改革,同时清理规范相关收费基金项目。2014 年 12 月 1 日起,在全国范围实施改革,煤炭资源税税率幅度定为 2%~10%,并全面清理相关收费基金。同时,将油气资源税税率由 5% 提高到 6%。2015 年 5 月 1 日起,在全国范围实施稀土、钨、钼资源税从价计征改革,并清理相关收费基金。2016 年 7 月 1 日起,按照《关于全面推进资源税制改革的通知》的要求,对列举名称的 21 种资源品目和未列举名称的其他金属矿实行从价计征改革。

通过上述改革的推进,资源税初步实现扭转资源开发中"采富弃贫"的局面,促进了对中低品位资源的合理利用;形成对清理收费基金项目的"倒逼"机制,加快了资源税费关系的理顺;显著增加了资源地区财政收入,提高了地方政府在环境保护和改善民生方面的能力。

二、我国资源税制目前存在的问题

资源税有效调节了社会管理者与经济活动参与者之间的关系,是在国家政治权利基础上的国家权益,也是国家参与社会产品分配的一种形式。我国目前的资源税制,即便经历了一系列政策调整,但资源税税收收入在整体上依然处于较低水平。2016 年的资源税收入仅为 950.83 亿元,其规模只占税收收入总额的 0.73%,这样低的比重无疑严重制约着资源税制功能的充分发挥。

(一) 资源税的功能定位存在偏差

从理论方面来讲,科学、合理的资源税税负能够有效抑制资源的过度消耗,并通过资源价格准确反映出资源的稀缺程度,从而使资源得到有效保护与利用。因此，应该对资源税的功能进行准确定位，保证在经济不断发展的同时，资源税不仅能够随时满足政府的职能需要，其作用也会得到应有的贯彻。然而，长期以来我国资源税制虽然一直得到不同程度的改善，但其功能却没有得到显著提高。

我国资源税的最初功能定位是调节资源开发过程中的级差收益。众所周知，在资源定价由国家确定的前提下，矿产开采企业大多是国有企业，随着矿产资源开采条件的不同而享受不同的税率标准，资源税调整国有企业间的利润差异是极为有效的。然而，随着市场经济的不断进步，我国的多种所有制企业也都陆续地进入资源领域，国有企业已不是矿产资源的唯一开采者，而资源品市场也得到一定程度上的进步，矿产资源的品质优劣直接可以反映在市场价格上，通过资源税调节企业间级差收益的功能定位已经出现了偏差。

市场经济的运行是离不开国家宏观调控的，资源税制的功能定位应该出现新的变化。由于我国产业结构仍处于粗放型阶段，对自然资源的消耗非常大，生态环境也面临着严重威胁，我国经济社会的可持续发展受到了前所未有的挑战。所以，现行资源税制应切实促使企业外部成本内部化，刺激企业不断进行技术创新，加强技术改进，达到对自然资源节约利用和对生态环境有效保护的目标。

（二）资源税征税范围过窄

我国的自然资源丰富多彩，并各自拥有着不同层面的价值。然而，我国现行的资源税征收对象主要集中于矿产资源，如原油、天然气、有色金属矿、黑色金属矿、非金属矿和盐等，征收范围还比较狭窄。首先，在缺乏有效地开采限制下，很多自然资源被过度开采，再加上企业实现了较低开发成本，越来越多的自然资源面临着浪费与破坏；其次，资源品市场的价格在一定程度上被扭曲，即应税资源品的价格要比非应税资源品的价格偏高，这就造成非应税资源面临着过度开采与利用的现况，严重制约着我国经济社会的可持续性发展。根据资源税的功能定位，一切归国家所有的不可再生资源以及虽可再生但生长周期缓慢的资源，都应该纳入资源税的征收范围内，如水、森林、草场、土地、海洋、滩涂等。

第三节 资源税体系的国际经验借鉴

随着社会经济环境的变化，世界各国对于资源税体系建设的内容也随之发生改变。20世纪80年代末，世界各国普遍出于改善资源开发投资环境的目标，对本国的资源开发法律体系进行了调整，其中主要措施之一就是通过降低资源税费负担等措施鼓励进行矿产资源开发。而进入21世纪以来，以美国、加拿大、澳大利亚为代表的资源开发大国现在已经普遍认识到资源开发活动对人类健康和生态环境的影响，出台了许多有关法律法规，以降低资源开发对生态环境的不利影响。与此同时，随着资源价格的快速上涨，发展中国家纷纷对本国资源税体系进行调整，以尽可能多地分享资源价格上涨带来的巨额收益。特别是在2008年世界金融危机爆发后，相当多的国家再次通过提高资源税费负担以筹集更多的财政收入。

一、资源税体系建设的国际比较

无论是OECD国家还是发展中国家，资源税体系中均包括多种税费工具，其中除了采矿税、权利金等与我国现行资源税比较近似之外，还包括资源租赁税、红利、地面租金，以及其他相关的补激励贴、基金制度等。

（一）资源税体系的具体内容

1. 资源税（开采税、权利金等）

（1）权利金。权利金是矿业权人开采和耗竭了矿产资源所有权人不可再生的矿产资源而支付的费用。开采矿产资源不管其是否赢利，均须向矿产资源所有者（通常是国家）缴纳权利金。世界上大多数国家都制定了权利金制度。从各国已实行的权利金制度分析，各国权利金制度在其宗旨、目的、调整的范围和对象等方面都基本一致，在征收原则和方式上有一定区别，并有一定的灵活性。大多数国家采取从价计征或从量计征方式来征收权利金。具体情况见表4-1。

表4-1　　　　　　　　　　权利金的基本类型

权利金	形　式	运用的国家
从价计征	产品价值的一定百分比	澳大利亚和美国的一些州、巴西、阿根廷
从量计征	对产品按每一单位征收定额费用	印度尼西亚、印度
基于利润计征	按照净收益或其他方法计量利润的一定百分比（有各种补贴和优惠）	加拿大的大部分省、美国的内华达州、澳大利亚的北方领地、智利（SMT）、秘鲁、加纳、南非
基于价格的征收（暴利税）	基于价格变化价值的一定百分比	赞比亚（2009）、蒙古国（2010）、玻利维亚

资料来源：Hogan, Lindsay and Brenton Goldsworthy (2010), "International mineral Taxation" in the Taxation of Petroleum and Minerals: Principles, Problems and Practice (IMF)。

世界各国根据本国经济社会水平、资源开发状况、资源丰裕程度、资源品质，以及国际资源产品市场价格状况，制定了一套不同矿种的权利金费率标准。权利金费率标准并非一成不变，而是根据经济发展的要求和世界矿业的发展变化进行不断调整。大多数国家的权利金费率征收标准为2.5%~20%。

各国权利金一般由各国矿业法（或矿产资源法）规定，而且权利金一般不由国家财税部门，而是由代表所有权人利益的政府矿业主管部门征收管理。

（2）开采税。除联邦和州政府按矿业所属开征权利金外，美国大部分州还征收矿产资源税，有的州称为采掘税或矿产税。是由州政府对开采煤炭、石油、天然气和其他矿产资源的行为开征的一种税。目前，美国有一半以上的州开征资源税，各州的征税对象和具体名称也各不相同。具体情况见表4-2。

表 4-2　　　美国部分州开采税征收情况

亚利桑那州	实施2%以上的从价征收，税率由委员会制定。采掘税的税额由净采掘基础乘以2.5%确定。净采掘基础有两种计算方法：一是加权矿产价值法，为毛产值×采矿成本/生产成本；二是求取其在亚利桑那州的价值，为50%×（毛产值－州外选矿加工成本），取两种办法的较大值
密歇根州	2%~7%从价征收（按比例增减）
科罗拉多州	州针对石油和天然气按2%~5%（依据年度收入滑动）从价征收开采税，煤及其他金属矿物质按每吨0.76美元征收
怀俄明州	原油6%，实际税率为5.43%；脱模油4%，实际税率3.62%；天然气6%，实际税率为4.65%；底层表面煤炭7%，实际税率为5.08%；地下煤炭3.75%，实际税率为3.08%；天然碱4%，实际税率为1.22%；铀4%，实际税率为1.8%
亚拉巴马州	全州（歌尼瓦市、拉玛市、黎市、威尔卡市除外）：天然矿、沙、碎石、沙石、花岗石、页岩、黏土、白云石、石灰石为0.1美元/吨 库萨市：沙、黏土、泥沙、壤土、矿渣、碎石、岩石、碎沙石、黏沙土为0.25美元/吨 全州（杰克逊市、玛勃市除外）：煤0.335美元/吨，杰克逊市煤0.2美元/吨，玛勃市煤0.2美元/吨
新墨西哥州	0.125%~3.5%，煤炭每吨1.131~1.17美元

资料来源：PwC Globa lMining Group. IncomeTaxes, Mining Taxes and Mining Royalties A Summary of Selected Countries. www.pwc.com，2014-04-15；OECD 数据库. http://stats.oecd.org/Index.aspx#，2016-06-03.

在发展中国家，对于开采税的改革也非常普遍。例如，俄罗斯在2007年对矿产开采税的计征方式进行了改革，大部分矿产资源的计征方式由从量计征改为从价计征，以适应矿产资源价格的快速上涨。哈萨克斯坦在2009年开征矿产开采税取代矿区使用费，矿产开采税的税率要比矿区使用费的费率高出许多，差不多是后者的2~4倍。

在地方政府资源税收权限比较宽松的国家，对于资源税费制度的选择显得更加自由，例如，加拿大各省所征收的资源税，名称和依据的法律均不相同。萨斯喀彻温省视矿种不同有三种情况，即权利金、采矿税和产品税；新不伦瑞克省视矿种不同有权利金和采矿税两种情况；不列颠哥伦比亚省为矿物税（矿产资源税）和采矿税；阿尔伯达省、新斯科舍省仅执行权利金制度；曼尼托巴省、安大略省、魁北克省、纽芬兰省等地区，均执行采矿税制度。

2. 资源租赁税

资源租赁税，指的是直接对矿产资源产生的经济租金所课征的税收，也被称为超额利润税、附加利润税等。资源租赁税最典型的课征方法是，从一个矿产资源开采项目的累计收益中扣减掉累计成本，然后对一定的回报率之上的净现金流课征。资源租赁税的理念产生于20世纪70年代，从理论上讲，资源租赁税是一种最为中性的税种。这是因为，矿产资源的经济租金来自它的稀缺性和可耗竭性，与市场经营者的行为无关，因此即使它被课以很高的税也不会影响生产经营者的生产决策，也就是说不会对资源配置造成扭曲。

从课征实践来看，实际中开征资源租赁税的发展中国家并不太多，并且主要针对油气资源征收，包括哈萨克斯坦、纳米比亚、巴布亚新几内亚、塞内加尔、乌兹别克斯坦等国。表4-3列举了部分发展中国家资源租赁税的开展情况。

表4-3　　　　　　　　　　部分国家资源租赁税

国　　家	资源租赁税具体名称	内　　容
哈萨克斯坦	超额利润税	当年度总收入与税前扣除部分的比例超过1.25时需缴纳，税率为0~60%
纳米比亚	石油开采公司附加利润税	当税后回报率超过15%时征收
巴布亚新几内亚	附加利润税	税率为7.5%~10%
塞内加尔	附加石油税	根据合同规定
坦桑尼亚	附加石油税	税率为25%~35%，实际未开征
乌兹别克斯坦	超额利润税	对部分矿产资源开征，当矿产品售价超过规定价格时就超过部分缴纳，税率为50%

资料来源：Daniel P, Keen M, Mcpherson C. The Taxation of Petroleum and Minerals: Principles, Problems and Practice [M]. NewYork: Routledge, 2010: 122-162.

3. 红利

国家在授让探矿权和采矿权等矿业权时，向矿业权受让人收取一笔费用，这笔费用就称为红利。企业支付红利具有多种形式，可以按照事先确定的标准，规定在授予矿业权时一次性缴纳，或者规定在项目勘查、开发和利用的不同阶段缴纳，也可以通过拍卖矿业权的方式决定其最终数额。表4-4列举了部分国家的红利制度。

表4-4　　　　　　　　　　　部分国家的红利制度

国　　家	红　　利
安哥拉	签约红利：通过拍卖确定
巴西	签约红利：通过拍卖确定，由中标者一次性支付
喀麦隆	在签约日、开始生产日和累计产量达到规定数量时均需缴纳红利
加蓬	签约红利：最低215美元/平方公里；生产红利：40万~60万美元
哈萨克斯坦	签约红利：由哈萨克斯坦政府参考矿产资源总量和土地的经济价值确定，对勘探合同和生产合同适用不同标准。商业发现红利：已被确认的可采资源价值的0.1%
尼日利亚	签约红利：数额由政府在协议中确定
巴基斯坦	生产红利：在商业生产开始时为0.6百万美元，但累计产量分别达到30百万桶、60百万桶、80百万桶和100百万桶石油当量时，红利分别为1.2百万美元、2百万美元、5百万美元和7百万美元（对油气公司）

资料来源：Daniel P., Keen M., Mcpherson C., The Taxation of Petroleum and Minerals: Principles, Problems and Practice [M]. NewYork: Routledge, 2010: 122-162.

4. 地面租金

地面租金也称为矿业权租金、矿地租金、占用费等，一般是按照资源开发者所占用的土地面积进行的年度收费，其收缴的标准则根据矿产资源活动所处的阶段及使用年限而有所区别。政府征收地面租金的主要目的并不是取得收入，而是希望通过征收它防止投资者盲目占用土地而不进行勘察或开采活动。

大多国家矿业权租金又分为探矿权租金和采矿权租金。一般情况下，探矿权租金按勘查区块面积分年支付，采矿权租金则按采区面积分年支付，以限制矿业权人的矿地面积。根据不同国家矿业投资体制的特点，国家有偿出让矿业权可分为两种情况：（1）对于国家未进行勘查投资的矿产地，矿业权人取得探矿权或采矿权后，按年度、面积向国家缴纳探矿权租金或采矿权租金。这是国外管理矿业权普遍采用的做法。目前，澳大利亚各州、美国等国均向矿业权人征收矿业权租金（又称作固定租金）。（2）对国家投资勘查形成的矿产地，矿业权人持有矿业权的条件除按年度、面积向国家缴纳矿业权租金外，还要对国家投入的勘查投资予以报偿。后者属于勘查投资回报性质，它可以被看作是矿业权有偿出让的一种形式，也可以看作一种特殊形式的矿业权有偿转让。

（二）资源税体系收入归属

在矿产资源税费收入的归属上，各国情况各异，总体来看是以中央和地方共享为多，且地方分享比例要高于中央分享比例，如俄罗斯、巴西、印度尼西亚等国。一些国家如哈萨克斯坦、南非等国，矿产资源税费收入完全归属中央政府所有；另外一些国家如阿根廷，矿产资源税费收入则完全归属地方政府所有。具体情况见表4-5。

表4-5　　　　　　　　部分国家资源税收入归属情况

国　　家	资源税收入归属情况
美国	根据矿业归属划分权利金收入
哈萨克斯坦	中央政府收入
南非	中央政府收入
阿根廷	省级收入，省和省以下政府间如何分配由各省自己决定
俄罗斯	三级政府分享：原油、天然气矿产开采税的税收分配比例是：40%归联邦、30%归联邦主体、30%归地方政府；其他矿产资源的矿产开采税的税收分配比例是：25%归联邦、25%归联邦主体、50%归地方政府
巴西	矿产资源开采经济补偿费属三级政府共享收入，其中12%归联邦政府，23%归省级政府，65%归地方政府；油气资源缴纳的签约红利和地面占用费属联邦政府所有；权利金和特别参股支付按不同比例在三级政府间分配。其中，权利金的30%归联邦政府所有，24.2%属州政府所有，45.8%分配给地方政府；特别参股支付的50%为联邦政府收入，40%为州政府收入，10%归地方政府
印度尼西亚	三级政府共享收入，其中，中央政府占20%，省级政府占16%，地方政府占64%

续表

国　　家	资源税收入归属情况
加纳	中央和地方政府共享收入。其中，80%的收入归属中央政府所有，20%的收入划入矿产发展基金，由矿产资源所在地政府分享
加拿大	矿产资源收入一般归州政府所有；大陆架矿产及油气的开采权利金收入归联邦政府；三海里范围之内的资源所征收的税收按照4∶6的比例由联邦政府和州政府共享，三海里之外的矿产资源相应税收归联邦政府

资料来源：PwC Global Mining Group. Income Taxes, Mining Taxes and Mining Royalties A Summary of Selected Countries. www.pwc.com，2014－04－15；OECD 数据库．http：//stats.oecd.org/ Index. aspx#，2016－06－03．

二、资源税体系的国际经验借鉴

从各国资源税体系改革的实践进程与制度设计来看，资源税在西方发达国家已经向绿色生态税收转型，主要目的是保护资源的合理利用，减少环境污染。

（一）资源税体系建设必须考虑资源的耗竭性和战略性

资源的稀缺性和可耗竭性，资源开发活动的高风险、高投入和长周期等，决定了资源税体系特殊性的存在。一个较为合理的矿产资源体系，既要保证政府能够从资源活动中分享到合理的收入份额，同时也要保护和激励投资者的积极性，促进资源开采行业的持续、健康发展，并起到引导新能源开发的目的。从国际资源税体系的发展来看，进入后工业社会，发达国家对资源的开发利用步入成熟阶段，越来越多的国家普遍征收较高的资源税，以逐步增强对资源的保护，并将资源税收益用于新能源的开发。

（二）资源税体系建设需要确定相应的核心

虽然目前各国实行的资源税体系有所不同，但通行的税费制度都包括权利金、资源租赁税、地面租金、红利等。其中，红利、权利金等反映了国家作为矿产资源所有者的经济租金，资源租赁税是国家作为社会管理者以政治权力所征收的税收，而地面租金等则是政府向特定对象提供服务所相应收取的费用。这套体系结合使用了多种税费工具，覆盖了矿产资源勘查、开发和利用活动的全过程。因此，政府必须搭配运用各种税费工具，功能上互为补充，同时，几乎所有国家在资源税体系中都确定有核心工具，目前最常见的是权利金或开采税。

（三）资源税体系应该保持动态调整

从相关国家的资源税体系的发展演变来看，各国资源部门的税费高低、矿产资源租金调整与资源市场的状况是直接关联的。在矿产资源价格上涨之时，政府相应增税，以分享资源价格上涨所带来的收益。在资源价格疲软之时，则通过调低税率等激励措施减轻企业税负，促进资源开发行业的发展。因此，构建一个与市场密切相连、可以迅速进行动态调整的资源税体系是相当必要的。

（四）资源税体系逐步向全面的自然资源税扩展

为了更有效地保护各种生态资源，世界各国逐渐将资源税扩展至所有生态系统资源。例如，俄罗斯将土地、森林、草原、滩涂、海洋和淡水等自然资源都列入资源税征收范围，以水资源税为例，就包括了地下水资源税、开采地下水的矿物原料基地再生产税、工业企业从水利系统取水税、向水资源设施排放污染物税等多种类型，同时采取"专款专用"，相关收入专用于水资源的保护和开发，以提高水资源的利用效率。

第四节　我国资源税制改革

我国在前期改革试点的基础上，于2016年7月1日全面推进资源税制改革，这是党的十八届三中全会决定明确的一项重要改革任务，也是深化财税体制改革的重要内容。

一、全面推进资源税改革的重要意义

（一）有利于理顺政府与企业分配关系，促进资源行业持续健康发展

借鉴自2010年启动的原油、天然气、煤炭等资源税改革试点成功经验，全面推开资源税从价计征改革，建立税收与资源价格直接挂钩的调节机制，当资源价格上涨、企业效益提高时相应增加税收，当价格下跌、效益降低时企业少纳税。这种制度机制调整和安排，可以体现税收合理负担原则，既有效调节资源收益，合理筹集国家财政收入，也有利于帮助企业走出当前生产经营困境，激发市场活力。

（二）有利于规范税费关系，减轻企业不合理负担

在原有的资源税费体系下，资源税费重叠，某些地区存在的擅自收费现象，加重了企业负担。按照国务院确定的"清费立税"原则，此次改革将矿产资源补偿费费率降为零，停止征收价格调节基金，取缔地方违规设立的收费基金项目，进一步规范税费关系，并从源头上堵住乱收费的口子，为企业改善生产经营状况、提高经济效益创造良好的政策环境。

（三）有利于强化税收调节机制，促进资源节约和高效利用

针对我国资源短缺、开采利用效率低、消耗总量大、浪费现象突出等问题，此次改革进一步规范了征税品目，完善了征税政策，原则上对资源赋存条件好、价格高的资源多征税，对条件差、价格低的资源少征税，并对开采难度大及综合利用的资源给予税收优惠。同时扩大征税范围，在河北省开展水资源税改革试点，条件成熟后推广到全国，并授权地方政府对森林、草场、

滩涂等，凡具备征税条件的可上报国务院批准后征收资源税。上述改革有利于建立有效的约束和激励机制，提高资源开发利用效率，增强全社会保护资源环境的意识。

（四）有利于调动地方发展经济和组织收入的积极性，努力做到因地制宜、精准施策

资源税是地方税体系的重要组成部分，对资源富集地区财政和经济发展影响重大。根据深化财税体制改革的总体要求，资源税改革在统一税政基础上实施适度分权，赋予地方政府确定部分资源税目税率、税收优惠及提出开征新税目建议等税政管理权，有利于地方政府因地制宜制定相关税收政策，兼顾处理经济发展与组织财政收入的关系，更好地发挥地方政府主观能动性，统筹和保障各方利益。

（五）有利于统一规范税制，为资源税改革立法工作奠定良好基础

经国务院批准，自2010年起先后对原油、天然气、煤炭、稀土、钨、钼6个品目实行了清费立税、从价计征改革试点。此次改革推广到所有矿产品，与之前实施的相关品目改革实现了并轨，统一规范了资源税征收制度，全面提高了调控经济的作用，为下一步全面推进资源税改革立法工作创造了有利条件。

二、我国全面推进资源税改革的指导思想、基本原则与改革目标

（一）全面推进资源税改革的指导思想

全面贯彻党的十八大和十八届三中、四中、五中、六中全会精神，按照"五位一体"总体布局和"四个全面"战略布局，牢固树立和贯彻落实创新、

协调、绿色、开放、共享的发展理念，全面推进资源税改革，有效发挥税收杠杆调节作用，促进资源行业持续健康发展，推动经济结构调整和发展方式转变。

(二) 全面推进资源税改革的基本原则

1. 清费立税原则

着力解决当前存在的税费重叠、功能交叉问题，将矿产资源补偿费等收费基金适当并入资源税，取缔违规、越权设立的各项收费基金，进一步理顺税费关系。

2. 合理负担原则

兼顾企业经营的实际情况和承受能力，借鉴煤炭等资源税费改革经验，合理确定资源税计税依据和税率水平，增强税收弹性，总体上不增加企业税费负担。

3. 适度分权原则

根据各地资源禀赋差异较大、分布不均衡、经济发展水平不同的状况，在不影响全国统一市场秩序前提下，赋予地方适当的税政管理权。

4. 循序渐进原则

在煤炭、原油、天然气等实施从价计征改革基础上，对其他矿产资源全面实施改革。积极创造条件，逐步对水、森林、草场、滩涂等自然资源开征资源税。

(三) 全面推进的主要目标

通过全面实施清费立税、从价计征改革，理顺资源税费关系，建立规范公平、调控合理、征管高效的资源税制度，有效发挥其组织收入、调控经济、促进资源节约集约利用和生态环境保护的作用。

三、我国资源税全面改革的主要内容

（一）扩大资源税征收范围

1. 开展水资源税改革试点工作

鉴于取用水资源涉及面广、情况复杂，为确保改革平稳有序实施，先在河北省开展水资源税试点。河北省开征水资源税试点工作，采取水资源费改税方式，将地表水和地下水纳入征税范围，实行从量定额计征，对高耗水行业、超计划用水，以及在地下水超采地区取用地下水，适当提高税额标准，正常生产生活用水维持原有负担水平不变。在总结试点经验基础上，财政部、国家税务总局将选择其他地区逐步扩大试点范围，条件成熟后在全国推开。

2. 逐步将其他自然资源纳入征收范围

鉴于森林、草场、滩涂等资源在各地区的市场开发利用情况不尽相同，对其全面开征资源税条件尚不成熟，此次改革不在全国范围统一规定对森林、草场、滩涂等资源征税。各省、自治区、直辖市（以下统称省级）人民政府可以结合本地实际，根据森林、草场、滩涂等资源开发利用情况提出征收资源税的具体方案建议，报国务院批准后实施。

（二）实施矿产资源税从价计征改革

（1）对《资源税税目税率幅度表》中列举名称的21种资源品目和未列举名称的其他金属矿实行从价计征，计税依据由原矿销售量调整为原矿、精矿（或原矿加工品）、氯化钠初级产品或金锭的销售额。列举名称的21种资源品目包括：铁矿、金矿、铜矿、铝土矿、铅锌矿、镍矿、锡矿、石墨、硅藻土、高岭土、萤石、石灰石、硫铁矿、磷矿、氯化钾、硫酸钾、井矿盐、湖盐、提取地下卤水晒制的盐、煤层（成）气、海盐。对经营分散、多为现金交易且难以控管的黏土、砂石，按照便利征管原则，仍实行从量定额计征。

（2）对《资源税税目税率幅度表》中未列举名称的其他非金属矿产品，按照从价计征为主、从量计征为辅的原则，由省级人民政府确定计征方式。

因此，全面改革后的资源税的计税依据为应税产品的销售额或销售量，各税目的征税对象包括原矿、精矿（或原矿加工品，下同）、金锭、氯化钠初级产品，具体按照《资源税税目税率幅度表》相关规定执行。对未列举名称的其他矿产品，省级人民政府可对本地区主要矿产品按矿种设定税目，对其余矿产品按类别设定税目，并按其销售的主要形态（如原矿、精矿）确定征税对象。销售额是指纳税人销售应税产品向购买方收取的全部价款和价外费用，不包括增值税销项税额和运杂费用。

为公平原矿与精矿之间的税负，对同一种应税产品，征税对象为精矿的，纳税人销售原矿时，应将原矿销售额换算为精矿销售额缴纳资源税；征税对象为原矿的，纳税人销售自采原矿加工的精矿，应将精矿销售额折算为原矿销售额缴纳资源税。换算比或折算率原则上应通过原矿售价、精矿售价和选矿比计算，也可通过原矿销售额、加工环节平均成本和利润计算。金矿以标准金锭为征税对象，纳税人销售金原矿、金精矿的，应比照上述规定将其销售额换算为金锭销售额缴纳资源税。换算比或折算率应按简便可行、公平合理的原则，由省级财税部门确定，并报财政部、国家税务总局备案。但是，已实施从价计征的原油、天然气、煤炭、稀土、钨、钼6个资源品目资源税政策暂不调整，仍按原办法执行。

（三）全面清理涉及矿产资源的收费基金

（1）在实施资源税从价计征改革的同时，将全部资源品目矿产资源补偿费费率降为零，停止征收价格调节基金，取缔地方针对矿产资源违规设立的各种收费基金项目。

（2）地方各级财政部门要会同有关部门对涉及矿产资源的收费基金进行全面清理。凡不符合国家规定、地方越权出台的收费基金项目要一律取消。对确需保留的依法合规收费基金项目，要严格按规定的征收范围和标准执行，切实规范征收行为。

（四）合理确定资源税税率水平

（1）对《资源税税目税率幅度表》中列举名称的资源品目，由省级人民政府在规定的税率幅度内提出具体适用税率建议，报财政部、国家税务总局确定核准。

（2）对未列举名称的其他金属和非金属矿产品，由省级人民政府根据实际情况确定具体税目和适用税率，报财政部、国家税务总局备案。

（3）各省级人民政府应当按要求提出或确定本地区资源税适用税率。测算具体适用税率时，要充分考虑本地区资源禀赋、企业承受能力和清理收费基金等因素，按照改革前后税费平移原则，以近几年企业缴纳资源税、矿产资源补偿费金额（铁矿石开采企业缴纳资源税金额按40%税额标准测算）和矿产品市场价格水平为依据确定。一个矿种原则上设定一档税率，少数资源条件差异较大的矿种可按不同资源条件、不同地区设定两档税率。

（五）加强矿产资源税收优惠政策管理

（1）对符合条件的采用充填开采方式采出的矿产资源，资源税减征50%；对符合条件的衰竭期矿山开采的矿产资源，资源税减征30%。具体认定条件由财政部、国家税务总局规定。

（2）对鼓励利用的低品位矿、废石、尾矿、废渣、废水、废气等提取的矿产品，由省级人民政府根据实际情况确定是否减税或免税，并制定具体办法。

（3）为促进共伴生矿的综合利用，纳税人开采销售共伴生矿，共伴生矿与主矿产品销售额分开核算的，对共伴生矿暂不计征资源税；没有分开核算的，共伴生矿按主矿产品的税目和适用税率计征资源税。财政部、国家税务总局另有规定的，从其规定。

(六) 落实收入分配体制及经费保障

(1) 按照现行财政管理体制，此次纳入改革的矿产资源税收入全部为地方财政收入。

(2) 水资源税仍按水资源费中央与地方1：9的分成比例不变。河北省在缴纳南水北调工程基金期间，水资源税收入全部留给该省。

(3) 资源税改革实施后，相关部门履行正常工作职责所需经费，由中央和地方财政统筹安排和保障。

第五节 资源税改革中应注意的问题

党的十八大要求"深化资源性产品价格和税费改革，建立反映市场供求和资源稀缺程度、体现生态价值和代际补偿的资源有偿使用制度和生态补偿制度"。在这种背景下，资源税全面改革不仅是某个税种的改革，更应该视为全面构建我国资源有偿使用与生态补偿制度的重要内容之一。

一、明确资源税的功能

"普遍征收，级差调节"是我国资源税设立之初的宗旨，然而，由于目前资源的稀缺性与资源的迅猛需求之间的矛盾日益凸显，为了资源的可持续利用与社会的可持续发展，加强资源节约型的经济增长方式建设势在必行。在这种状况下，资源税应该充分发挥资源节约与环境保护的功效，可持续发展观念也应该引入到其功能定位的设置过程之中，从而平衡人类社会发展与资源环境保护的关系，实现经济社会与生态环境的可持续发展。因此，我国资源税在其改革过程中，应该将资源节约与环境保护加入税制设计的理念之中，以便资源税能够实现开采资源外部成本的内部化，增加资源开采者活动过程中实施破坏行为的责任负担。

在将资源税的功能定位于资源节约与环境保护的同时，资源税原有的级差调节功能也应该同样被重视，不可忽略摒弃，要认真处理二者的关系，在促进资源节约与环境保护的同时兼顾级差收入的调节。

二、以资源税为核心整合资源税费制度

从理论上讲，资源税的征收实际上就已经体现出国家所有者与管理者双重身份。因此，在我国特殊国情的背景下，片面借鉴国际经验，要求按照自然资源所有权实行权利金制度，将征收机关由税务部门改为国土资源部门是不合适的。因此，在全面推进资源税改革之后，我国资源有偿使用体系应当在坚持资源税为核心地位，彻底解决当前税费混乱重复问题。

在西方国家的资源税费体系中，权利金处于较为更加普遍运用的地位。因此，相当多学者主张在我国推行以权利金为核心，其他相关制度配套的资源税费体系。但是从国情出发，建设以资源税为核心的资源有偿使用体系更为简便[①]。

1. 征收目标的相似性

现代市场经济国家所征收的权利金，征收目标主要是体现对矿产资源所有者的价值补偿，它是矿业开发中最为长期、有效、广泛的财产性收费。而我国未来资源税的征收目标已经从定位于调节级差收入，调整到促进资源节约与环境保护，以使资源产品的价格和真实成本相匹配，有利于遏制资源的过度开发，维护代际公平。因此，资源税的功能定位理论上是可以与权利金相对应的，而这种补偿性的支付被称为税收或是权利金，对支付者的负担而言并无区别。

---

① 薛钢，蔡红英，施文泼. 我国矿产资源税费制度改革：国际经验与优化选择 [J]. 财政经济评论, 2015 (2).

2. 征收形式的相似性

虽然权利金具体征收形式在各国具有多样性，但基本上还是以从量计征或从价计征为主，这样的征收形式与现行资源税的税率形式是相同的。而且，从权利金的发展来看，也存在以矿产资源的开采量或矿区面积等为计征依据转向矿产资源开采价值作为计算依据，按照一定比率征收权利金的模式，这与我国资源税改革方向不谋而合。

3. 款项使用方向的相似性

从各国实践看，权利金征收后的使用虽然具有多样性，包括由国家（联邦）实施征收与款项分配、由各省（州）征收与分配、由国家征收后按规定比例分配给地方各级政府，以及由矿业公司自愿支付权利金给社区，但最终功能都以维护公共利益、满足共同需要为主。与现行资源税纳入国家预算用于公共支出并无本质性区别。

因此，在我国资源税费种类较为复杂的现实情况下，实施一种在现行税费制度中从未出现过的权利金制度，会存在相当大的操作风险，应该借助资源税制改革契机，通过资源税的全面改革，统筹协调目前资源开发中的"税费租"关系，处理好各自功能定位和结构安排，形成资源税发挥主体作用、使用者付费作为必要补充、租金体现国家所有者权益的机制。适当保留用于生态补偿和环境治理的依法合规收费，进一步规范征收管理，统筹资金使用。在完善探矿权、采矿权价款政策的基础上，全面推行探矿权、采矿权公开拍卖等市场出让方式，建立矿产资源权益金，体现国家对矿产资源的所有者权益。

三、调整现行资源管理法律法规

国外矿产资源税费制度改革与体系形成，均体现以法律为依据。在依法治国的理念下，全面推进资源税改革之后，应加快现行资源管理法律法规的调整。

一是适时启动资源税立法工作。在总结、评估资源税改革实施情况基础上，按照党的十八届三中全会确定的税收法定原则，尽快启动资源税立法工作，将资源税暂行条例上升为资源税法。

二是协调资源管理体系。我国目前各类资源收费、基金征收制度已经运行了多年，也牵涉到相当多的部门利益，全面推行资源税改革的思路，已经对现有其他部门的资源管理法律体系形成冲击。例如，《中华人民共和国矿产资源法》第5条规定，开采矿产资源，必须按照国家有关规定缴纳资源税和资源补偿费，本条款在矿产资源补偿费被取消之后就应该进行修改。再如，将水资源等其他资源纳入资源税征收范围的同时，也需要建议相关部门对原有管理条例中的相关条款进行修改。

回顾与总结：资源税是以自然资源为课税对象的税种，在目前资源消耗与环境恶化日益严重的社会经济背景下，改革资源税制具有重要意义。在我国资源税前期改革与借鉴国外资源税体系建设的基础上，应加快我国全面推进资源税改革的步伐。坚持清费立税、从价计征、合理负担、适度分权和循序渐进的原则，通过扩大资源税征收范围、全面实施矿产资源税"从价改革"、优化资源税计税依据、赋予地方政府在资源税改革中的征管权限等方面，全面推进我国资源税制改革。通过统筹协调目前资源开发中的"税费租"关系，处理好各自功能定位和结构安排，形成资源税发挥主体作用、使用者付费作为必要补充、租金体现国家所有者权益的机制。

第五章　环境保护税制度建设

本章导读：环境是人类社会的稀缺资源和人类赖以生存的空间，具有独特的社会价值和经济价值。发达国家率先运用市场经济手段对环境污染进行治理和改善，将环境保护纳入税收体系，通过征收环境保护税来引导企业和个人行为，在减少污染保护环境和促进经济增长方面取得良好效果。本章介绍了环境保护税基本内涵与理论依据，分析了我国现阶段环境保护税收体系方面存在的问题，在借鉴OECD国家环境保护税制建设经验的基础上，结合已经立法的《中华人民共和国环境保护税法》，介绍了我国征收环境保护税的具体思路与内容。

第一节　环境保护税概述

随着人类对工业化快速发展的不断追求，在经济高速增长的同时，也付出了环境质量越来越恶劣的沉重代价。随着可持续发展理论得到国际社会日益广泛的认同，环境保护问题备受各国政府的重视。一些经济发达国家由于在经济发展过程中曾饱受环境问题的困扰，因此率先尝试将税收运用于环境保护领域，这就产生了环境保护税制度，并在实践中取得了比较好的效果。

环境保护税实际上就是通过税收手段将环境污染和生态破坏的社会成本内部化到生产成本和市场价格中去，再通过市场机制分配环境资源的一种经济手段。越来越多的国家都将保护环境作为其税制改革的一个重要政策目标之一。

改革开放以来，我国经济社会发展取得举世瞩目的成就，但经济发展与资源环境的矛盾日趋尖锐。政府已经采取了一系列法律、行政和经济手段解决资源环境问题，但还不能适应生态文明建设的迫切需要。按照全面深化财税体制改革的有关要求，建立环境保护税制度，对于保护生态环境、促进公平竞争、促进社会经济可持续发展具有重要意义。

一、环境保护税基本概念与特征

（一）环境保护税的概念

国际财政文献出版局出版的《国际税收辞汇》认为，环境保护税是指对投资于防治污染或环境保护的纳税人给予的投资减免，或对污染行业和污染物的使用所征收的税。欧盟统计局（EUROSTAT，1996）则解释为：环境税是针对某种在被使用或释放时会对环境造成特定的负面影响的物质的单位使用（或释放）量所征收的税收。

通常认为，环境保护税可以划分为狭义和广义两种。狭义的环境保护税是指针对环境污染征税，即要求对向环境中释放污染物进行支付的财政措施，通常是以排放污染物质的数量为基础来计算的。因此，狭义的环境保护税可以被理解国家为了限制环境污染的范围、程度，而对导致环境污染的经济主体所征收的特别税。广义的环境保护税可以概括为税收体系中与环境、自然资源保护和利用有关的各种税种的总称，除了具体的环境污染税外，还应该包括与环境有关的各项税收优惠政策等。依据我国2016年公布的《中华人民共和国环境保护税法》，主要思路是对我国现行的排污费制度实行费改税，因此，本章中所述环境保护税主要从狭义的角度进行分析。

(二) 环境保护税的特征

环境保护税具有税收的一般特征。一是法定性，即依据税收法定原则由国家通过立法确定环境保护税的纳税主体、征税对象、征税范围、税率标准及纳税环节。二是强制性，通过国家行政权力进行强制征收。三是非直接返还性。环境保护税征收后不再偿还给纳税主体，虽然该项收入可能专款专用并投入到相关污染领域乃至企业直接进行污染治理，但毕竟在税收征收与税款支出之间不存在直接的等价关系。

但是，相对于其他税种，环境保护税具有其独特之处。一是科学技术性。环境保护税通常要通过科学监测，然后才能根据监测数据来确定课税标准进而征税。二是交叉性。环境保护税与税法体系中其他具有环保功能的税收政策所涵盖的范围有所重合。三是惩罚性与激励性并存。环境保护税既通过税收负担惩罚破坏环境的经济主体，同时也可以通过税收优惠政策鼓励经济主体保护环境，因此，存在对于环境的双重保护效应。

(三) 环境保护税的实施条件

要想环境保护税能够有效地发挥作用，就必须首先弄清楚环境保护税的适用前提，切不可盲目实施。考虑到技术和现实因素，环境保护税的征收需要具备以下条件。

第一，排放的污染物是环境保护税征收的具体对象，必须在数量上能够准确测量。只有在对污染物的数量（或体积）进行有效计量的基础上，政府才能根据污染主体所排放的污染物对环境的污染程度来确定应纳的税额，以最大程度地体现公平，减少征税成本。

第二，污染物的治理成本能够予以测算。从经济人假设出发，只有当环境保护税的应纳税额大于环境污染治理成本的时候，税收负担的压力才能激励污染主体主动减少污染物的排放或停止排放。所以，能否估算出经济主体对于某项环境污染的治理成本，就成为环境保护税能否有效发挥功能的前提条件之一。

二、环境保护税的理论依据

（一）外部性理论

新古典学派的创始人马歇尔首次提出了"外部经济"的概念，为外部性分析奠定了基础。外部性实际上指的是边际私人成本与边际社会成本、边际私人收益与边际社会收益的不一致。根据外部性理论，企业或个人在追求利润或利益最大化时，容易造成环境污染，使得其他微观经济主体（企业或个人）的福利减少，形成外部不经济。

庇古在马歇尔的外部经济的基础上提出了解决外部性的方案，即征收庇古税。他认为，导致市场配置资源失效的主要原因就是经济主体的私人成本与社会成本不可能一致，而且两种成本之间的差异可能还非常大，这种差异的调整靠市场本身是无法解决的，只能由政府通过征税或者补贴来矫正经济当事人的私人成本。因此，庇古税的主要思想就是向负外部性的制造者进行征税或者对正外部性的制造者进行补贴，使私人边际成本和社会边际成本相一致，这便是著名的"修正性税收方案"。从理论上讲，以征税的方式将经济主体的外部成本予以内部化的方法是可行的，将其思想运用于环境保护税方面，就要求污染者必须对污染活动支付税收，而征收的税额应该至少等于负外部性活动对其他经济行为者所造成的边际外部成本。

（二）公共产品理论

公共产品指的是私人不愿意生产或无法生产而由政府提供的产品，它具有两个特征：一是非竞争性；二是非排他性。前者指的是一个人对公共品的消费不影响其他人消费，增加一个消费者不会减少原有消费者的消费数量。

后者指的是只要某一社会存在公共产品，就不能排斥该社会任何人消费该种产品，从而任一消费者都可以免费消费公共产品。很明显，优良的环境具有典型的非竞争性和非排他性，属于典型的纯公共物品范畴。为了保护环境就需要进行合理的成本补偿，但是由于纳税人会隐藏自己对公共物品的需求而选择"搭便车"的行为，由于每一个人所追求的个人利益的最大化都尽可能多地消耗环境资源而不愿意去承担环境保护和治理的费用，最终会导致"公地悲剧"。在这种情况下，为了避免"免费搭车"的现象，政府就必须通过一定方式向所有享受环境公共物品的人征税，其目的有两方面：一是提高公共物品的供给水平与质量；二是矫正公共物品的外部性。通过征收环境保护税，使得环境公共物品的使用不再是无成本，就可以部分地解决环境的污染问题。

(三) 污染者付费理论

OECD 认为，为了促进对稀缺的环境资源的合理利用，回避国际贸易及投资的弊病，需要设置防止和治理污染的装置，而在分配需要设置这些装置而发生的费用时，必须遵循的原则就是所谓的 PPP 原则（polluter pays principle）。具体来说，污染者负担费用原则（也称为污染者负担原则），主要是指污染者只要造成了环境污染或者公共环境危害，无论其有无过错，都应该负担赔偿责任，并承担因其污染所导致的所有费用。在环境保护中实行污染者负担费用原则，是在环境问题日益严重的情况下，为适应环境污染损害的特点而确立的基本原则之一。

因此，随着社会生产力水平的提高、人口的增长和环境保护重要性的增强，环境资源多元价值之间发生矛盾及环境资源稀缺性的特征逐渐显露。环境保护税可以被看作是一种"环境资源补偿费"，通过征收环境保护税能够贯彻"谁污染谁付费，谁利用谁补偿"的生态环境开发保护原则[1]。

---

[1] 高萍. 我国环境税收制度建设的理论基础与政策措施 [J]. 税务研究，2013 (8).

(四)"双重红利"理论

环境保护税"双重红利"(double dividend)的基本涵义是:环境保护税的开征不仅能够有效抑制污染,改善生态环境质量,达到保护环境的目标;而且可以利用其税收收入降低现存税制对资本、劳动产生的扭曲作用,从而有利于社会就业、经济持续增长等,即实现"绿色红利"和"蓝色红利"。

通常人们的生产和消费活动会排放污染物,进而破坏生态环境,产生社会成本。因此,污染物的排放,成为一种具有负外部性的行为。为解决外部性行为造成的资源配置扭曲,提高经济效率,可以通过征税来调节环境资源的负外部性。如果这种税收的税率恰好等于排污造成的边际环境损失,那么就可以将社会性的环境成本内化到生产行为或消费行为之中,通过经济行为主体成本收益结构的变化,形成有效的减排激励。上述减排激励不仅抑制生产或消费行为的发生,直接减少污染物排放,而且也能够促进研发降低减排成本,推动相关领域的技术进步。因此,环境保护税的开征将有利于环境质量的改善,这就是所谓的第一重红利,也被称为"绿色红利"(green dividend)。

在政府其他税种与税率及政府支出不调整的情况下,开征环境保护税,显然会提高经济主体的成本,使需求减少,产出下降,影响经济增长。但是,如果以开征环境保护税作为契机,对整个税收体系进行结构性调整,甚至在政府支出方面也作出相应调整,那么政府将有可能在改善环境质量的同时,还能进一步发挥增加产出、促进就业、优化分配、调整结构、提高效率的作用,即所谓的第二重红利,也被称为"蓝色红利"(blue dividend)[1]。

较之"绿色红利"而言,"蓝色红利"实现的条件与机制更为复杂。双

---

[1] 李齐云,宗斌,李征宇. 最优环境税:庇古法则与税制协调[J]. 中国人口·资源与环境,2007(6).

重红利产生的关键，在于以开征的环境保护税来替代其他扭曲性税收。例如，可以依托开征环境保护税所增加的税收收入，综合减免企业生产过程中的税收，避免单方面的成本上升，从而稳定产出。一旦企业在环保技术方面有突破，降低了减排成本，那么还可以增加产出。如果征收环境保护税之后减免劳动税收，不仅可以降低企业的劳动成本，增加用工需求，还可以提高劳动者的劳动收益，增加劳动供给，进而促进就业增长。再如，利用环境税收专门减免某些低收入群体的税负，可以调节收入分配，促进社会公平。

第二节 我国现行环境税费体系与现状分析

一、我国现行环境税费体系的基本情况

在 2018 年我国正式实施环境保护税法之前，我国主要是通过融入式环境保护的税收制度及相关排污收费等制度来实施环境保护，其中主要税种包括消费税、资源税、耕地占用税、增值税、企业所得税等，排污收费则主要包括排污费、污水处理费等。

根据污染物产生和生态破坏的环节，可以划分为资源开采、原料使用和产品生产、产品消费和使用三个环节，上述税费在每个环节都不同程度地发挥着环境保护的功能。

（一）资源开采环节

资源的开采主要是指各类自然资源的开发利用，在开发利用的过程中，不仅有资源的合理节约使用问题，也有环境污染和生态破坏问题。但是目前与资源开采环节直接相关的税种主要包括资源税、耕地占用税等，其税制设计的主要目的是资源节约使用，还缺乏对环境污染和生态破坏外部性行为的

补偿和惩罚。

（二）原料使用和产品生产环节

原料使用和产品生产环节产生的污染物主要是废水、废气和固体废弃物，特别是会产生对气候变化形成重要影响的二氧化碳排放。现行税制中没有在此环节设置税种对污染物的排放行为进行调节，主要是通过排污费收费项目进行调节控制。

（三）产品消费和使用环节

产品消费和使用环节的污染，主要是通过消费和使用相关产品所造成的环境污染和生态破坏。其中一部分是通过能源产品使用造成的污染物和二氧化碳排放；另一部分是特种污染类产品使用所造成的环境污染。在产品消费和使用环节具有调节作用的税费工具目前主要是消费税和特定污染物的处理费，如污水处理费等。

除了上述在不同环节进行环境保护的专项税种与收费项目之外，我国目前还在有关税种中设置保护环境的相应的税收优惠条款，主要涉及增值税、企业所得税等。

二、我国现行环境税费体系存在的问题

我国现行的环境税费体系制度虽然在一定程度上抑制了环境污染物的排放，促进环境污染的治理，但是也存在一些问题，主要表现在以下两个方面。

（一）环境税体系的主体税种长期缺位

随着环境污染程度的加剧和污染范围的扩大，治理与改善环境的形势和任务日益艰巨，要求财政提供的资金不断增加。世界各国的经验表明，在保护环境的各项措施中，税收具有举足轻重的作用，而征收环境保护税无疑是

筹措环保资金的最有效的方法。但是长期以来，在我国现行环境税收制度中，以保护环境为目的针对污染行为和产品征收的环境保护税，在我国却未能及时开征，这种税收制度的缺失限制了税收对污染和破坏环境行为的调控力度，难以满足日趋严峻的环境形势的要求，因此，2018年即将征收的环境保护税被寄予厚望。

（二）具有环境保护意义的相关税种征收范围过窄

自改革开放以来，中国的税收制度经历了多次改革、调整，其中某些税种的规定具有直接或间接的环保因素，目前我国的税制体系中，真正具有环境保护意义的税种并不多，而且这为数不多税种还算不上真正履行环境保护的功能。例如，现行的资源税主要是针对使用诸如矿产资源获得的收益而征收，其主要目的是调节从事资源开发的企业，因资源本身的优劣条件和地理位置差异而形成的级差收入。再如，消费税由于覆盖面小，所以许多对环境污染严重的消费品没有纳入征税范围，如不可降解的塑料餐盒、塑料袋、氟利昂、含磷洗衣粉、含氮纸制品、氯氟化碳制品、剧毒农药等。现行税制难以充分发挥出抑制污染、保护环境的作用。

第三节　环境保护税制度的国际经验借鉴

一、OECD国家环境保护税制度的发展轨迹

英国经济学家庇古提出环境保护税后，其观点已经为西方国家普遍接受，尤其20世纪60年代以后，随着工业化和信息化的推进，世界各国经济也快速发展。但在经济快速发展的同时，也付出了巨大的环境代价，污染事件频繁发生，日益严重的环境问题已经威胁到了人类的生存和发展。因此，加强对环境的保护、改善人类生存状况，成为各国共识。推进环境保护税发展经

历了三个阶段。

(一) 20 世纪 70 年代到 80 年代初期

该阶段主要以补偿成本的形式来对环境保护税进行收费，其产生主要是根据污染者付费的原则，要求污染者为其行为承担应付的成本。因此，主要是针对废弃物和污水等进行强制收费，并不属于严格意义上的环境保护税，只是环境保护税的雏形。如荷兰在 1970 年开始征收废水排污税和居民生活垃圾处置税。

(二) 20 世纪 80 年代到 90 年代中期

为了引导人们保护环境的行为，许多国家都相继出台了对应的税种来保护环境，如排污费、能源税、产品税等。德国和法国在 80 年代初期分别出台了鼓励减少污染和提高污水处理能力的税收政策。瑞典从 1984 年开始对生产含有氮和磷的化肥厂家征税，并对农村地区建立污水处理厂提供帮助。80 年代后期，以筹措专项基金为目的的环境保护税收也开始在欧洲出现，如丹麦在 1986 年开征填埋和焚烧垃圾税，专项用于垃圾减量化。

(三) 在 20 世纪 90 年代中期开始

OECD 国家从对废气、废水、垃圾、噪声征税发展到全面绿化税制；从零散的环境保护税种的开征，发展到全面系统的环境保护税收体系；开征新的环境保护相关的税种的同时还对已有的税种进行完善调整，使之发挥更大的环保功能；环境保护税制建设开始从"先污染、后治理"向"全面防治"转变。

二、OECD 国家环境保护税制度的主要内容

经过多年的实践和发展，OECD 国家的环境保护税得到了完善和发展，税

收征管水平也趋于科学化和合理化，环境保护税在促进经济发展和节能环保方面作出了突出的贡献。根据OECD和欧洲环境署（EEA）的统计，目前OECD成员国环境保护税的主要类型有五种。

（一）空气污染税

大气污染主要来源于废气排放，对大气有害的气体主要包括硫氧化物、氮氧化物、碳氧化物等。因此，很多国家针对这些污染气体进行了征税，如碳税、硫税、氮税等。

美国在20世纪70年代就开始征收硫税，不少国家在90年代引入该税。从征收方法上看，一般根据主要能源产品的含硫量或排放量计算征收，如丹麦对发电厂所用燃料、芬兰对柴油和汽油、挪威对燃料油、瑞典对液体燃料，均根据其含硫量确定税额。

碳税课征对象主要是化石燃料如煤、石油、天然气等，其税率是根据含碳量来设计规定的。化石燃料所产生的二氧化碳约占排放量的70%，对其征税能较为有效地控制二氧化碳的排放。碳税最早由芬兰于1990年开征，目前包括丹麦、荷兰、挪威、瑞典等国家均征收碳税。

氮税是对氮氧化物的排放征收的污染税，目前有法国、瑞典、西班牙、意大利等国征收。

（二）水污染税

该税种主要是对废水包括工业废水、农业废水和生活废水课征的税，其主要是按照排放量来征收，但是对于污染程度不同的废水需要换算成统一的单位来征收。这种税不仅能对水资源的污染进行抑制，而且可以为水的净化提供资金来源。德国的水污染税以废水的"污染单位"为基准，税率全国统一，税金全部作为地方收入，用于改善地方水质。荷兰的水污染税则由政府对向地表水及净化工厂直接或间接排放废弃物、污染物和有毒物质的单位和个人征收。

(三) 垃圾税 (固体废弃物处置税)

主要是对有些一次性使用的产品在生产和销售环节征收的从价税，以及对家庭垃圾征收的垃圾税，通常它还和押金制度结合起来。如挪威在1974年开征的饮料容器税，就规定对不能回收的饮料容器征收30%的从价税。法国、美国等国在生产或销售环节征收的旧轮胎税也属于这种性质。对家庭征收的垃圾税一般按人口计算或家庭产生的垃圾数计算，垃圾数量是用标准垃圾桶来计算的。

(四) 噪声税

噪声税是对超过一定分贝的特殊噪声源所征收的一种税，其目的主要是为政府筹集资金，用于在飞机场附近安装隔噪设施，安置搬迁居民等。美国、德国、日本和荷兰等国都征收此税。荷兰政府对民用飞机的使用者（主要是航空公司）在特定地区（主要是机场周围）产生噪声的行为征收噪声税，其税基是噪声的产生量，日本则按照飞机着陆架次计征，而美国对机场的每位旅客和每吨货物征收一定数额的噪声治理税。

(五) 车船燃料税和与车船有关的税

机动车船、飞机等排放的尾气是造成环境污染的原因之一，因此人们必须对产生污染者进行征税，为此很多国家都设计了针对交通工具的税种。诸如车船燃料税、车船销售税。

基于对税种、税目的梳理，根据税制体系的完整程度，各国的环保税制可以划分为零散型、简单型、重点型和完整型四个层次。包括美国、日本、澳大利亚在内的许多非欧盟国的OECD成员设置了较为简单的能源税和保护性很强的税收优惠政策，对污染排放、能源消耗有一定抑制作用，同时能增加财政收入。法国、德国、英国等西欧OECD成员国以对能源产品多重征税和差别税率为重点，有效抑制了能源的消费水平，刺激污染物减排。丹麦、芬兰和瑞典等北欧 OECD 成员国采取了全面彻底的"绿色财政"税制结构调整，逐渐实现了税收负担从所得税向消费税的转移，形成了较为完整的环境税收体系，税制体系层次分明，税率变化明显。各国对环境保护税的征管机构主要有三大类，大部分国家由环保部门负责征管，一部分国家由财税部门负责征管，少数国家由其他部门负责。对于环境保护税的收入使用，多数国家实行专款专用，主要是用于保护生态环境和弥补污染对环境的损害，个别国家纳入各级政府一般预算。

三、OECD 国家环境保护税制度的经验借鉴

（一）开征税种目的具有针对性

从国际环保税收发展的历史可以发现，自 20 世纪 60 年代以来，各国基本是立足于本国国内环境污染治理、调整能源结构和使用方式，有针对性地开征不同的环保税种。80 年代以后，环境保护税经历了一个从零散的、个别的环保税种开征，到逐渐形成环保税收体系的过程。虽然环境保护税具体开征的税种名目繁多，但主要是对大气污染、废水排放、垃圾排放、噪声污染和农业污染物征税。此外，为了保护城市环境和生活环境，有的国家还开征了固体废物税、城市拥挤税、动植物保护税和农药化肥税等。因此，环境保护税征收的主要目的就是要促进国家的生态环境改善和经济结构调整。我国目前处于社会经济快速发展阶段，污染排放正值高峰，因此税制设计必须要根据国情，要以解决我国当前环境问题为主要目的，积极谨慎地承担国际责任。

（二）开征步骤力求循序渐进

各国制定的环保税收政策，都是与本国主要环境问题以及经济发展背景紧密联系的。所以设置一个综合性环境保护税种符合国际发展趋势和我国国

情。从税种设置上看，在早期，国家基本是针对某类污染物开征具体税种，但20世纪90年代以后，越来越多的国家采取了开征综合税种的方式。对我国来说，分别对各类污染物排放设置单行税种，不符合目前我国"简税制"的税制改革方向。而且在环境保护税开征初期，一般只是为了本国区域内污染治理、环境保护的目的而设置相关税目。当度过了污染排放的高峰期后，就转向主要对环境有害品（产品和能源）的课税，同时为履行包括二氧化碳在内的温室气体减排的国际承诺，结合本国的碳减排政策开征二氧化碳税。我国在进行环境税制改革时也应采用逐步引入的方式，充分考虑经济社会承受能力和政策推行的可行性，集中力量先开征污染排放税，二氧化碳税目则可以定下时间表，适当后置开征[①]。

（三）灵活机动地选择税基

一般来说，直接对排污等行为进行课税是一个比较好的选择。但是，如果很难准确识别污染源的话，或者产品的使用与排污之间的关系是稳定的，或者为便于征税，就可以采用产品税。对产品征税的结果可能等同于对排污的直接征税。例如，比利时对一次性剃刀和相机课税以鼓励对可再利用的替代品的使用。当然，同一种税在不同国家课税选择也存在着差异，如硫税，丹麦、波兰和意大利都是按二氧化硫排放量征收，瑞典、挪威等则按含硫量的不同直接对含硫能源产品征税。各国在征收环保税时，除了按照污染物的特性设定计税依据外，并不拘泥于单一的税制设计，一般是根据经济社会情况和征管基础采取灵活的政策来实施。如有的按监测的排放量计税，有的按照原料消费量计税，有的还以按户按月的固定税率来计税。

在计税依据上，我国应根据现有征管手段所能达到的水平，将衡量污染物的科学性和可操作性结合起来，综合确定计税依据。一般情况下，计税依据是污染物排放量。影响污染物排放量的因素较多，需要依靠环境监测技术

---

① 薛钢．我国碳税设计中的政策目标协调问题研究［J］．中国软科学，2010（10）．

手段和环境管理经验，在这方面环保部门无疑具有优势，这也是国外很多国家由环保部门征收环保税的原因。但从我国国情考虑，"费改税"是财税体制改革与规范财政收支分配关系的一个重要内容。而排污费改为税，并由税务部门征收在执法上更具有刚性。因此，根据国情确定征管部门并发挥税务部门和环保部门各自的优势，是减少征管成本、提高征收效率的关键。

（四）允许各地区在一定范围内选择适用税率

各国还重视税率的调节作用，对一些生态负面影响较大的经济活动征收重税。OECD国家还普遍使用行业差别税率和产品差别税率，从而调节市场主体的生产和消费行为。在各国征收环境保护税的过程中，国与国之间税率水平差异很大，同一国家内的不同地区税率水平也存在差异。这是由于，税率水平一般是结合开征地区的具体情况而确定的，不同地区环境容量、减排成本及经济发展水平相差较大。我国在税率设计方面，也应考虑地区之间的差异，赋予地方一定的灵活性。但同时也要注意过大的地区间税负差异既可能影响到总体污染控制效果，也可能造成污染源在不同地区的转移。因此，可规定各地区在国家统一规定的税率幅度范围内，按照一定的原则设定具体税率。

（五）税收优惠体现环境保护的政策导向

许多国家积极采用税收减免和优惠等政策，鼓励企业节约资源、治理污染，鼓励科研单位加强节能和治理污染的科技研发，既减少了经济发展对环境的破坏，促进自然资源的有效利用，又提高了综合效益。虽然各国税收优惠政策各式各样，但总体上体现了税收中性原则和环境保护的政策导向。税收优惠政策主要体现为鼓励减少排放、循环利用，以及投资于保护环境的技术和设备等行为，同时对于征税后受影响较大的基础产业或行业给予保护，如农业、能源密集型行业。

第四节　我国环境保护税制度的建立

一、我国建立环境保护税制的指导思想和基本原则

2016年12月25日，第十二届全国人民代表大会常务委员会第二十五次会议通过的《中华人民共和国环境保护税法》，将于2018年1月1日实施。环境保护税法是党的十八届三中全会提出"落实税收法定原则"要求后，全国人大常委会审议通过的第一部单行税法，也是我国第一部专门体现"绿色税制"、推进生态文明建设的单行税法。该税法的实施将有利于进一步绿化税制，促进经济发展方式转变；有利于减少污染物排放和能源消耗，促进经济结构调整和产业升级；有利于理顺环境税费关系，推动地方政府加强环境保护工作；有利于加强部门配合，强化征管，保护纳税人的合法权益。

（一）建立环境保护税制度指导思想

根据党中央、国务院关于深化财税体制改革的决策部署，立足我国国情，借鉴国际经验，优化环境税费政策体系，建立符合中国基本国情的环境保护税收制度，通过对应税污染物的排放行为征税，以充分发挥税收在环境保护方面的调控作用，为保护和改善环境、减少污染物排放、推进生态文明建设提供保障。

（二）建立环境保护税制度的基本原则

一是重在调控。征收环境保护税，首要目的不是取得财政收入，而是使污染者和破坏生态者承担必要的污染治理与环境损害修复成本，引导企业生产经营行为，减轻环境污染和生态破坏。

二是正税清费。按照正税清费的原则，逐步清理、整合和规范排污费等

针对环境保护的相关收费，通过实施费改税将现行排污费改为环境保护税，自环境保护税施行之日起，不再征收排污费，规范政府与纳税人的收入分配关系。

三是合理负担。兼顾发挥调节功能和纳税人实际承受能力，综合考虑现行排污收费标准、污染治理成本和环境损害修复成本之间的关系，合理确定环境保护税的税负水平。

四是有利征管。科学设计环境保护税的征管方式，力求简便易行；加强环保部门和财税部门配合；明确相关部门的法律责任，堵塞征管漏洞，降低税收征纳成本。

二、我国环境保护税的主要内容

（一）纳税人

2015年1月1日起施行的《中华人民共和国环境保护法》规定，排污费的缴纳人为排放污染物的企业事业单位和其他生产经营者。为与排污费有关规定相衔接，《中华人民共和国环境保护税法》规定的纳税人，是指在中华人民共和国领域和中华人民共和国管辖的其他海域，直接向环境排放应税污染物的企业事业单位和其他生产经营者。

企业事业单位和其他生产经营者向依法设立的污水集中处理、生活垃圾集中处理场所排放应税污染物的或者在符合国家和地方环境保护标准的设施、场所储存或者处置固体废物的，不属于直接向环境排放污染物，不缴纳相应污染物的环境保护税。

依法设立的城乡污水集中处理、生活垃圾集中处理场所超过国家和地方规定的排放标准向环境排放应税污染物的，应当缴纳环境保护税。

企业事业单位和其他生产经营者储存或者处置固体废物不符合国家和地方环境保护标准的，应当缴纳环境保护税。

(二) 征税对象与税额

环境保护税的课征对象是应税污染物,具体包括大气污染物、水污染物、固体废物和噪声。

每一排放口或者没有排放口的应税大气污染物,按照污染当量数从大到小排序,对前三项污染物征收环境保护税。

每一排放口的应税水污染物,按照《应税污染物和当量值表》,区分第一类水污染物和其他类水污染物,按照污染当量数从大到小排序,对第一类水污染物按照前五项征收环境保护税,对其他类水污染物按照前三项征收环境保护税。

省、自治区、直辖市人民政府根据本地区污染物减排的特殊需要,可以增加同一排放口征收环境保护税的应税污染物项目数,报同级人民代表大会常务委员会决定,并报全国人民代表大会常务委员会和国务院备案。

应税大气污染物和水污染物的具体适用税额的确定和调整,由省、自治区、直辖市人民政府统筹考虑本地区环境承载能力、污染物排放现状和经济社会生态发展目标要求,在《环境保护税税目税额表》规定的税额幅度内提出,报同级人民代表大会常务委员会决定,并报全国人民代表大会常务委员会和国务院备案。

(三) 计税依据

环境保护税以应税污染物排放量作为主要计税依据。具体而言,应税大气污染物按照污染物排放量折合的污染当量数确定;应税水污染物按照污染物排放量折合的污染当量数确定;应税固体废物按照固体废物的排放量确定;应税噪声按照超过国家规定标准的分贝数确定。

应税大气污染物、水污染物的污染当量数,以该污染物的排放量除以该污染物的污染当量值计算。每种应税大气污染物、水污染物的具体污染当量值,依照《中华人民共和国环境保护法》所附《应税污染物和当量值表》

执行。

应税大气污染物、水污染物、固体废物的排放量和噪声的分贝数，按照下列方法和顺序计算：（1）纳税人安装使用符合国家规定和监测规范的污染物自动监测设备的，按照污染物自动监测数据计算。（2）纳税人未安装使用污染物自动监测设备的，按照监测机构出具的符合国家有关规定和监测规范的监测数据计算。（3）因排放污染物种类多等原因不具备监测条件的，按照国务院环境保护主管部门规定的排污系数、物料衡算方法计算。（4）不能按照前述（1）（2）（3）项规定的方法计算的，按照省、自治区、直辖市人民政府环境保护主管部门规定的抽样测算的方法核定计算。依照规定核定计算污染物排放量的，由税务机关会同环境保护主管部门核定污染物排放种类、数量和应纳税额。

（四）应纳税额

（1）应税大气污染物的应纳税额为污染当量数乘以具体适用税额。

（2）应税水污染物的应纳税额为污染当量数乘以具体适用税额。

（3）应税固体废物的应纳税额为固体废物排放量乘以具体适用税额。

（4）应税噪声的应纳税额为超过国家规定标准的分贝数对应的具体适用税额。

（五）税收优惠

依据环境保护税法，下列情形暂予免征环境保护税：

（1）农业生产（不包括规模化养殖）排放应税污染物的。

（2）机动车、铁路机车、非道路移动机械、船舶和航空器等流动污染源排放应税污染物的。

（3）依法设立的城乡污水集中处理、生活垃圾集中处理场所排放相应应税污染物，不超过国家和地方规定的排放标准的。

（4）纳税人综合利用的固体废物，符合国家和地方环境保护标准的。

(5) 国务院批准免税的其他情形。该项免税需由国务院报全国人民代表大会常务委员会备案。

另外，纳税人排放应税大气污染物或者水污染物的浓度值低于国家和地方规定的污染物排放标准30%的，减按75%征收环境保护税。纳税人排放应税大气污染物或者水污染物的浓度值低于国家和地方规定的污染物排放标准50%的，减按50%征收环境保护税。

(六) 税收管理

为提高环境保护税的征管效率，采取"企业申报、税务征收、环保协同、信息共享"征管模式，具体而言：

(1) 环境保护税由税务机关依照《中华人民共和国税收征收管理法》和《中华人民共和国环境保护税法》的有关规定征收管理。环境保护主管部门依照《中华人民共和国环境保护税法》和有关环境保护法律法规的规定负责对污染物的监测管理。

(2) 环境保护税的纳税义务发生时间为纳税人排放应税污染物的当日。纳税人应当向应税污染物排放地的税务机关申报缴纳环境保护税。环境保护税按月计算，按季申报缴纳。不能按固定期限计算缴纳的，可以按次申报缴纳。纳税人申报缴纳时，应当向税务机关报送所排放应税污染物的种类、数量，大气污染物、水污染物的浓度值，以及税务机关根据实际需要要求纳税人报送的其他纳税资料。纳税人按季申报缴纳的，应当自季度终了之日起15日内，向税务机关办理纳税申报并缴纳税款。纳税人按次申报缴纳的，应当自纳税义务发生之日起15日内，向税务机关办理纳税申报并缴纳税款。纳税人应当依法如实办理纳税申报，对申报的真实性和完整性承担责任。

(3) 税务机关应当将纳税人的纳税申报数据资料与环境保护主管部门交送的相关数据资料进行比对。税务机关发现纳税人的纳税申报数据资料异常或者纳税人未按照规定期限办理纳税申报的，可以提请环境保护主管部门进行复核，环境保护主管部门应当自收到税务机关的数据资料之日起15日内向税务机关出具复核意见。税务机关应当按照环境保护主管部门复核的数据资料调整纳税人的应纳税额。

（4）县级以上地方人民政府应当建立税务机关、环境保护主管部门和其他相关单位分工协作工作机制，加强环境保护税征收管理，保障税款及时足额入库。

环境保护主管部门和税务机关应当建立涉税信息共享平台和工作配合机制。环境保护主管部门依照本法和有关环境保护法律法规的规定负责对污染物的监测管理。环境保护主管部门应当将排污单位的排污许可、污染物排放数据、环境违法和受行政处罚情况等环境保护相关信息，定期交送税务机关。税务机关应当将纳税人的纳税申报、税款入库、减免税额、欠缴税款及风险疑点等环境保护税涉税信息，定期交送环境保护主管部门。各级人民政府应当鼓励纳税人加大环境保护建设投入，对纳税人用于污染物自动监测设备的投资予以资金和政策支持。

（5）纳税人从事海洋工程向中华人民共和国管辖海域排放应税大气污染物、水污染物或者固体废物，申报缴纳环境保护税的具体办法，由国务院税务主管部门会同国务院海洋主管部门规定。

（6）纳税人和税务机关、环境保护主管部门及其工作人员违反本法规定的，依照《中华人民共和国税收征收管理法》《中华人民共和国环境保护法》和有关法律法规的规定追究法律责任。

三、我国建立环境保护税应注意的问题

（一）应注意与现行法律、行政法规的衔接

目前，环境保护法、水污染防治法、大气污染防治法、固体废物污染环境法、环境噪声污染防治法、海洋环境保护法和排污费征收使用管理条例等法律、行政法规，对排污收费项目的征收标准和使用作出了规定。环境保护

税法通过后,环境保护税将取代排污收费项目,依照宪法和立法法的有关规定,制定环境保护法时一并修改或废止上述法律和行政法规的有关规定。

(二) 应注意中央与地方政府利益的协调

环境保护税的税款收入归中央还是归地方是开征环境保护税必须要考虑的问题。由于环境污染的跨区域性,税款全部归地方政府在理论上存在不合理的地方,中央政府需要拿走一定比例的环保税款用于协调跨区域性的地区污染,以及解决全国性的环境污染问题。剩余部分由地方政府根据各地区的具体情况进行环境治理方面的分配和使用。

(三) 应注意对相关利益主体的考虑

一方面,开征环境保护税会造成部分企业的成本和负担上升,造成企业在节能减排改造方面的投入不足,随着我国对环保排放标准的逐步提高,企业要想在环境保护排放方面达标就必须要进行技术、产化的升级。建议国家在征收环境保护税的过程中,给予这部分企业一定的税收返还和税收补贴,缩短企业转型的时间。另一方面,企业成本的上升必然会将税负部分转嫁给最终产品的使用者,促使商品和服务的价格上升,这会对低收入群体造成一定负面的影响,政府可针对这部分贫困人群给予一定的补偿和援助。

回顾与总结: 环境保护税是通过税收手段将环境污染和生态破坏的社会成本内部化到生产成本和市场价格中去,再通过市场机制分配环境资源的一种经济手段。在我国目前环境污染日益严重的背景下,现有的环境保护税费体系由于征收范围局限性,环保效果并不明显。借鉴OECD国家环境保护税制度建设的成功经验,在"重在调控、正税清费、合理负担、有利征管"的原则指导下,建立科学、规范的环境保护税收制度,为建设资源节约型、环境友好型社会,实现经济与环境的全面协调、可持续发展提供保障。

第六章 房地产税制度建设

本章导读：加快房地产税立法并适时推进改革，是深化财税体制改革的重要内容，对于建立现代财产税制度，逐步培育地方主体税种，推进地方政府治理方式转型，调节收入和财富分配，促进房地产市场的平稳健康发展具有重要而深远的意义。本章介绍了房地产税的内涵与功能，回顾了新中国成立以来房地产税的发展历程，分析了目前我国房地产税制度存在的问题，在借鉴国外房地产税制度建设经验的基础上，对我国房地产税制度改革提出了相应的政策建议。

第一节 房地产税概述

一、房地产税的内涵

房地产就其本身的物质形态来看，有三种形式：房产、土地和房地合一的房地产。与此相联系的是，房产税是仅以房产价值或收益为课税对象的税收，也就是各种类型的房产税；仅以土地的价值或收益为课税对象的税收，也就是各种类型的土地税；以及依照房地产价值或房地产收益作为课税对象的房地产税。因此，房地产税是对房产、土地在保有环节征收的一种财产税。

很明显，我国现行税制中并没有单独征收的房地产税，而目前分别是对房产征收房产税，对土地征收城镇土地使用税，两个税种分别开征于1986年和1988年。鉴于当时我国城市居民住房普遍实行福利分房制度，加之城镇居民收入水平普遍较低，房产税和城镇土地使用税仅对单位和个人的经营性房地产征收，对个人住房则实行免税。房产税以房产原值或租金收入为计税依据，城镇土地使用税以占用土地的面积为计税依据。按照现行财政体制，这两种税属于地方政府收入，2016年收入合计为4476.65亿元，约占全国税收收入的3.43%。

除了在房地产保有环节征收的房产税、城镇土地使用税以外，在房地产开发建设和交易环节中，还涉及耕地占用税、契税、土地增值税、增值税（2016年5月1日前征收营业税，后同）、城市维护建设税、印花税、企业所得税和个人所得税等税种。其中，建设环节涉及耕地占用税、契税、城镇土地使用税、建筑安装增值税及附征的城市维护建设税、企业所得税和印花税；在交易环节，卖方要缴纳销售不动产增值税及附征的城市维护建设税、土地增值税、企业所得税（或个人所得税）、印花税，买方要缴纳契税和印花税，个人买卖住房目前暂免征收土地增值税和印花税。

目前，世界上有130多个国家和地区开征房地产税，基本具有以下特点：一是对包括住房在内的房产普遍征税，征税区域覆盖城乡。二是以房地产所有人为纳税人。三是按评估价值征税，使房地产计税依据能够动态地反映房地产的价值。四是实行幅度比例税率，地方政府在税收范围内有一定的税政自主权。五是根据房地产不同用途、价值、开发程度等因素实行差别化税率。如通常对已开发土地实行较低税率，以鼓励土地所有者最大限度地开发土地，实现土地的潜在价值；对住宅实行较低的税率，对农业用地和农用房地产采用低税率，而对工商业用地适用较高税率。六是优惠范围较窄，主要对低收入家庭等特殊困难群体的房产或低价值房产，给予一定的税收优惠。优惠方式主要有直接减免税、设置起征点、减少税基、退税、延迟纳税等。

二、房地产税的主要功能

(一) 房地产税的财政功能

房地产税在很多国家都是地方政府取得财政收入的主要税种,其主要功能就在于为地方政府提供稳定的税收收入。无论是从理论还是从国际经验来看,房地产税最重要的作用是为地方政府提供公共财政收入。通过房地产税,地方政府可以将税收收入与当地公共服务有效地对应起来,提高公共支出的效率。同时,由于房地产税是地方税收,地方政府在一定程度上具有支配权,相比财政转移支付,房地产税能促使地方政府更加有效地根据当地需求更好地为公共服务。

房地产税之所以能成为地方政府重要的税收收入来源,主要原因在于:

一是税收收入与支出的对应性很强。从性质上来说,房地产税具有受益税的特点,房地产税是公众为享受到政府提供的公共服务而支付的一种成本,其享受到公共服务优劣跟区域位置是紧密相关的。房地产税的收入主要用于为本地区提供治安、道路、路灯、绿化等居民能够直接享受到的公共服务,税收与公共服务具有很强的直接对应性,这种机制能够有效地满足当地民众对于公共服务的需求。

二是房地产税的稳定性强。与所得税或者流转税不同,房产不同于一般的商品,具有经久耐用、不易损耗的特点。由于房地产税的计税依据为房地产评估价值,其在经济周期中的波动会小于商品价格和现金收入,因此税源具有可观察性且易于征管,能为地方政府提供较为稳定的财政收入。而且地方政府一般会根据预算收入和总支出情况决定房地产税的总征收数额,再结合辖区房产评估的公允价值总额,在州政府允许的范围内确定税率,因此房地产税在地方政府的财政收入中保持比较稳定的比重。

三是房地产税税收收入归属清晰。流转税则因其具有极易转嫁的特点,存在着税负承担者与税收获得者不匹配的问题，有悖于税收公平原则，而房地产税课税对象是房地产，房地产具有区域位置相对固定的特点，因此有利于政府间清晰划分税收收入归属权；而且，地方政府在获取房产保有信息方面具有先天的优势，房地产税由地方政府负责征收可以更大程度上降低征收成本、提高征税效率。

（二）房地产税的经济调节功能

除了有效筹集地方政府收入外，房地产税作为财产税的一种，还可以起到调节财产分配和优化资源配置的作用。

从收入分配角度，一般来说，直接税比间接税能更好地承担调节收入分配的职责。房地产税属于直接税，是针对存量财富征收的一个税种。在公众所持有的财产中，不动产价值含量高，可以作为衡量个人税负能力的一个重要标准。并且，房地产具有不易被隐藏的特点，这些都为针对不动产征收的房地产税的收入分配调节功能奠定基础。

从资源配置角度，由于房地产具有资源和民生属性，如果仅靠市场调节，很可能会产生大量房地产资源集中在少数人手中的现象，从而造成资源分配的不均以及随之而来的社会问题。而房地产税可以提高房地产保有成本，从而促进房地产资源的合理流通，实现房地产资源的节约集约利用。同时，房地产税还可以通过税收资本化影响房地产价格。所谓资本化是指政府对财产的征税行为会影响潜在购买者对财产的出价。如果在一个透明、公开的市场环境下开征房地产税，一方面，由于资本化效应，降低一部分资产价值；另一方面，如果房地产税收入用于公共支出，又会增加一部分资产价值。

当然，由于影响房地产价格的因素比较复杂，完全依赖房地产税来抑制房地产投机的做法可能是不切实际的。例如，2005年韩国推出综合房地产税后，房价出现小幅短暂下降，但之后又加速上涨。因此，长期来看，单凭一个房地产税对房地产市场并不能产生趋势性影响。

第六章 房地产税制度建设

第二节 我国房地产税的历史沿革与现状分析

一、我国房地产税的历史沿革

中国对房屋、土地的课税已有近2000年的历史。1949年中华人民共和国成立后，1950年政务院颁布的《全国税政实施要则》要求征收房产税和地产税。1951年8月，国务院颁布《中华人民共和国城市房地产税暂行条例》，将两税合并后统一征收城市房地产税。1973年简化税制，把对国营企业和集体企业征收的城市房地产税并入工商税，保留税种对房管部门、个人、外国侨民、外国企业和外商投资企业征收。进入20世纪80年代以后，随着中国对外经济合作的发展，外商投资企业逐渐增多，财政部确定对外商投资企业、外国企业和组织及外籍个人，按《城市房地产税暂行条例》的规定征收城市房地产税。

1986年，国务院颁布《中华人民共和国房产税暂行条例》，当年10月1日起施行。该暂行条例规定：房产税在城市、县城和建制镇征收，由产权所有人或承典人、代管人、使用人缴纳，以房产原值减除一定比例后的余值或者房产租金收入为计税依据，税率分别为1.2%和12%。国家机关、人民团体、军队自用的房产，由国家财政部门拨付事业经费的单位自用的房产，宗教寺庙、公园、名胜古迹自用的房产，个人所有非营业用的房产，经过有关部门鉴定停止使用的毁损房屋和危险房屋，可以免征房产税。个人按照市场价格出租的居民住房可以暂减按4%的税率征收房产税。各省、自治区、直辖市人民政府可以制定施行细则，并报财政部备案。《中华人民共和国房产税暂行条例》仅适用于国内单位和个人，对外商投资企业、外国企业和外国人仍然征收城市房地产税。

1988年，国务院颁布《中华人民共和国城镇土地使用税暂行条例》，从当年11月1日起施行。城镇土地使用税的纳税人为在城市、县城、建制镇、工矿区范围内使用土地的单位和个人，以纳税人实际占用的土地面积为计税依据，实行有地区差别的幅度税额标准，具体标准在0.2～10元。省、自治区、直辖市人民政府，应当在前条所列税额幅度内，根据市政建设状况、经济繁荣程度等条件，确定所辖地区的适用税额幅度。国家机关、人民团体、军队自用的土地，由国家财政部门拨付事业经费的单位自用的土地，宗教寺庙、公园、名胜古迹自用的土地，市政街道、广场、绿化地带等公共用地，直接用于农业、林业、牧业、渔业的生产用地，财政部规定免税的能源、交通、水利设施用地和其他用地，可以免征城镇土地使用税。土地使用税由土地所在地的税务机关征收，土地管理机关应当向土地所在地的税务机关提供土地使用权属资料。各省、自治区、直辖市人民政府可以制定施行细则，并报财政部备案。《中华人民共和国城镇土地使用税暂行条例》仅适用于国内单位和个人，对外商投资企业、外国企业和外国人征收的是土地使用费。

2006年12月31日，国务院发布《国务院关于修改〈中华人民共和国城镇土地使用税暂行条例〉的决定》。自2007年1月1日起，外商投资企业、外国企业和组织以及外籍个人，依照《中华人民共和国城镇土地使用税暂行条例》征收城镇土地使用税，也大幅提高了税额标准，具体标准在0.6～30元之间。同时，规定本条例的实施办法由省、自治区、直辖市人民政府制定。

2008年12月31日，国务院决定废止《城市房地产税暂行条例》，自2009年1月1日起，外商投资企业、外国企业和组织以及外籍个人，依照《中华人民共和国房产税暂行条例》缴纳房产税。

2013年12月7日，依据《国务院关于修改部分行政法规的决定》对《中华人民共和国城镇土地使用税暂行条例》进行了进一步修订，明确了除《中华人民共和国城镇土地使用税暂行条例》规定的税收减免内容外，纳税人缴纳土地使用税确有困难需要定期减免的，可以由县以上地方税务机关批准。

二、我国房地产税改革的工作进展

2003年,党的十六届三中全会决定提出,实施城镇建设税费改革,在条件具备时对不动产开征统一规范的物业税(即房地产税)。此后,根据中央的要求,相关部门开展了一些基础性工作,包括房地产税制的理论研究、房地产拟评税试点,以及在上海市和重庆市开展个人住房房产税改革试点等。

(一) 房地产拟评税试点

按照房产原值和土地面积计税存在的计税依据不合理、不规范的问题,是现行房产税与城镇土地使用税的一个突出弊端。从国际经验和我国实际情况分析,对房地产按照评估价值征税具有必要性,这也是房地产税制改革的重要基础性工作之一。因此,从2003年5月开始,财政部会同国家税务总局先后分三批在北京、辽宁、江苏、深圳等10个省(区、市)的32个县(市、区)开展试点工作,针对单位和个人经验性房地产,探索运用计算机系统批量评估房地产税税基的可行性与具体办法。

房地产税模拟评税试点的主要内容包括:一是整合房产、土地等部门的房屋产权、地籍等资料,开展税源调查,获取模拟评税所需要的房地产基础数据,建立数据库。二是开发满足不同地区评估业务需要的评税软件,采取成本法、市场法和收益法等适当的评估方法,对房地产价值进行批量评估。三是分析、评估测算对各类纳税人和财政收入的影响,并据此完善相关改革方案。四是研究建立按照评估价值征税的相关征管制度。五是研究建立按照评估价值征税的争议处理机制。

总的来看,通过10余年的模拟评估试点工作,目前已经取得阶段性的成果,试点地区已经建立了房地产信息数据库,初步建立了评估工作机制,设计开发了批量评估计算机系统,培养了一批评估人才,在计税层面为推动房地产税改革进行了积极探索与技术准备。

(二) 上海、重庆个人住房房产税改革试点

为了合理调节收入分配，引导居民合理进行住房消费，为房产税改革积累经验，2011年1月28日，根据国务院常务会议精神，上海、重庆两市开始进行对个人住房征收房产税改革试点。

征收对象方面，上海市为本市居民家庭在本市新购且属于该居民家庭第二套及以上的住房和非本市居民家庭在本市新购的住房；重庆市为个人拥有的独栋商品住房、个人新购的高档住房，以及在重庆市同时无户籍、无企业、无工作的个人新购的第二套及以上的普通住房。税率方面，根据房产价格水平实行分档税率，上海为0.4%和0.6%两档税率，重庆为0.5%、1%和1.2%三档税率。免税面积方面，为保障居民的基本居住需求，两市均规定了一定免税面积，只对超出标准的面积征税。上海规定免税面积为人均60平方米；重庆规定存量独栋商品住房免税面积为180平方米，新购的独栋商品住房和高档住房免税面积为100平方米。征收时间方面，上海规定每年12月31日前缴纳税款，重庆规定纳税期限为每年的10月。两市试点期间征收的房产税收入全部用于保障性住房建设。

两市试点以来，总体运行平稳，取得了积极成效，为进一步推进房地产税改革打下了基础：一是使个人住房房产税改革从理论变为现实，初步形成了对个人住房征税的一套办法，特别是重庆直面存量住房征税这一难点，在税制要素设计、征收管理、纳税服务等方面积累了有益经验。二是探索形成了对个人住房征税的办法和征管机制，促进了税务机关征管理念、工作作风的转变，积累了对个人征税的经验。长期以来，税务机关主要是对企业纳税人征税，对个人纳税人征税较少，缺乏有效经验和手段。个人所得税基本上实行代扣代缴，车船税大部分由保险机构代收代缴，因此对个人住房征税是一个新的尝试。试点中，两市结合本地实际建立了比较完善的征管体系，不仅实现了很高的征收率，而且纳税人反应平稳，没有引起大的征管矛盾。三

是与限购、限贷等房地产市场调控政策相配合，对抑制投机投资性购房需求，引导合理性住房消费发挥了积极作用。试点之后，在上海市新购住房中，近70%是90平方米以下的小户型住房，应税住房中有90%适用0.4%的优惠税率，主要集中在非中心城区，基本实现了引导集约型住房消费、鼓励人口向郊区转移的政策导向。重庆市高档住房的需求受到抑制，主城区高档住房上市建筑面积占商品住房批准上市建筑面积的比例由试点前的10%下降到2013年的6.4%，高档住房成交面积占全部住房成交面积的比重由试点前的9.2%下降到2013年的2.8%。

第三节 房地产税制建设的国际经验借鉴

本节将对国外房地产税收政策进行比较借鉴，由于各国房地产税政策目标与语境环境存在差异，在对不同国家的房地产税收制度进行分析时，具体名称会有所不同。

一、房地产税制功能定位

从国际实践来看，房地产税最重要的作用是为地方政府提供稳定的公共财政收入，将税收收入与地方公共服务有效匹配，提高公共财政的支出效率。

美国将财产保有环节的税收统一称为财产税（property tax），其主要征税对象就是房屋和土地等不动产，但是有些州也包括一些动产。美国的财产税起源于殖民时期，在1796年，美国只有4个州按照评估价值征税，1818年，伊利诺伊州首先采用了统一的评估征税条款，密苏里州在1820年也紧随其后，田纳西州1834年也制定了统一的税收规定，按照评估价值课税。此后，房地产税渐渐基于价值进行评估，以此作为征税依据，成为许多州财产税法律的基本要求。截至19世纪末，美国一共有33个州修改了州法律，要求房地产税都要按照评估价值课税。在此期间，南北战争之后，地方政府开始在州一级征收替代税种（如所得税和销售税等），但以房屋和土地为主的财产税仍然是地方政府的主要收入来源。

1929~1932年的经济大萧条时期，由于纳税人的收入大幅下降，而来自房屋和土地的税收具有收入弹性小的特点，导致其占纳税人收入的比重大幅提高，引起纳税人的强烈不满。因此，美国有16个州通过了财产税税收限制法案，规定财产税率上限并设置优惠政策；有些州及时调整了收入结构，加强所得税和销售税，减少对财产税的过度依赖。第二次世界大战后，一些州免税使用"断路器"（circuit breaker）条款限制了住宅价值的增加。

20世纪70年代美国经济进入"滞胀"时期，居民收入增长停滞，但通货膨胀引发房地产价值过快上涨，地方政府并未随之降低税率，由此又导致了对房地产税的限制。1978年，加利福尼亚州第13号提案"人民倡议限制财产税"要求把总财产税限制到该财产全部现金价值的1%，并规定由于通货膨胀因素导致的房地产评估价值增加限制为每年的2%。该项提案成为现代财产税限制的开始，到2010年，美国州和地方政府财产税收入占总税收收入的比例为34.8%，已经远远低于1902年的82.1%。

英国的房地产税制比较完善，虽然国家税收体系中涉及房地产的税种较多，但对房地产保有环节课征的税种主要包括市政税（council tax，对居住房征收）和营业房屋税（business rates，工商业住房）。英国的房地产税收体系具有如下特点：(1) 征税范围广泛，住宅类和经营性房地产均列入征税范围。(2) 通过两个税种的设置，形成了有利于土地合理流动、高效配置的经济机制，保证了地方政府直接和间接的财政需求。根据英格兰地方财政统计数据，2009~2012年，两种房地产税税收收入占地方政府财政总收入的比重，依次为29.69%、31.00%、30.52%和34.75%。

日本的房地产税主要包括固定资产税和城市规划税。上述税种均对土地和建筑物分别评估征收，是地方政府的主要财政收入来源之一。日本的房地产税源于江户时期的年贡、地租，当时是中央政府收入的主要来源，是根据农作物收成而征收的一种收益税。1950年根据"肖普建议",将其计税依据改为房地产的评估价值,旋即成为地方政府的主体税种之一。

二、房地产税制征税范围

美国的房地产税在房地产保有环节征收,课税范围为房地产(不动产)或私人财产,主要对土地、建筑物在保有环节每年按市场评估价值(房地产的公平市场价值乘以评估率)征税。美国房地产税的课税对象是纳税人所拥有的房地产,包括土地、房屋建筑物,以及房屋的固定装置。根据美国税法规定,房地产税的纳税人为房地产的所有者,如果没有所有者的,则对房产实际使用者或控制者进行征税。

英国根据1992年的《地方政府财政法案》,1993年4月1日起开征市政税,用于取代不受欢迎的社区费。市政税是对住宅的所有者或承租人使用的土地、房屋等房地产按照评估价值的一定比例征收,其税基是住宅财产,并给予单身户主优惠政策。营业房屋税在英国也称非家庭财产税,主要针对经营性房地产,即商店、工厂等非住宅房地产的所有者征收的房地产税。1988年《地方政府财政提案》决定从1990年起在英格兰和威尔士开征营业房屋税,借以废除1967年的一般财产税。与市政税不同的是,营业房屋税从1990年开始由地方税转划为中央税。地方政府将收集的营业房屋税收入上交给中央财政后,汇入专项基金,然后由中央政府根据各地人口基数等,将此基金作为转移支付资金,在各地区之间进行再分配。因此,虽然营业房屋税属于中央税种,但是仍然为地方政府提供资金支持,最终通过专项返还给地方财政。

日本固定资产税的征税主体为市町村政府,征税范围包括土地、房屋建筑物及折旧资产,市町村政府设有征税台账和补充征税台账(为遗漏者准备),纳税人为在台账上登记的拥有房地产的个人和公司。而城市规划税是对城市化区域和开发区内房地产的所有者按土地和房屋价值的0.3%征收的税收

（除东京外一般不设减免措施），征收的税款专项资金用于支持城市规划事业，税率和征收对象以外的其他税制要素与固定资产税相同。

巴西房地产保有环节的税种主要包括城市房地产税和农村土地税。城市房地产税属于地方税，由市政府对城市房地产（土地和建筑物）按照市场评估价值征收。和拉丁美洲大多数国家一样，房地产税在巴西地方政府收入的比重并不高，根据 OECD 统计数据，2001~2010 年，巴西的房地产税收入占 GDP 比重的平均值仅为 0.45%。近年来，房地产税收入在地方财政收入的比重有所上升，但仍面临很多挑战。

三、房地产税制税率与税收优惠

目前，美国 50 个州都征收房地产税，但各州和地方政府的税率不同，房地产税的立法权设置在州一级政府，税率由税收管辖区政府决定，但必须遵循州的特定法律，属于典型的地方税种。美国的房地产税的税收优惠与居民个人收入水平密切相关。由于美国实行综合个人所得税制度，规定住房支出可通过个人所得税的抵扣项进行扣除，从而给予中低收入者一定的税收优惠。同时，通过"断路器"税收抵免政策设定房地产税税额和纳税人收入比值的最高限值，当房地产税税额超过其收入的设定比例后，可得到相应的减免，从而解决房地产评估价值与纳税人当期收入不匹配的问题，促进公平并减轻纳税人的税收负担[①]。

英国市政税的课税对象是土地及附着土地上的建筑物，计税依据是纳税人所拥有的居住房屋（包括自用住宅和租用住宅）的评估价值。市政税的纳税人为年满 18 周岁的住宅所有或使用者，包括完全保有地产者、住宅所有者、住宅租借者、法定房客、领有住房许可证者，但旅馆的居住者和居住在

---

① "断路器"是指如果纳税人所缴纳的房地产税与其收入的比例超过法律规定的水平，政府会将超出的一部分税额返还给纳税人，或减少其应纳的所得税额，或直接支付给纳税人现金，从而作为对所得税收返还的一种补充。

雇主家的家政服务人员，不属于市政税的纳税人范围。

英国市政税的税率模式为定额税率。英国的住宅按照其市场价值被划分为8个等级，市政税通常以D级为基准等级，由地方政府设定D级的基准税率，从而通过税收乘数（与D级的比例关系）来计算其他等级住宅的应纳税额。由于税率由地方政府设定，不同地区税率存在较大差异。英国市政税对学生、残疾人、未成年人或外交人员居住的住宅是完全免税的。对低收入群体也给予一定的税收减免，具体比例需要纳税人向当地政府申报后由地方政府确定。

英国营业房屋税主要对非住宅性房地产征收，如商店、写字楼、酒店等。纳税人为非住宅房地产的所有者，包括自然人和法人。纳税人按照其占有房地产的市场租金（征税估定价值）的一定比例支付营业房屋税。英国营业房屋税的税率由中央政府设定，每年根据上一财政年度的税率和通货膨胀率来确定新的税率。但是，地方政府一般会给予评估价值偏低的非住宅性房地产税额减免优惠，因此营业房屋税实际税率会远低于名义税率。目前，免征营业房屋税的房地产包括：农用建筑及土地（不包括用作办公楼或其他商业活动的建筑）、渔场、教堂等公共宗教建筑（苏格兰地区需要申请减免）、为残疾人提供训练或福利的建筑（苏格兰地区需要申请减免)[①]。

日本固定资产税由中央政府负责制定税率的上限，各市町村政府可以制定本地区的税率，并采取起征点制度。免税范围包括：政府、皇室、宗教、墓地、邮政部门、国家公园和风景保护区、国家文化古迹、学校、社会福利设施、公路水路等所占用的土地等。

巴西的房地产税实行地区差别税率，而农村土地税则根据土地面积和使用比例的不同，税率从0.03%~20%不等。巴西房地产税免税范围为：大使馆、宗教建筑、学校；低收入者、老年人、寡妇、孤儿等弱势群体；政党、慈善组织的房地产。同时，联邦和州政府拥有的房地产在出租给私人使用时，

---

① 肖绪湖. 中国房地产税改革研究 [M]. 北京：中国财政经济出版社，2012：79-81.

仍然享受免税。税收优惠措施主要包括税收递延和税款减免。除了直接减少纳税人的应纳税款,巴西还采取"税收特赦"的方式,即免除部分纳税人欠缴或迟缴税款的罚金。地方政府为了促进当地经济发展,还对新设企业给予房地产优惠政策。

四、房地产税制税收征管

美国房地产税的立法权通常由州政府行使,地方政府没有立法权,根据州颁布的法律进行征收和管理,税基的评估和征管则主要由地方政府负责。美国大多数州的房地产税税基评估机构是独立于税务部门的,通过公开选拔或任命的方式聘用评估师,只负责评估,结果仅适用于房地产领域,以确保结果的客观公正性。由于房地产税属于地方税,各州对房地产评估价值的计算标准并不相同,税基评估标准主要有市场价格、现行使用价值和重置成本三种,通过采用批量评估技术手段。房地产税的纳税时间通常为每年的1月1日,应纳税额为房地产价值乘税率。根据各州法律规定,房地产税评估机构评估出每块土地或房屋建筑物的价值后,要向纳税人发出通知,告知房地产纳税价值,通知中必须包括纳税人申诉的权利和截止时间等,并要在正式征税前或作为税单的一部分送达纳税人。纳税人对评估价值有争议的,可以向评估机构或上级政府提出申诉;申诉后仍存在争议的,可向法院提起诉讼。

英国地方政府的税务机关每年根据住宅的评估价值和对应的等级来确定市政税的应纳税额。如果纳税人未能按期缴纳税款,地方法庭向其发出传票,如在传票规定期限内还无法补足税款的,法庭可以授权地方政府对其收入或财产进行冻结以补足税款。住宅的等级评估由专门的机构评估局进行,它是国税与海关局下属的评估办公机构,独立于地方政府的税务征收部门。每年各等级的纳税额都会进行调整,近年来呈现上升趋势。当纳税人对评估结果中的住宅等级存在异议时,可以直接向当地评估局提出申诉,纳税人需要核实住宅资料和说明异议的理由。评估办公室一般在两个月内给出对评估结果的意见并通知纳税人；某些特殊情况，纳税人也可以上诉至法庭。英国营业房屋税的征收管理也与市政税类似。

日本固定资产税的核定征收日为每年1月1日，征收有效期限为自法定纳税期限5年以内。日本房地产评估实行由市町村村长负责的房地产估价师制度。估价师的估价依据为事先确定的公示地公示价格，并根据土地用途、地理位置进行调整。由固定资产税按照房地产市场评估价值作为标准课税额，原则上每3年重新评估一次。市町村政府设有固定资产评估审查委员会，专门负责处理固定资产评估相关的争议。如果审查委员会作出的决定为对已登记的评估价值进行修改，对于已经征收了固定资产税的，除了变更价值，还应更正纳税额。如申请人对审查决定不服，可继续向法院提起诉讼。

巴西的房地产税是年度税。纳税人可以选择每年一次性缴纳，也可以分期缴纳。城市房地产税的征收和管理由市政府负责，而农村土地税的征管由联邦政府负责。巴西联邦政府推荐的房地产价值评估周期为5年，小型城市可放宽至8年。2010年，巴西通过技术创新建立起客观的房地产价值评估体系，建立起房地产市场价值的定期更新制度，并向纳税人有效公开房地产评估和征管流程，提高了征管效率[1]。

综上所述，总结国外房地产税制度的建设实践，可以得到一些重要经验。

（1）房地产税是地方税种的重要组成部分，也是地方政府财力的重要组成部分，地方政府通常在房地产税的税率和征管方式上都有较大的自由决策权。所以，在国外，即使在同一个国家内部，不同地方政府的房地产税也具有较大的差异。

（2）房地产税的计税依据是反映房产价值变化的评估价值，并且会考虑通货膨胀因素。居民的住宅房产同样也是房产税的征税范围，但地方政府一般会将房产税设置在一个较低的税率，对于超过政府设置税率范围之外的房产税额，地方政府会直接给予减免；对于弱势群体、特殊征税对象和刚性住

---

[1] 薛钢. 财产税征收管理的国际比较及其借鉴［J］. 宏观经济研究，2010（3）.

房需求，实施针对性的房地产税优惠。

（3）房地产税征管模式十分灵活，同时使用按年缴纳和分期缴纳的方式。同时，通过专门、公正的第三方机构对房地产进行价值评估，并给予居民在缴纳房地产税过程中产生争议时拥有申诉权和抗辩权，建立了完善的房地产税争议处理体系。

第四节　我国房地产税制的改革

党的十八届三中全会提出要加快房地产税立法并适时推动改革，为今后的房地产税制改革指明了方向。在以往改革工作成果的基础上，推进房地产税立法，将立法决策与改革决策紧密地结合起来，以法治的方式推动和保障改革，对于顺利推进房地产税改革具有重要意义。

一、明确房地产税功能定位

从税收、财政与国家治理的关系看，财政是国家治理的基础和重要支柱，税收制度是财政制度的重要组成部分。党的十八届三中全会决定提出的深化税收制度改革的重要目标，无论是完善地方税体系，还是逐步提高直接税比重，都与房地产税直接相关。加快房地产税立法并适时推进改革，有利于优化税制结构，是夯实财政这一国家治理的基础和重要支柱，可有效促进地方政府职能转变，对于推进国家特别是地方政府治理能力与治理水平现代化具有重要的意义。

第一，逐步培育地方税主体税种，推进地方政府治理方式的转型和治理能力的现代化。目前，地方政府严重依赖于土地当期收入，财政可持续性较差。现有地方税收收入规模小，主体税种不突出，是制约地方税体系、建立事权和支出责任相适应制度的重要因素。房地产税是完善地方税体系的首选，有利于建立地方政府收入增加、公共服务改善和居民财产价值升值的良性循环。同时，通过重塑房地产税管理机制与征管流程，建立区域性房地产、纳税人信用等基础数据统一平台，有利于推动地方政府治理方式的转型和治理能力的现代化，进而推动国家整体治理现代化。

第二，调节收入和财富分配，促进社会公平。房地产税具有的累进性特点，有助于缩小房地产资产的"贫富"差距。尤其是目前，我国房地产已经成为居民财富最重要的组成部分。随着房地产价格的不断攀升，居民持有财富的价值差异也就越大，更加加剧了贫富分化。如果说个人所得税可以调节增量财富（收入），房地产税则是调节存量财富（财产）的重要工具。实施房地产税制改革，住房数量多、面积大、价值高的纳税人应该多缴税；住房数量少、面积小、价值低的纳税人则应该少缴税或免税。这样可以在个人所得税调节增量财富的同时，实现对纳税人存量财富的调节，相互配合，共同发挥调节收入和财富分配、促进社会公平的作用。

第三，推动土地房屋资源的节约集约利用，促进房地产市场的稳定、健康、可持续发展。房地产业对我国经济持续快速增长发挥了重要的作用，但是房地产市场多年的发展也积累了相当多的问题，如房地产市场供需结构不合理、空置房地产较多、部分城市房地产价格过高、工业用地成本过低、土地利用效率不高等。在我国"人多地少"的基本国情下，这些问题带来的矛盾日益尖锐，不利于经济社会的安全稳定和可持续发展。房地产税制改革，将弥补住房保有环节税收调节的空白，增加房地产的持有成本，引导居民合理进行房地产的消费，促进房地产市场的平稳健康发展。

二、房地产税立法和改革的基本思路

房地产税立法和改革的基本思路应该是，逐步建立"税基广泛、基本保障、负担公平、征管便利"的现代房地产税制度，在保障基本居住需求的基础上，对所有经营性房地产和个人住房统一开征房地产税，按照房地产评估价值确定计税依据，适当降低房地产建设、交易环节的税费负担。改革之后，房地产税逐步成为地方政府持续稳定的财政收入来源和地方税主体税种。

三、房地产税立法和改革的难点

1. 如何把握好改革的力度

房地产税立法和改革涉及的利益主体较多，既包括企业和个人负担的变化，也包括政府尤其是地方政府收入结构的调整和职能的转变，还影响到房地产市场和宏观经济运行。特别是我国对个人住房长期实施免税政策的心理影响，社会公众完全接受房地产税可能还需要一个过程。因此，改革初期要把握好个人住房的征税力度。

2. 构建全新的房地产税征管机制

长期以来，我国税制以间接税为主，税务机关主要面对的是企业纳税人，对自然人的征收存在相应的困难和问题。尤其是现行房地产税基础信息的收集和运用均分散在各相关部门，对税收征管的支撑作用有待加强。加快房地产税立法和改革，必须对现行税收征管模式进行改革和创新，建立健全房地产税征管与配套制度。在目前中国居民个人和家庭房地产相关信息的统计局和共享机制还不健全、不动产统一登记制度尚未建立的情况下，可以借鉴国际通行做法，修订、完善税收征管法，构建以纳税人自主申报为核心和起点、辅之以税务机关交叉稽核的征管模式，通过建立利益引导、约束惩罚等机制，提高纳税人的遵从度，鼓励纳税人自主申报，按时纳税。

3. 推进房地产信息共享

房地产税的征收管理离不开对个人和家庭房地产信息的全面掌握。目前，我国房地产管理的信息化水平仍有待进一步提高，而且还面临信息分散化的问题。因此，要加快房地产税立法和改革，加强部门间的协调和配合，推进不同部门间房地产信息共享平台建设，为房地产税的征收管理提供完善、高效的信息保障。

4. 同步推进配套改革

房地产税的立法和改革是一项系统工程，要统筹考虑建设、交易、持有环节的税负均衡。在增加房地产保有环节税收负担的同时，同步推进税费改革，适当降低建设、交易环节的税费负担，为房地产市场的健康发展奠定税费制度基础。

回顾与总结：财产税在现代各国税收结构中处于次要地位，但房地产税作为财产税的最主要形式，能起到其他税种不能达到的独特调节作用，所以被绝大多数国家所重视，并且成为各国地方政府财政收入的重要来源。我国应加快房地产税制的改革步伐，基于现行房产税试点政策的效果，逐步建立"税基广泛、基本保障、负担公平、征管便利"的现代房地产税制度，并将其逐步建设成为地方政府持续稳定的财政收入来源和地方税体系的主体税种。

第七章 个人所得税制度建设

本章导读：个人所得税不仅是国家取得财政收入的重要方式之一，也是调节社会成员收入分配、促进经济稳定增长的重要经济杠杆。在中国收入分配差距日益扩大的背景下，加强个人所得税制度建设对实现社会公平具有重要意义。本章介绍了个人所得税的基本原理，回顾了中国个人所得税制度的历史沿革，分析了现行个人所得税制度存在的问题，在借鉴国外个人所得税制度改革经验的基础上，对建立符合现代税收制度要求的个人所得税制度提出了建议。

第一节 个人所得税概述

个人所得税最早产生于 1799 年的英国，经过长期的演变从一个临时税成为一个正式税种，其发展过程参见专栏 7-1[①]。自个人所得税诞生后的 200 多年中，它以其筹集财政收入、调节收入分配的独特功效，而备受各国政府青睐，被西方经济学家誉为"现代最优税种"。目前，世界上已有 140 多个国家

---

① 许建国. 中国个人所得税改革研究［M］. 北京：经济科学出版社，2016：4.

和地区开征了个人所得税。在一些经济发达国家,个人所得税在税收总额中的比重甚至超过公司所得税等主要税收,成为政府财政收入的主体税种。

专栏 7-1 个人所得税的诞生

个人所得税最早产生于 18 世纪的英国,因英法战争筹集经费以解决本国财政问题,英国被迫开辟新的财源,于 1798 年颁布了一项新型的税种。该税以纳税人上一年度的纳税额为计税依据,并且对富人课以重税,同时制定了各种宽免及扣除项目,这便是个人所得税的雏形。直到 1799 年末,英国正式颁布了所得税法案,此时的所得税是以临时税的身份出现。该法案规定中上等阶层的纳税人负有定期自行申报所得的义务,将纳税人经法定减免扣除后的综合所得,按照 10% 的税率计征。这种"申报所得"的规定有侵犯纳税人隐私之嫌,引起英国市民普遍不满,导致该法案于 1802 年随之战争结束而废止。随着英法第二次战争的爆发,处于巨大财政压力下的英国又开征了新的所得税,根据纳税人的收入来源不同,将其所得划为薪金、营业、利息所得和土地及土地利用所得五类,税率为累进税率 1%~10%。但随着战争的结束,1816 年个人所得税再次被废除。1842 年,因政府财政赤字过重,英国重新启用了个人所得税,从此一直以"临时税"的身份存在。直到 1874 年,才逐渐趋于稳定并发展成熟,正式成为英国的"永久性税收"。

一、个人所得税的概念

个人所得税是以个人(自然人)取得的各项应税所得为对象征收的一种税。所得一般被认为人们所拥有的经济利益在一定时期起讫点上的净增加,即在一定期间内资产的增加额与减少额之间的差额就是所得[1]。

---

[1] 刘剑文. 税法专题研究 [M]. 北京:北京大学出版社,2002:180-181.

作为课税对象的个人所得，可以有狭义和广义之分。狭义的个人所得，仅指个人经常性、反复性取得的所得。广义的个人所得，是指个人在一定的时期内，通过各种来源或方式所获得的一切经济利益，且不论这种利益是经常性的，还是临时性的。目前，包括中国在内的世界各国所实行的个人所得税，大多以广义解释的个人所得概念为基础。根据这种理解，可以将个人取得的各种所得分为毛所得和净所得、财产所得和劳动所得、经常所得和偶然所得、自由支配所得和非自由支配所得、交易所得和转移所得、应收所得和实现所得、名义所得和实际所得、积极所得和消极所得等货币、有价证券、实物等多种形式。

二、个人所得税制的基本类型

目前，各国实施的个人所得税制度可以大致划分为以下三种类型。

1. 分类所得税制

分类所得税制一般采取正列举法将纳税人的各种所得按照一定的标准进行分类并分别课税，即将纳税人总收入中的各种所得按不同标准分别扣除相应的费用后，所得到的是其净所得额即应纳税所得额，然后按照各自不同的税率进行分项计征，纳税人不同形式的所得决定各自税率形式的适用，税率之间的差异性比较大。

分类所得税制的优点在于不同类型的所得可以适用差别性税率，根据纳税人不同性质的收入使其承担不同的税收负担，这种区别性对待方式在一定时期有助于达到政府既定的政策目标，而且可在一定范围内起到控制税源的作用，便于税务机关通过简化缴税办理手续，避开复杂的综合计征程序，减少个人所得税的征收管理成本。

但是，由于分类税制模式纳税范围有限，不能对纳税人全部收入所得综合计征，仅局限于对明文规定的固定收入进行单项扣除分别课税。这样的处理无法权衡纳税人背后的实际家庭负担及整体收入水平，不能体现其真实纳税能力，难以实现量能课税原则，在一定程度上会影响个人所得税调节收入分配的功能。

2. 综合所得税制

综合所得税制是指将纳税人在一定期限内的全部收入所得减去可扣除费用及法定的扣除额，并适用与其相对应的税率课税的所得税制度。该模式建立在以美国西蒙斯教授为代表的"净资产增加税"基础之上。通常不把各种类型、来源形式的所得分类扣除，而是将其汇总作为整体，一并按超额累进税率进行综合计税。

综合税制模式所具有的优点在于能够根据纳税义务人的具体家庭情况，充分体现纳税人的实际负担水平，同时实现最大范围的税基，保障纳税人基本生存权，体现税法的公平正义价值。该模式对于纳税人的纳税意识与税务机关的信息处理能力有较高要求，而且征税手续较为复杂，征税成本较高。

3. 混合所得税制

混合税制模式是由分类、综合所得税结合而成的税制模式，也称分类综合所得税制，通过吸纳两者优势，实行分类与综合课征相结合的个人所得税制度。一般地，对于个人取得的各项应税收入，首先实行分类征税，源泉扣缴税款；其次年度终了后，再综合个人全年的总所得额，按法定的累进税率表计算应纳的综合所得税或附加税。混合税制起源于法国，但后期法国的税制模式已改变为综合模式。目前瑞典、日本等国的个人所得税属于这种类型。

从世界各国个人所得税发展的历史来看，分类所得税制较早实行，以后在部分国家演进为综合所得税制，在部分国家演进为综合与分类相结合所得税制。目前，采用纯粹分类所得税制的国家已经不太多。个人所得税制的演进过程大体反映了经济发展水平的递进程度。一般说来，经济发展相对滞后、征管制度不够健全、税法遵从意识较低的国家，大多实行分类或分类综合所得税制。反之，经济发达、征管制度健全、税法遵从意识较强的国家，大多实行综合所得税制。

三、个人所得税的扣除项目与税率选择

(一) 个人所得税的扣除项目

个人所得税对个人所得进行征税,个人所得应该是一定时期的收入扣除取得收入所花费的成本费用,以及维持纳税人及其赡养家属的基本费用的余额。因此,个人所得税的扣除项目和扣除标准的确定不仅是对个人所得税制度设计的技术处理,还涉及个人的生存和发展,体现出社会公平取向。

1. 项目扣除类型

(1) 成本扣除。成本扣除是指纳税人取得收入的必要成本支出,用于弥补与取得收入相关的各种开销。这部分收入实际上是纳税人为取得收入所必须支付的成本费用,包括必要的成本、费用、税金、损失等,所以不应当被课税。一般采用据实列支或在限额内扣除、定率扣除、定额扣除等方法。据实列支或在限额内列支需要提供法定的票据,征收管理较为复杂,而定率扣除或定额扣除则可以免于提供相关的票据,征收管理较为简单。

(2) 生计扣除。生计扣除是对有效维持纳税人本人及家庭生计及健康所必要的生活费用支出项目的扣除。通过生计扣除制度能够保证个人的基本生存和发展,其本质是根据本国的经济发展水平和居民的基本生活水平制定一定的标准,扣除纳税人的基本生活费用,以保证劳动力的再生产,通常也称为"个人宽免"。

(3) 特许扣除。特许扣除是为照顾特殊情况的纳税人,或者纳税人的特殊开支,以及为了实现特定社会目标而设计的鼓励性支出。虽然各国个人所得税制度不尽一致,但一般都包括教育费用、公益救济性捐赠、灾害损失、特定保险、特定群体如残疾人扣除等内容。

从总体上看,扣除项目可以包括以上三种情况,但具体国家的个人所得税制度,并不一定严格按照上述三种扣除分别明示,有可能综合考虑,也有

可能分项考虑。

2. 项目扣除方式

（1）分项扣除方式。对在实际中发生的各项费用等支出分别进行扣除，可以据实扣除，也可以限额扣除。这种方式可以准确、全面地扣除纳税人的各类费用，通常要求纳税人必须保存必要的支出凭证，如发票、支票存根等，有的国家还要求纳税人必须进行精确的账务处理，对征管要求较高。

（2）固定扣除方式。从总收入中一次性地扣除一个综合扣除额或根据固定的费用扣除率计算出相应的费用，不再按照每一个具体项目进行扣除，也不考虑实际发生额。这种方式的优点是比较简便，纳税人不需要保存费用支出的有关凭证，但对不同的纳税人采用同一标准扣除，公平性体现不足。

（3）混合扣除方式。有的项目采用分项扣除方式，有的项目采用固定扣除方式，或者是由纳税人自行选择税法允许采用综合扣除还是分项扣除。对纳税人来讲，当实际支出项目较多高于综合扣除额时，可以选择分项扣除；而当实际支出项目较少低于综合扣除额时，可以采用综合扣除。

固定扣除方式比较简单，在征管过程中容易计算，被大多数个人所得税制度不十分完善的发展中国家所采用。分项扣除适应性强，可以考虑各种具体情况，而且在分项扣除过程中还可以根据具体情况进行合理的选择，能够较好地体现量能负担。但是分项混合扣除方式计算复杂，需要较高的征管水平和鉴别能力，并且需要比较完善的配套制度。混合扣除方式是一种综合处理模式，集中了综合扣除方式和分项扣除方式的优点，同时具有各自的缺点。

（二）税率

税率的设计决定着纳税人的负担及税收收入的大小，体现政府特定的政策目标，是个人所得税制度的核心环节。

1. 个人所得税的税率形式

目前，能够采取的税率形式主要包括比例税率和累进税率。比例税率有单一比例税率和差别比例税率两种形式，单一比例税率即对各种所得采取统一税率，而差别比例税率强调对不同所得实行不同的比例税率。累进税率主要采取的是超额累进税率形式，只是不同国家由于级距及免征额的设计不同所实现的累进程度有所不同。个人所得税制度如何选择公平、合理的税率，需要根据经济与社会的发展不断完善。

2. 个人所得税的税率与其功能密切相关

个人所得税税率采取什么形式及累进程度如何与个人所得税的功能密切相关。如果希望个人所得税发挥公平收入分配的功能，那么采取累进税率更容易实现。如果希望个人所得税实现优化资源配置，减少对劳动者选择的扭曲，追求效率目标，那么比例税率更容易实现。如果希望对不同性质的所得进行差别化对待，兼顾公平与效率的目标，在税率形式上往往是比例税率与累进税率相结合。从现代个人所得税制度来看，由于希望个人所得税制度发挥更综合性的功能，个人所得税的税率结构呈现多元化的发展趋势，不同的国家对不同税率形式的选择有所侧重，而在同一个国家也有可能采用多种税率形式。

3. 个人所得税税率形式与具体模式的选择有关

采用综合所得税课税模式的国家，均采用超额累进税率；采用分类综合所得税制模式的国家，分类课征部分采用比例税率，综合课征部分采用超额累进税率；采用分类所得税税制模式的国家，一般针对不同的所得项目采取累进税率与比例税率并行的方式。

四、个人所得税的征收方法

各国往往根据不同所得项目的差异，主要使用源泉征收和自行申报两类课征方法。

1. 源泉征收法

源泉征收法是指在支付收入环节，由支付所得方代扣代缴个人所得税。通常做法是，由支付方对所支付的收入项目按照税法规定扣缴应纳税款，然后由支付单位向税务机关汇总缴纳。

这种做法的优点在于：一是可以节省税务机关的成本，简化征收管理手续。二是可以避免税款流失，及时组织税款入库。三是由于纳税人尚未取得应税收入之前，就由支付单位代为扣税，有利于减轻纳税人的心理税收负担。

2. 自行申报法

自行申报法将分期预缴和年终汇算相结合，由纳税人在纳税年度申报全年估算的总收入额，并按估算额分期预缴税款。年度终了时，再按实际收入额提交申请表，依据全年实际应纳税所得额，对已纳税额多退少补。这种方法的主要优点在于，可以按照纳税人的实际收入总额征税，再配合采用累进税率，能够充分体现所得税量能征收的公平原则，还可以培养纳税人自觉纳税意识。这种方法需要纳税人有较高的纳税意识，对税收政策和制度较为熟悉，能准确计算应纳税款，同时要求税务机关有较高的征管水平和较强的检查能力。

五、个人所得税的功能定位

个人所得税从最初仅仅作为筹集战争经费的临时性税种，发展到今天成为世界各国的主要税种经历了漫长的过程。根据国家的经济社会发展需要，个人所得税具有组织财政收入、调节个人收入分配、稳定经济发展的基本功能。

（一）组织财政收入

个人所得税制度建立的初衷就是出于财政收入的筹集，如何最大程度地为满足社会公共需要保证国家财政收入就是个人所得税的基本功能。正如英国政府为筹集军费开征个人所得税后,财政收入出现了大幅增长。正是因为个人所得税具有税源较为充足、税基较为广泛等独特的优势,能够有力地支持了国家财政收入的稳定,为国家各项事业的发展提供了经济基础。

(二) 调节个人收入分配

个人所得税税制的不断完善,是经济社会进步的客观需要,在不断强化个人所得税的财政收入功能的同时,个人所得税也成为政府运用政策进行宏观调控的重要手段之一,能够按照税收公平的要求,起到收入合理分配的作用,即要求按公民的赋税能力公平地分配其应承担的税负。个人所得税的收入调节功能体现在两个方面:首先,在对纳税人的所得征税时,按照量能负担原则,收入多的人多缴税,收入少的人少缴税,可以直接调节纳税人之间的收入差距;其次,是在取得税收收入后,通过财政支出的再分配效用,间接调节居民间的收入差距。因此,个人所得税的调节功能贯穿其整个财政收支的全部过程中,体现了政府对再分配的参与。

(三) 稳定社会经济功能

个人所得税作为经济的"内在稳定器"之一,通过自发地配合经济规律的运行,又利用此条件反作用于经济的产生与发展,从而发挥稳定经济的作用。由于个人所得税可以实行累进税率,在稳定经济过程中富有弹性,当经济增长过快,由于收入水平上升,使部分人收入税率档次攀升或步入纳税范围,出现累进税率下的"累进爬升"效应,致使税收幅度增加,税基的扩大,使纳税人数增多,低税率纳税人需缴纳更多税,税额的增幅大于收入的幅度,有效地缓解了经济过热的现象;而在经济衰退时,产生累进税率下的"累退效应",纳税负担自动减少,起到了抑制了经济衰退作用,因此称之为市场经济的"内在稳定器"。

第二节　我国个人所得税的历史沿革与现状分析

一、我国个人所得税的历史沿革

（一）改革开放初期个人所得税制度的恢复与建设

1978年，党的十一届三中全会实施改革、开放战略，决定将工作重心转移到社会主义现代化建设上来，并提出对经济体制进行全面改革。由此中国经济发展进入新的历史性时期，税收工作也转入新的发展阶段。在1978~1993年的15年间，我国全面恢复、建立起个人所得征税制度，对推动这一时期的对外开放、对内搞活、调节分配和加快发展，发挥了积极作用。

1. 1980年开征个人所得税

改革开放初期，国内一部分人通过从事第二职业、个体经营或投资承包等活动，取得了较高收入，社会成员之间的收入差距逐渐拉大。为防止社会成员的收入差距过分悬殊，有必要对较高个人收入进行税收调节。对外来说，随着国际交往来华工作的外籍人员越来越多，根据国际惯例，收入来源国政府对这部分收入享有课征权。从一国主权角度看，即使我国不征税，外籍人员回国后仍要为其在我国取得的收入申报纳税，纳税人的税收负担并没有减轻，而我国则丧失了部分税收管辖权。此外，在国际经济交往中，通常涉及签订诸如避免双重征税一类的协定，如果我国没有开征个人所得税，在谈判中就失去了对等条件。

鉴于此，1980年9月全国人大通过并公布了《中华人民共和国个人所得税法》（以下简称《个人所得税法》），决定从1981年起对在我国从事生产经营活动的个人，对其收入开始征收个人所得税。该法统一适用于我国公民和在我国取得收入的外籍人员，但在实际执行中，由于当时国内居民收入普遍较低，个人所得税法实际上仅仅适用于对外籍人员征收。

2. 1986年开征个体工商户所得税

1979年以前，我国对城乡个体经济参照对集体企业的办法征收工商业税，其中包含了对工商所得的课税，按照"个体重于集体"的政策，按14级全累进税率征税，意在限制个体经济的发展。党的十一届三中全会之后，为繁荣市场、扩大就业、安定社会，国务院决定，从1980年开始对个体经济也按原8级超额累进税率征税。但在执行过程中暴露出了一些问题，如制度不统一、地区间税负不公平、征管方面漏洞多等。为解决这些问题，国务院于1986年1月颁布《中华人民共和国城乡个体工商户所得税暂行条例》，根据公平税负、鼓励竞争、加强管理的原则，对从事工业、商业、服务业、建筑安装业、交通运输业及其他行业的城乡个体工商户，统一按10级超额累进税率，征收城乡个体工商户所得税。

3. 1987年开征个人收入调节税

1980年颁布的《中华人民共和国个人所得税法》，虽然统一适用于我国居民和外籍人员，但在征管实践中也暴露出不太适应国内居民的问题。一方面，党的十一届三中全会后，我国个人收入情况发生了很大变化，如收入水平普遍提高、收入来源渠道增加。过去只是以工资为主要收入来源，现在除了工资之外，还有各种奖金、劳务报酬、转让技术收入、承包收入和股息、红利等。另一方面，我国居民与外籍人员的收入差别比较大，收入来源也不尽相同，按一套税法征收不能适应当时国内居民的收入情况。因此，有必要对国内居民个人单独立法征收个人所得税。在这种背景下，1986年9月国务院发布了《中华人民共和国个人收入调节税暂行条例》，决定从1987年1月起，对中国居民个人取得的收入所得，征收个人收入调节税。

经过1980~1987年的改革，我国对个人所得的征税制度就形成了由主要适用于外籍人员的个人所得税、主要适用于国内居民的个人收入调节税，以及城乡个体工商业户所得税等三个税种构成的制度体系，简称"三税并征"格局。

（二）市场经济体制确立后的个人所得税改革

对个人收入所得实行"三税并征"，是由我国改革、开放初期的基本国情、历史沿革和特殊政策需要决定的，具有某种必然性。但是，这种"三税并征"、内外政策不统一的税制格局在执行中逐渐暴露出一些问题：一是对相同的个人所得税项目，区别国内居民和外籍人员，分别适用不同税制，在法律上显得很不规范。二是名义税率过高，费用扣除偏低，负担上显得过重。三是随着社会经济生活发生了很大变化，原税法在征税范围、应税项目及免税政策等方面，已不能适应变化的情况需要，应该加以调整和完善。

1992年10月召开的党的十四大明确提出，中国经济改革的目标模式是建立社会主义市场经济。为适应社会主义市场经济的发展需求，1994年进行第四次大规模税制改革。

作为此次税制改革的重要内容之一，国家统一、规范和完善了个人所得税制度，实现了个人所得税、个人收入调节税和城乡个体工商户所得税"三税合一"，结束了我国对个人收入所得实行"三税并征"的局面，初步建立了符合我国实际的个人所得税制度。

统一后的个人所得税自1994年开始实施后，在筹集财政资金、调节收入分配、实现公平税负、体现国家政策等方面，都发挥了积极作用。与此同时，国家也在根据市场经济发展要求和不断变化着的财政经济形势及其政策需要，对已经出台的个人所得税征税办法进行了必要的调整和完善。主要包括：

（1）在1999年8月30日，第九届全国人民代表大会常务委员会第十一次会议对《个人所得税法》进行了第二次修改，删去了原税法中对储蓄存款利息所得免征个人所得税的内容；增加了对储蓄存款利息所得征收个人所得税的条款，具体开征时间和征收办法由国务院规定。

（2）2000年9月，财政部、国家税务总局根据《国务院关于个人独资企业和合伙企业征收所得税问题的通知》有关"对个人独资企业和合伙企业停征企业所得税，只对其投资者的经营所得征收个人所得税"的规定，制定了

《关于个人独资企业和合伙企业投资者征收个人所得税的规定》（以下简称《规定》）。《规定》明确从2000年1月1日起，个人独资企业和合伙企业投资者将依法缴纳个人所得税。

（3）在2005年10月27日，第十届全国人民代表大会常务委员会第十八次会议对《个人所得税法》进行了第三次修改，为减轻工薪收入者的税负负担，改善个人所得税调节收入分配的功能，将工资、薪金所得的减除费用标准由每月800元提高到了每月1600元；增加了个人所得超过国务院规定数额的纳税人自行纳税申报和扣缴义务人全员全额申报的规定。

（4）在2007年6月29日，第十届全国人民代表大会常务委员会第二十八次会议对《个人所得税法》进行了第四次修改，授权国务院根据需要规定对储蓄存款利息所得个人所得税的开征、减征、停征及其具体办法。

（5）在2007年12月29日，第十届全国人民代表大会常务委员会第三十一次会议对《个人所得税法》进行了第五次修改，将工资、薪金所得减除费用标准由每月1600元提高到每月2000元。

（6）在2011年6月30日，第十一届全国人大常会会第二十一次会议对《个人所得税法》进行了第六次修改，进一步将调整了工资薪金所得的费用扣除标准、税率档次和级距；调整了个体工商业生产经营所得的费用扣除标准和税率级距档次；对纳税申报期限进行了调整；强化了对高收入群体的个税征管措施。

在过去10年间，除了对《个人所得税法》进行修改之外，财政部、国家税务总局还制定了一系列的税收政策加强社会经济的调控力度，如为了进一步完善股权分置改革，发挥个人所得税对高收入者的调节作用，促进资本市场的长期稳定发展，《关于个人转让上市公司限售股所得征收个人所得税有关问题的通知》规定，自2010年1月1日起，对个人转让上市公司限售股取得的所得按20%税率征收个人所得税；再如，为了促进我国多层次养老保险体系的发展，《关于企业年金、职业年金个人所得税有关问题的通知》规定，从2014年1月1日开始对企业年金、职业年金施行新的个人所得税计税办法。

同时，还通过颁布《个人所得税代扣代缴暂行办法》《个人所得税全员全额扣缴申报管理暂行办法》《个人所得税自行纳税申报办法（试行）》，对贯彻落实好《中华人民共和国个人所得税法》及其实施条例，发挥保障作用。

二、我国现行个人所得税制的主要内容

(一) 纳税人

我国个人所得税的纳税义务人，包括中国公民、个体工商业户、个人独资企业、合伙企业自然人投资者、在中国有所得的外籍人员（包括无国籍人员，下同）和香港、澳门、台湾同胞。上述纳税义务人依据住所和居住时间两个标准，区分为居民和非居民，分别承担不同的纳税义务。

1. 居民纳税义务人

居民纳税义务人负有无限纳税义务。其所取得的应纳税所得，无论是来源于中国境内还是中国境外任何地方，都要在中国缴纳个人所得税。根据《个人所得税法》规定，居民纳税义务人是指在中国境内有住所，或者无住所而在中国境内居住满1年的个人。

所谓在中国境内有住所的个人，是指因户籍、家庭、经济利益关系，而在中国境内习惯性居住的个人。这里所说的习惯性居住，是指个人因学习、工作、探亲等原因消除之后，没有理由在其他地方继续居留时，所要回到的地方，而不是指实际居住或在某一个特定时期内的居住地。

所谓在境内居住满1年，是指在一个纳税年度（即公历1月1日起至12月31日止，下同）内，在中国境内居住满365日。在计算居住天数时，对临时离境应视同在华居住，不扣减其在华居住的天数。这里所说的临时离境，是指在一个纳税年度内，一次不超过30日或者多次累计不超过90日的离境。

2. 非居民纳税义务人

非居民纳税义务人，是指不符合居民纳税义务人判定标准（条件）的纳

税义务人，非居民纳税义务人承担有限纳税义务，即仅就其来源于中国境内的所得，向中国缴纳个人所得税。《个人所得税法》规定，非居民纳税义务人是在中国境内无住所又不居住或者无住所而在境内居住不满1年的个人。

(二) 征税对象与税率

我国现行的个人所得税采用的是分类所得税制，即将个人取得的各种所得划分为11类，分别适用不同的费用减除规定与不同的税率形式。分类征收可以广泛采用源泉扣缴的征收办法，方便征纳双方，堵塞漏洞，同时，可以对不同的所得实行不同的税收待遇，便于体现国家的政策。具体情况见表7-1。

表7-1　　　　　我国现行个人所得税项目与税率情况

	所得项目	税　率
1	工资薪金所得	适用七级超额累进税率，税率为3%~45%
2	个体工商户的生产、经营所得	适用五级超额累进税率，税率为5%~35%
3	对企事业单位的承包经营、承租经营适用税率	适用五级超额累进税率，税率为5%~35%
4	劳务报酬所得	适用比例税率，税率为20%。由于对劳务报酬所得一次收入畸高的，可以实行加成征收，实际上适用20%、30%、40%的三级超额累进税率
5	稿酬所得	适用比例税率，税率为20%，并按应纳税额减征30%，实际税率为14%
6	特许权使用费所得	适用比例税率，税率为20%
7	利息、股息、红利所得	适用比例税率，税率为20%
8	财产租赁所得	适用比例税率，税率为20%
9	财产转让所得	适用比例税率，税率为20%
10	偶然所得	适用比例税率，税率为20%
11	其他所得	适用比例税率，税率为20%

(三) 应纳税所得额的确定

1. 收入的确定

我国现行《个人所得税法》对纳税人收入的确认方法有三种类型：一是

按年计征，如个体工商户和承包、承租经营所得。二是按月计征，如工资、薪金所得。三是按次计征，如劳务报酬所得、稿酬所得、特许权使用费所得、利息、股息、红利所得、财产租赁所得、偶然所得和其他所得7项所得。

2. 费用减除标准

（1）工资、薪金所得，以每月收入额减除费用3500元后的余额为应纳税所得额。对在中国境内无住所而在中国境内取得工资、薪金所得的纳税义务人和在中国境内有住所而在中国境外取得工资、薪金所得的纳税义务人，可以根据其平均收入水平、生活水平以及汇率变化情况确定附加减除费用，上述适用范围内的人员每月工资、薪金所得在减除3500元费用的基础上，再减除1300元。

（2）个体工商户的生产、经营所得，以每一纳税年度的收入总额，减除成本、费用及损失后的余额，为应纳税所得额。成本、费用，是指纳税义务人从事生产、经营所发生的各项直接支出和分配计入成本的间接费用，以及销售费用、管理费用、财务费用；所说的损失，是指纳税义务人在生产、经营过程中发生的各项营业外支出。

（3）对企事业单位的承包经营、承租经营所得，以每一纳税年度的收入总额，减除必要费用后的余额，为应纳税所得额。每一纳税年度的收入总额，是指纳税义务人按照承包经营、承租经营合同规定分得的经营利润和工资、薪金性质的所得；所说的减除必要费用，是指按月减除3500元。

（4）劳务报酬所得、稿酬所得、特许权使用费所得、财产租赁所得，每次收入不超过4000元的，减除费用800元；4000元以上的，减除20%的费用，其余额为应纳税所得额。

（5）财产转让所得，以转让财产的收入额减除财产原值和合理费用后的余额，为应纳税所得额。纳税义务人未提供完整、准确的财产原值凭证，不能正确计算财产原值的，由主管税务机关核定其财产原值。

（6）利息、股息、红利所得，偶然所得和其他所得，以每次收入额为应纳税所得额。

三、我国个人所得税制存在的问题

自1994年税制改革形成统一征收的个人所得税后，由于经济快速发展，社会收入总量不断增大，个人收入来源与渠道的多样化，我国居民收入水平快速提高，加之税收征管力度不断加强，导致我国个人所得税收入规模不断提升。具体见表7-2。

表7-2　　　　　　　　我国国个人所得税税收收入情况　　　　　　　单位：亿元

年份	个人所得税收入	税收总收入	个人所得税占税收总收入比重（%）
1994	72.67	4788.81	1.52
1995	131.39	5562.18	2.36
1996	193.06	6430.75	3.00
1997	259.55	7998.42	3.25
1998	338.59	8874.00	3.82
1999	414.24	9920.48	4.18
2000	660.00	12125.88	5.44
2001	995.99	14429.50	6.90
2002	1211.04	17003.58	7.12
2003	1417.18	20461.56	6.93
2004	1713.18	25718.00	6.75
2005	2093.91	30866.00	6.78
2006	2445.49	37636.00	6.52
2007	3178.16	49499.29	6.44
2008	3722.19	54219.62	6.87
2009	3949.35	63104.00	6.25
2010	4837.27	73210.79	6.60
2011	6054.09	89720.31	6.70
2012	5820.28	100614.28	5.81
2013	6531.53	110530.70	5.91
2014	7376.61	119175.31	6.19
2015	8617.27	124922.20	6.90
2016	10088.98	130360.73	7.74

资料来源：《中国统计年鉴（2016）》及《2016年全国一般公共预算收入决算表》。

从表7-2可见，自1994年以来，我国个人所得税收入规模的增长是相当明显的，从1994年的72.67亿元到2016年的10088.98亿元，始终处于高速增长的状态。但是，随着税收总收入的增长，个人所得税占税收总收入的比重并不高，直到2016年也只有7.74%。目前，个人所得税收入在高收入国家税收收入中的比重大多在40%，OECD国家个人所得税收入占全部税收收入一般在25%以上。很明显，我国个人所得税的收入规模与国际基本情况还存在一定的差距。

经过多年的实际运行和经验的摸索，综合来看，我国现行的个人所得税制仍然存在以下方面的问题。

（一）分类课税模式难以体现公平原则

我国个人所得税自1980年开征以来，一直采用的是分类税制模式。该模式在收入方式比较单一且收入水平比较低的时候，具有课税简便的优点。但是，伴随着居民收入来源日益多元化且收入水平逐步上升时，这种模式的缺陷越来越明显：

个人所得税征收应该遵循税收公平、量能负担的原则。但在分类税制模式下，不同的收入来源由于规定了不同的税率和扣除标准，计征的方法不同，相同的总收入，收入来源渠道多的人税负往往轻于来源渠道少者，其税负的差别较大。

在现实生活中，由于各种收入名目繁多，相应的税务处理方法也不相同，致使一些收入来源多的高收入者可以利用分解收入、多次扣除、改变名义等多种方式进行逃避税，结果造成收入来源多、综合负税能力强的纳税人反而比所得来源少、相对集中的纳税人承担更轻的税收负担。

此外，我国现行分类所得税制，部分所得项目之间的边界划分不是很清晰，容易在收入项目定性方面引发争议。例如，工资薪金所得、劳务报酬所得均为劳动所得，仅依据是否存在雇佣关系进行判断；又如，劳务报酬与个体工商户所得，业务范围存在相似性。上述问题会导致税务机关在具体征收管理中难以进行准确划分，影响到税收征管效率。

（二）征税范围不够全面

随着社会主义市场经济的不断发展，个人收入来源和取得方式已经发生了很大变化，现有征收范围已不能适应形势发展需要。个人所得税的税基狭窄，不仅会影响财政收入的增长，还会加剧纳税人之间的税负不公。

目前，居民收入经由单一的工资收入向多样化的收入形式发展。除劳动所得之外，利息、股息和红利等资本性收入也逐渐成为居民个人所得的重要来源，此外还有附加福利收入、兼职收入等。同时，在我国居民所得中，现金、银行转账仍是个人所得的重要支付形式，其他实物福利的收入形式也越来越多。而且，随着社会经济的发展，新兴行业，新的经济现象、商业行为和经营方式等不断涌现，股权、期权、投资保险及各类金融衍生品也层出不穷，现行《个人所得税法》所列举的11类征税项目远远不能涵盖现阶段经济生活中的所有个人所得项目。

（三）费用扣除标准不尽合理

我国目前的个人所得税扣除制度采用的是分项定额扣除与定率扣除相结合的方式，对纳税人取得的不同性质所得分别进行扣除。这种扣除制度比较简单，征纳双方都易于掌握，但也存在明显的缺点，无法全面贯彻税法的公平、效率和社会政策原则，难以实现税收宏观调控的功能。具体表现在以下两个方面。

1. 费用扣除比较简单

在现实生活中，不同纳税人取得收入时，所支付的成本、费用各有差异，每个家庭的总收入、抚养压力、用于维护自身与家庭生存发展的相关支出也各有不同。现行个人所得税制费用扣除基本上采取定额或定率扣除模式，未考虑个人住房、抚养等因素，也未考虑纳税人的健康与家庭状况，容易造成纳税人之间实际税收负担的不均衡。

2. 费用扣除有违公平

我国现行的《个人所得税法》允许在中国境内的外商投资企业和外国企业工作的外籍人员等每月在中国境内取得的工资薪金所得先扣除 3500 元，再附加减除 1300 元，此外外籍个人还有一些津贴、补贴免税政策，其工资薪金所得的费用扣除总额远高于中国公民。近年来，虽然"内低外高"的差距保持着缩小的态势，但绝对额仍然很大。这种内外有别的规定在世界其他国家是鲜见的，不符合税法公平的要求。

（四）税率设计有待优化

我国现行个人所得税实行超额累进税率与比例税率相结合的税率体系，每一项所得都有不同的税率和不同的扣除标准，但在实际操作过程中，税率设计过于繁杂，操作难度较大，既不便于计算纳税，也不利于征收管理。具体表现在：

首先，税率形式过多。我国现行个人所得税税率形式包括七级超额累进税率、五级超额累进税率、比例税率、税率加成、税率减征等各种形式，满足了分类征收的税制，但税率结构整体较为复杂。其次，税率档次过多且边际税率过高。例如，工资薪金所得税有 7 级，致使纳税人在超过免征额后快速进入较高的税率档次。而工资薪金最高边际税率为 45%，劳务报酬的最高边际税率为 40%，高于一些发达国家和周边国家的边际税率水平，也不利于劳动者保持创造收入的积极性。最后，税负不合理。例如，工资薪金所得、个体工商户所得及其劳动报酬所得同属劳动所得，在税收上理应一视同仁，却分别实行不同的累进税率标准。而对利息、股息、红利所得和财产租赁、财产转让等非劳动所得，则采用 20% 的比例税率。

（五）税收征管存在信息"瓶颈"

由于目前征管体制的局限性，征管信息传递并不准确，而且时效性很差。不但自然人的相关涉税信息资料不能跨征管区域顺利传递，甚至同一级税务部门内部征管与征管之间、征管与稽查之间、征管与税政之间的信息传递也会受阻。此外，个人所得税征管信息"瓶颈"还表现在外部配套条件的缺乏。例如，税务机关与其他经济部门之间还没有完全联网，特别是一些能够提供个人收入和经济往来有效信息的部门，如银行、海关、工商、劳务管理、出入境管理及公检法等部门。税务部门并不能直接共享它们的相关信息，或者相关的共享仅限于事后的情报交换，这会大大降低对纳税人进行征管的有效性与及时性，并且会导致税务部门无法预先准确判断税源潜力和配置征管资源，影响到个人所得税调节收入分配功能的发挥。

第三节 个人所得税制改革的国际经验借鉴

在经济全球化的背景下，我国个人所得税制的调整和改革也应置于全球税制改革的背景下，积极借鉴国外的成功经验。世界各国的实践证明，个人所得税在保证国家财政收入及时、稳定、可靠方面的优越性，使其成为西方发达国家的主要税种。个人所得税又具有直接对纯收入课税，税负不易被转嫁，可以较好地体现"量能负担""劫富济贫"等特点。因此，它又常被认为是政府调节社会再分配的有力和理想的工具。进入 20 世纪 90 年代以后，西方各国又掀起了新一轮个人所得税改革，其改革的基本经验有以下五个方面。

一、实行综合税制模式或综合分类相结合的税制模式

从国际上看，个人所得税按其征收方式可分为综合税制、分类税制、综合与分类相结合的税制三种类型。从西方国家个人所得税的发展历史看，其税制模式是按照分类制、综合制、综合与分类相结合的顺序依次产生的。英国在开征之初采用的是分类税制模式，先是将收入分成四类，后增加为六类。

随着经济的不断发展，收入来源的多元化，为了体现量能原则，1909年以后英国逐步实行综合与分类相结合的税制模式。美国和德国一直采用的是综合税制模式，这也是国际上影响最大的一种个人所得税课税模式，澳大利亚、法国、荷兰、波兰、墨西哥等国也都采用这种模式。法国则是最早采用分类与综合相结合的混合税制模式的国家，但在后面30年的时间内被综合税制取代。日本、韩国则是采取混合税制模式的最典型的国家，自开征至今一直没有改变过。

目前世界上纯粹采用分类税制的国家已经非常少见，只有中国和非洲、西亚的一些发展中国家（苏丹、埃塞俄比亚、约旦等）均采用这种模式。

二、扩大个人所得税税基

扩大个人所得税税基主要表现在对资本利得、附加福利进行征税。美国1987年的个人所得税改革将所有实现了的资本收益都纳入税基，降低了消费信贷利息支出扣除范围。澳大利亚1986年将资本收益纳入税基，并首次对个人从雇主处得到的非货币收入课税。荷兰1987年将社会保障收益与个人雇主处获得的收益纳入税基。新西兰1986年改革、联邦德国1986年改革、加拿大1988年改革及日本的改革方案等，均将资本收益项目全部或大部分纳入税基之中。

三、奉行量能负担的费用扣除原则

相当多的国家和地区的生计扣除采用定额扣除的方式，常规的定额扣除是在一个纳税年度统一规定一个确定的具体金额，全体纳税人按此额度进行生计扣除。澳大利亚在2012～2013年度以前每年扣除6000澳元，此后调整为18200澳元。这种计算方式最为简单、直观，但考虑的因素过于单一，因此，多数采用收入无关定额扣除方式的国家和地区对扣除额的设置都更为详细、具体，一般对本人、配偶、受抚养人三类扣除主体设置不同额度的扣除，甚至还会根据扣除主体的年龄作出更详细的区分。例如，韩国个人所得税法律规定，纳税人可以申请对本人、配偶和受供养人的基本生计扣除，扣除额为每人每年 150 万韩元。符合条件的受供养人是指纳税人供养的 20 岁以下的子女、20~60 岁共同生活的兄弟姐妹、60 岁以上或未满 60 岁但共同生活的父母。

而我国台湾地区规定纳税人可按照本人、配偶、20 岁以下子女或 20 岁以上在校就读子女及其他受纳税人抚养的直系亲属的人数计算生计扣除额，2014 年度的扣除标准为每人 85000 新台币，纳税人本人、配偶及符合条件的受抚养人年满 70 岁者，其生计扣除额增加 50%，即 2014 年度扣除额为 127500 新台币。

采用收入无关定额扣除方式计算的生计扣除与纳税人的收入情况无关，在此环节未能体现个人所得税调节收入分配的作用，而税制相对复杂的英、美等国家在计算最终的生计扣除额时，则将纳税人的收入纳入考虑范围，在定额扣除的基础上，以收入为条件确定最终的生计扣除额。

英国个人所得税的生计扣除采用了定额扣除并与收入挂钩的计算方式，扣除金额按照年龄分为三级，纳税人根据自己的年龄计算生计扣除的金额，扣除项目仅包括纳税人本人，称为个人宽免额。2014~2015 年度的扣除标准为 65 岁以下为 10000 英镑、65~74 岁为 10500 英镑、75 岁及以上为 10660 英镑。英国在生计扣除环节设置了两种收入上限及对应的扣除额递减计算方法，纳税人根据本人符合的条件计算可享受的生计扣除额。就 2014~2015 纳税年度而言，65 岁及以上纳税人调整后净收入超过 27000 英镑的，超过部分的收入每增加 2 英镑，生计扣除额减少 1 英镑，直至减少到最低档扣除额（即 10000 英镑）为止；无论纳税人年龄大小，若个人调整后净收入超过 100000 英镑，超过部分的收入每增加 2 英镑扣除额减少 1 英镑，且该项条件下的扣除额可减少至零。而且英国还每年根据前一年度零售物价指数的上升幅度提高生计扣除额。表 7-3 揭示了英国税务海关总署网站公布的 2007~2013 年度生计扣除额的相关变化。

表7-3　　　　英国生计费用扣除额调整的相关指标

年　份	通货膨胀指数	生计扣除额（英镑）		
		65岁以下	65~74岁	75岁以上
2007	104.7	6035	9030	9180
2008	108.5	6475	9490	9640
2009	110.8	6475	9490	9640
2010	114.5	7475	9940	10090
2011	119.6	8105	10500	10660
2012	123.0	9440	10500	10660
2013	126.3	10000	10500	10660

资料来源：英国税务海关总署网站。

四、税率档次的结构简化与税负的适时调整

自20世纪80年代以来，越来越多的国家在个人所得税税率结构方面进行了调整，以OECD国家为例，税率结构日趋简化，同时最高边际税率持续降低是主流趋势。1981年，在OECD成员国的个人所得税税率表中有10个或10个以上的税率档次是很普遍的，当时没有一个国家对个人所得税实行单一税率。在当年有数据可查的22个成员国中，有5个国家个人所得税税率档次超过20档：意大利32档，西班牙30档，墨西哥27档，比利时24档，卢森堡21档；另外有9个国家的税率档次不少于10档：日本19档，瑞典18档，美国16档，希腊15档，加拿大13档，法国和葡萄牙12档，奥地利11档，荷兰10档。到了2010年，在OECD34个成员国中，只有2个国家税率档次的数量为10个或10个以上，分别是卢森堡（16档）和瑞典（10档），OECD成员国个人所得税税率档次数量平均已经降到5档。

与此同时，伴随着个人所得税税率档次减少的一般趋势，OECD成员国个

人所得税法定最高税率也经历了一个逐步下调的过程。就像税率档次数量变化一样,法定最高税率下降趋势最明显的期间也是 20 世纪 80 年代。在这期间存在可比数据的 OECD 成员国中,中央和地方个人所得税最高综合法定税率的平均水平下降幅度超过 15 个百分点,从 1981 年的 65.7% 降至 1990 年的 50.6%。2000 年降至 46.5%,2010 年降至 41.7%。法国的法定最高税率降幅超过 12 个百分点,从 2000 年的 58.27% 降至 2010 年的 45.78%;墨西哥现在 30% 的法定最高税率低于 2000 年的 40%。

不过,在 2008 年国际金融危机之后,为了缓解巨额财政赤字带来的财政压力,通过提高个人所得税的最高边际税率,增加对高收入阶层的征税又成为部分国家应对金融危机的重要选择,特别是希腊、西班牙、葡萄牙等面临主权债务危机的国家;法定最高税率上升幅度最大的国家是英国,2010 年作为财政整顿的重要措施,英国将法定最高税率由 40% 提高至 50%,但是,在此之前,自 1987 年以来,英国个人所得税的法定最高税率没有超过 40%[1]。同样,墨西哥也在 2010 年将当时 28% 的法定最高税率进行临时性提高,即最高税率在 2010～2012 年提高到 30%。而有的国家虽然没有提高边际税率,但推迟了减税改革的进程,如匈牙利将原计划于 2009 年实施的个人所得税减税改革推迟到 2010 年。从整体水平来看,30 个 OECD 老成员国的平均最高边际税率从 2008 年的 34.9% 提高到了 2010 年的 35.1%。

五、税收征管的信息化

西方国家普遍实行纳税人识别号制度与信息网络系统相结合,增强信息的共享性。一般要求达到法定年龄的公民必须到政府机关领取纳税身份号码并终身不变,个人的收入、支出信息均在此税务号码下,通过银行账户在全国范围内联网存储,以供税务机关查询并作为征税的依据。许多欧盟国家和

---

[1] 周华伟. 1980～2010 年 OECD 成员国个人所得税法定税率变化趋势 [J]. 涉外税务, 2013 (4).

经合组织成员都建立了识别号制度。如澳大利亚税法规定，纳税人在缴纳各种税收之前，要进行注册登记，申请税务识别号。这样可以清楚、及时地掌握每个纳税人的情况，使税源得到很好的控制。

此外，西方国家还通过税收协同管理大力推行第三方信息报告制度。美国、英国、德国等国家的税法都明确规定哪些单位和个人负有向税务机关报告信息的义务、报告何种信息，以及对不提供信息者给予何种处罚。澳大利亚个人所得税征管信息系统不但在全国税务机关内部实现了互联网，而且与其他国家政府职能部门如证券、金融、海关及一些大型企业实现了无缝对接，为其有效地实施税源监控，以及有针对性地开展税务评审提供了有力的数据支撑。这种第三方信息制度加大了税务机关的信息来源，减少了因为信息不对称所带来的逃税。凡是个人所得税征管做得比较好的国家，基本都实现了税务机关与其他部门（如海关、银行、国安等）的信息交换。此外，保证纳税人涉税信息安全也是世界各国个人所得税管理的特点。例如，澳大利亚税务局制定了严格的涉税信息保密制度，个人涉税信息获取、使用、变更都需要通过一定程序的审核，并严格限定涉税信息的用途。

第四节　我国个人所得税制的改革目标与建议

一、我国个人所得税制的改革目标

《关于深化收入分配制度改革若干意见的通知》明确提出，需要"加大税收调节力度，改革个人所得税"。党的十八届三中全会决定也提出"逐步建立综合与分类相结合的个人所得税制"。因此，逐步建立综合与分类相结合的个人所得税制是我国个人所得税制改革的基本目标。很明显，该目标是在深入剖析现行个人所得税制问题和不足的基础上，借鉴国际个人所得税制改革的成功经验，为了实现个人所得税筹集财政收入和调节收入分配的双重功能而确定的，体现了党和国家在新时期的治税思想，充分反映了民意诉求，符合税收事业发展的客观规律和建设现代税收制度的需要。

二、我国个人所得税制改革建议

（一）合并部分税目

从公平税负的角度出发，借鉴个人所得税发展的国际经验，个人所得税存在着从分类税制向综合税制发展的趋势，但是综合模式的实行需要具备一定的现实条件。首先，综合所得税制要求税务机关具备完善的个人收入监控体系，税务机关必须能够全面掌握纳税人及其家庭的各类收入信息，才能进行计算征收和核对。其次，综合所得税制要求纳税人普遍具有较高的纳税意识和系统的社会信用体系。最后，综合所得税制要求税务机关拥有先进的征管手段和严密的征管体系。由于我国税务机关的征管技术水平有限，信息系统不发达，征管手段较落后，现有的条件还无法满足综合所得税制模式的高标准和严要求，无法保证对综合收入的有效掌握和监控。在这种情况下，应该采取稳妥的改革思路，逐步建立综合与分类相结合的个人所得税制，应对目前的11项分类征收项目进行调整，将部分税目（如劳动性所得项目）进行综合征收，同时保留部分税目仍然采取分类征收的方式。

（二）完善税前扣除

在合理确定综合所得基本减除费用标准与统一中国国内居民、外籍人员、华侨、港澳台同胞费用扣除待遇的基础上，借鉴国外个人所得税制经验，可以适时增加一些专项扣除项目。例如，健康保险支出、赡养老人支出、抚养子女支出、住房按揭贷款利息支出等，以更好地照顾纳税人本人及家庭的基本生活消费支出实际情况。同时，随着我国老龄化程度日益加深，建立多层次社会保障体系成为目前迫切的重要任务。为支持多层次社会保障体系的发展，在目前已有的基本养老保险、基本医疗保险、企业年金、职业年金及商业健康保险税收优惠政策的基础上，可以进一步加大税收优惠力度。

（三）优化税率结构

借鉴国外个人所得税税率改革的经验，我国现行税率结构还存在进一步优化的空间，应采取降低最高边际税率，减少税率级次，扩大税率级距的思路，对现行工资薪金所得七级超额累进税率进行适当调整和优化，将其作为综合所得适用税率的基础。同时，研究完善利息、股息、红利所得、财产转让所得的税率结构，以便更好地发挥个人所得税对不同性质收入的调节作用。

（四）建立个人收入和财产信息系统

党的十八届三中全会明确提出要"建立个人收入和财产信息系统"。这是党中央推进国家治理现代化、推进改革创新的重要战略举措，也是适应于个人所得税综合与分类相结合税制模式改革的必要要求。当前，随着我国政务信息化建设的快速推进，围绕着政府部门重要领域和重点业务开展的一系列信息化工程建设的基本条件，可以通过建立综合性的信息平台，多渠道、多层级的归集相关信息资源，开展大数据分析，并作为各部门间个人收入和财产信息沟通的信息枢纽。

2017年5月23日，中央全面深化改革领导小组第三十五次会议通过了《个人收入和财产信息系统建设总体方案》，这表明个人收入和财产信息系统的建设已经正式启动。在下一步推进个人收入和财产信息系统建设的过程中，要立足现有信息资源，在符合法律法规前提下，合理确定系统归集的个人收入和财产信息范围，建立健全标准规范和管理制度，实行信息分级分类管理和全程可溯安全机制，强化安全技术保护，推动个人信息法律保护，确保信息安全和规范应用。

（五）加强税收征管

在建立个人收入和财产信息系统的基础上，研究建立全国统一的个人所得税征收管理制度和技术手段，建立健全税务部门对个人所得信息的收集和稽核系统，增强执法的刚性和执法的严肃性，加大对逃税偷税等各种税收流失行为的法律制裁和经济制裁，加强税收征管队伍建设，提高税务征管人员的政治素质和业务素质，确保综合与分类相结合税制模式的顺利推进。

回顾与总结：我国自1994年实施《个人所得税法》以来，不断完善发展，在筹集财产收入、调节收入分配方面发挥着积极作用。但是，目前现行个人所得税制在充分发挥社会公平方面存在一定的局限性，借鉴国际个人所得税制发展的经验，逐步推进综合与分类相结合的个人所得税制，对于优化国民收入分配格局，保障和改善民生，实现社会公平正义具有重要的现实意义。

第八章　企业所得税制度建设

本章导读：作为我国目前税收制度中的主体税种之一，企业所得税是对我国境内的企业和其他取得收入组织的生产经营所得和其他所得征收的一种税，也是市场经济体制下国家参与企业利润分配的一种规范形式。本章介绍了企业所得税的基本原理，回顾了中国企业所得税制度的历史沿革，分析了现行企业所得税制度存在的主要问题，在借鉴国外企业所得税制度改革经验的基础上，对建立符合现代税收制度要求的企业所得税制度提出相应的政策建议。

第一节　企业所得税概述

在市场经济体制下，按照承担法律责任的形式，企业可以分为独资企业、合伙企业与公司制等三种形式。从法律地位上看，企业所得税主要是对公司或具有法人地位的企业征收的所得税，这是实现所得税调节功能的必然选择，也是建立现代企业制度的必然要求。西方国家将所有针对非个人的所得课征的税收称为"corporation tax"，一般也翻译为公司所得税或法人所得税，而根据我国法人登记管理制度的实际情况，同时兼顾我国税制改革的历史习惯，仍统称其为企业所得税。

一、企业所得税的基本类型

在实践中，各国企业所得税制度存在比较大的差异，依据对企业分配利润以后的股东所得是否需要纳税，可以将企业所得税划分为三种类型。

（一）古典制

该类型以会计实体理论和现代公司法为基础，认为企业是具有独立人格的法律实体，对企业法人所得征税与对股东所得征税，属于对不同的纳税主体进行征收的行为。企业获得收入后，扣除为取得收入而发生的相关费用及税法允许的扣除项目后，按照应纳税所得征收企业所得税，而股东按照收到的股利缴纳税款，留存收益不再缴纳其他税收，以鼓励企业保留利润。美国、荷兰、希腊、丹麦，以及除英国外的大部分英联邦国家均执行该类型的企业所得税。

（二）两率制

该类型将企业实现的利润划分为分配利润和保留利润两个部分，对分配利润和保留利润分别规定不同的企业所得税税率。通常对分配利润规定较低的税率，股东取得股息以后再按照相应的税率分别缴纳个人所得税或者企业所得税，而对保留利润征收较高的税率。这种税制鼓励企业支付股利，尤其是两种税率存在较大差异的情况下，就更具有促进分配的作用。例如，日本、德国对企业未做分配股息的所得征收基本税率，而对作为股息分配的所得征收相对较低的税率。

（三）归集抵免制

该类型受"法人虚构说"理论的影响，认为法人不过是一种法律上的虚构物，它仅仅是所有股东的集合体，通过集中所有股东的资金进行投资，如果对企业法人的所得征税，就应该完全排除对股东股息的双重征税，应将作为虚拟法人的企业缴纳企业所得税进行归集，按照股东的持股比例，部分或全部地抵免股东的个人所得税。通过税收抵免的方式，将企业所得税和个人所得税结合起来，以缓解或彻底消除对企业分配股息的双重征税。这是一种消除经济性双重征税的最佳方法，目前英国、比利时、加拿大、土耳其及我国台湾地区都实行该类型的企业所得税。

二、企业所得税的特点

（一）征税对象是特定的所得额

企业所得税的征税对象，是纳税人每一纳税年度的收入总额，扣除了各项成本、费用开支之后的净所得。作为征税对象的企业净所得，不完全等同于企业按照财务会计制度、方法计算出来的会计利润，也不是企业实现的商品劳务价值中的增值额，更不是企业销售额。

（二）纳税人与负税人一致

企业所得税的纳税人和实际负税人是一致的，因而可以直接调节纳税人的收入，而且由于直接对企业征收所得税，还可以较好地发挥国家通过制定税收制度实现经济调控的作用。

（三）体现量能负担原则

企业所得税以纳税人的生产、经营所得和其他所得为计税依据，贯彻量能负担的原则，按照纳税人负担能力的大小和有无所得确定所得税的税收负担，实现所得多的多征、所得少的少征、无所得的不征。这种将所得税负担和纳税人所得多少联系起来征税的办法，便于体现税收公平原则。

(四) 计算方法比较复杂

由于企业所得税的计税依据是应纳税所得额,它是在企业按照财务会计制度规定进行核算得出的利润的基础上,根据税法的规定增加或减少某些项目,并作相应的调整后得到的。因此,应纳税所得额的计算要涉及一定时期的成本、费用的归集与分摊,并且为了对纳税人的不同所得项目实行区别对待,需要将某些收入所得排除在应税所得之外,或对某些项目的支出给予一定的限制,从而使得应纳税所得额的计算程序较为复杂。

(五) 一般实行按年计征、分期预缴的征收管理办法

会计利润是应纳税所得额的基础,而利润是企业一定时期生产、经营成果的最终反映,由于通过利润来综合反映企业的经营业绩,一般是按年度计算和衡量的。因此,企业所得税也一般以全年的应纳税所得额为计税依据,分月或分季预缴,年终汇算清缴。这既反映了所得税的本质要求,同时也有利于税款的均衡入库。

三、企业所得税的功能

(一) 组织财政收入功能

企业的征税对象是应纳税所得额,反映的是企业在一段时间内的净收益,而且体现量能负担的原则,因此,虽然企业所得税的筹集财政收入功能不如流转税,但是它的征税对象却更加真实可信,只要国家经济稳定发展和企业经营效益不断提高,就能够为政府组织充足而稳定的财政收入。正因为如此,从企业所得税产生以来,一直就是政府的主要税种之一,能够为政府筹集稳定的财政收入。

(二) 实现经济调节功能

税收可以通过减轻或加重税收负担以鼓励或限制纳税人的经济行为，企业所得税除了可以设置优惠税率外，可以通过放宽或收紧扣除项目、扣除标准，以及直接调整应纳税所得额等方式来影响纳税人的税收负担，还可以通过加计扣除、加速折旧、定期减免税等多种优惠方式，对国家重点鼓励发展的产业和项目给予优惠，实现国家产业政策和社会政策。因此，企业所得税在为国家组织财政收入的同时，通过企业所得税税收政策的鼓励或惩罚，将有助于优化产业结构和提升科技创新竞争能力。

(三) 促进企业发展功能

企业所得税与纳税人的实际纳税能力直接相关，也反映出政府与企业之间的分配关系，因此，对纳税人而言，企业所得税就是取得经营最终成果而必须缴纳给政府的一种成本。规范统一的企业所得税制度有利于促使企业改善经营管理，努力降低经营成本，提高盈利能力和管理水平。

第二节 我国企业所得税税制的历史沿革与现状分析

一、我国企业所得税税制的历史沿革

通过对我国企业所得税发展沿革的梳理，可以把我国企业所得税制度的发展分为以下四个阶段。

(一) 新中国成立前的企业所得税制度

中国的所得税制度的创建受欧美和日本等国影响，始议于20世纪初。清末宣统年间（约1910年），政府有关部门曾草拟出《所得税章程》，包括对企业所得和个人所得征税的内容，但因社会动荡等原因未能公布施行。

1912年中华民国成立后，以前述章程为基础制定了《所得税条例》，并于1914年初公布，但因社会动乱，企业生产经营不稳定，以及税收征管条件差等原因，在此后20多年间未能真正施行。

1936年，国民政府公布《所得税暂行条例》，自同年10月1日起施行。这是中国历史上第一次实质性的开征所得税。

1943年，国民政府公布了《所得税法》，进一步提高了所得税的法律地位，并成为政府组织财政收入的重要方式之一。

（二）新中国成立后至改革开放前的企业所得税制度

在1949年首届全国税务会议上，通过了统一全国税收政策的基本方案，其中包括对企业所得和个人所得征税的办法。1950年，政务院发布《全国税政实施要则》，规定全国设置14种税收，其中涉及对所得征税的有工商业税（所得税部分）、存款利息所得税和薪给报酬所得税3种税收。

工商业税（所得税部分）自1950年开征以后，主要征税对象是私营企业、集体企业和个体工商户的应税所得。国营企业因政府有关部门直接参与经营和管理，其财务核算制度也与一般企业差异较大，所以国营企业实行利润上缴制度，而不缴纳所得税。这种制度的设计适应了当时中国高度集中的计划经济管理体制的需要。

1958年和1973年我国进行了两次重大的税制改革，其核心是简化税制，其中的工商业税（所得税部分）主要还是对集体企业征收，国营企业只征一道工商税，不征收所得税。在这个阶段，各项税收收入占财政收入的比重有所提高，为50%左右，但国营企业上缴的利润仍是国家财政收入的主要来源之一。在税收收入中，国内销售环节征收的货物税和劳务税是主体收入，占税收总额的比例在70%以上，工商企业上缴的所得税收入占税收总额的比重较小。

(三) 改革开放后至 2007 年的企业所得税制度

从 20 世纪 70 年代末起，中国开始实行改革开放政策，税制建设进入了一个新的发展时期，税收收入逐步成为政府财政收入的主要来源，同时税收成为国家宏观经济调控的重要手段。

1. 1978～1982 年的企业所得税制度

改革开放以后，为了适应引进国外资金、技术和人才，开展对外经济技术合作的需要，根据党中央统一部署，税制改革工作在"七五"计划期间逐步推开。1980 年 9 月，第五届全国人民代表大会第三次会议通过了《中华人民共和国中外合资经营企业所得税法》并公布施行。企业所得税税率确定为 30%，另按应纳所得税额附征 10% 的地方所得税。1981 年 12 月，第五届全国人民代表大会第四次会议通过了《中华人民共和国外国企业所得税法》，实行 20%～40% 的 5 级超额累进税率，另按应纳税的所得额附征 10% 的地方所得税。上述改革标志着与中国社会主义有计划的市场经济体制相适应的所得税制度改革开始起步。

2. 1983～1990 年的企业所得税制度

作为企业改革和城市改革的一项重大措施，1983 年国务院决定在全国试行国营企业"利改税"，即将新中国成立后实行了 30 多年的国营企业向国家上缴利润的制度改为缴纳企业所得税的制度。

1984 年 9 月，国务院发布《中华人民共和国国营企业所得税条例（草案）》和《国营企业调节税征收办法》。国营企业所得税的纳税人为实行独立经济核算的国营企业，大中型企业实行 55% 的比例税率，小型企业等适用 10%～55% 的 8 级超额累进税率。国营企业调节税的纳税人为大中型国营企业，税率由财税部门商企业主管部门核定。

1985 年 4 月，国务院发布《中华人民共和国集体企业所得税暂行条例》，实行 10%～55% 的 8 级超额累进税率，原来对集体企业征收的工商税（所得税部分）同时停止执行。

1988年6月，国务院发布《中华人民共和国私营企业所得税暂行条例》，税率为35%。国营企业"利改税"和集体企业、私营企业所得税制度的出台，重新确定了国家与企业的分配关系，使我国的企业所得税制建设进入健康发展的新阶段。

3. 1991~2007年的企业所得税制度

为适应中国建立社会主义市场经济体制的新形势，进一步扩大改革开放，努力把国有企业推向市场，按照统一税法、简化税制、公平税负、促进竞争的原则，国家先后完成了外资企业所得税的统一和内资企业所得税的统一。

1991年4月，第七届全国人民代表大会将《中华人民共和国中外合资经营企业所得税法》与《中华人民共和国外国企业所得税法》合并，制定了《中华人民共和国外商投资企业和外国企业所得税法》，并于同年7月1日起施行。

1993年12月13日，国务院将《中华人民共和国国营企业所得税条例（草案）》《国营企业调节税征收办法》《中华人民共和国集体企业所得税暂行条例》和《中华人民共和国私营企业所得税暂行条例》进行整合，制定了《中华人民共和国企业所得税暂行条例》，自1994年1月1日起施行。上述改革标志着中国的所得税制度改革向着法制化、科学化和规范化的方向迈出了重要的步伐。

1994~2007年，我国的企业所得税制度分为内资企业所得税和外资企业所得税，两套税制独立施行。

内资企业所得税法仅适用于内资企业，征税对象是中国境内的国有企业、股份制企业、联营企业、集体企业、私营企业和其他营利组织来源于世界范围内的生产经营所得。企业一个纳税年度的收入总额扣除准予税前扣除项目得到的净额乘以适用税率便得到应当缴纳的企业所得税额。在允许税前扣除的项目中，工资性支出、职工教育经费、职工福利费和职工工会经费、公益性捐赠、广告费等都实行限额或一定标准内扣除，法定基准税率为33%。另外，18%、27%两档优惠税率分别适用于年应纳税所得额在3万元以下的小型微利企业及年应纳税所得额为 3 万~10 万元的企业。

外资企业所得税适用于外资企业，征税对象是外国企业和外商投资企业在我国境内取得的生产经营所得。同样，企业一个纳税年度的收入总额扣除准予税前扣除项目得到的净额乘以适用税率便得到应当缴纳的企业所得税额。企业所得税税率为 30%，另外附加征收 3% 的地方所得税。为了吸引外资，引进国外的先进技术和人才，国家还对外资企业实施了一系列税收优惠措施，包括生产性、投资港口码头和能源类的外资企业分别享受企业所得税两免三减半和五免五减半的税收优惠，对设在经济特区和经济技术开发区等生产性外资企业实行低税率优惠。

（四）新企业所得税法实施后的企业所得税制度

从 1994 年以来，我国对于内资、外资企业分别适用于不同的所得税法，由于所得税制政策差异较大，在税前优惠、扣除政策等方面，存在着对外资企业偏松、内资企业偏紧的问题，造成企业之间税负不公平，企业要求统一税收待遇、实现公平竞争的呼声较高。尤其是我国加入世贸组织之后，两套所得税制并存的模式无法适应建立和发展社会主义市场经济的要求，矛盾日益突出，统一两套所得税制势在必行。

2007 年 3 月全国人大通过了《中华人民共和国企业所得税法》，决定将《中华人民共和国外商投资企业和外国企业所得税法》和《中华人民共和国企业所得税暂行条例》合并为统一的所得税法，自 2008 年 1 月 1 日实施。统一后的企业所得税制度能够为各类企业提供一个统一、规范、透明的税收政策平台，促进我国社会主义市场经济体制进一步完善；能够贯彻世界贸易组织公平竞争原则，将区域优惠为主转向产业优惠为主，积极为各类企业创造公平竞争的税收政策环境；能够积极引导外资投资方向，促进国民经济结构调整与经济发展方式转变；能够遵循国际税制改革潮流，推动我国税制的现代化建设，促进我国经济制度日益成熟和规范。

二、我国企业所得税的基本内容

(一) 纳税人

企业所得税的纳税义务人是指在中华人民共和国境内的企业和其他取得收入的组织。《中华人民共和国企业所得税法》第 1 条规定，除个人独资企业、合伙企业不适用企业所得税法外，凡在我国境内，企业和其他取得收入的组织（以下统称"企业"）为企业所得税的纳税人，依照本法规定缴纳企业所得税。

企业所得税的纳税人分为居民企业和非居民企业，这是根据企业纳税义务范围进行的分类方法，不同的企业在向中国政府缴纳所得税时，纳税义务有所不同。把企业分为居民企业和非居民企业，是为了更好地保障我国税收管辖权的有效行使。税收管辖权是一国政府在征税方面的主权，是国家主权的重要组成部分。根据国际上通行的做法，我国选择了地域管辖权和居民管辖权的双重管辖权标准，最大限度地维护我国的税收利益。

1. 居民企业

居民企业是指依法在中国境内成立，或者依照外国（地区）法律成立但实际管理机构在中国境内的企业。这里的企业包括国有企业、集体企业、私营企业、联营企业、股份制企业，外商投资企业、外国企业，以及有生产、经营所得和其他所得的其他组织。其中，有生产、经营所得和其他所得的其他组织，是指经国家有关部门批准，依法注册、登记的事业单位、社会团体等组织。由于我国的一些社会团体组织，事业单位在完成国家事业计划的过程中，开展多种经营和有偿服务活动，取得除财政部门各项拨款、财政部和国家物价部门批准的各项规费收入以外的经营收入，具有了经营的特点，应当视同企业纳入征税范围。其中，实际管理机构，是指对企业的生产经营、人员、账务、财产等实施实质性全面管理和控制的机构。

2. 非居民企业

非居民企业是指依照外国（地区）法律成立且实际管理机构不在中国境内，但在中国境内设立机构、场所的，或者在中国境内未设立机构、场所，但有来源于中国境内所得的企业。

（二）企业所得税的征税对象

企业所得税的征税对象是指企业的生产经营所得、其他所得和清算所得。

1. 居民企业的征税对象

居民企业应就来源于中国境内、境外的所得作为征税对象。所得，包括销售货物所得、提供劳务所得、转让财产所得、股息红利等权益性投资所得、利息所得、租金所得、特许权使用费所得、接受捐赠所得和其他所得。

2. 非居民企业的征税对象

非居民企业在中国境内设立机构、场所的，应当就其所设机构、场所取得的来源于中国境内的所得，以及发生在中国境外但与其所设机构、场所有实际联系的所得，缴纳企业所得税。非居民企业在中国境内未设立机构、场所的，或者虽设立机构、场所但取得的所得与其所设机构、场所没有实际联系的，应当就其来源于中国境内的所得缴纳企业所得税。

上述所称实际联系，是指非居民企业在中国境内设立的机构、场所拥有的据以取得所得的股权、债权，以及拥有、管理、控制据以取得所得的财产。

（三）企业所得税税率

企业所得税税率是体现国家与企业分配关系的核心要素。税率设计的原则是兼顾国家、企业、职工个人三者利益，既要保证财政收入的稳定增长，又要使企业在发展生产、经营方面有一定的财力保证；既要考虑到企业的实际情况和负担能力，又要维护税率的统一性。我国企业所得税实行比例税率。现行规定是：

（1）基本税率为25%。适用于居民企业和在中国境内设有机构、场所且所得与机构、场所有关联的非居民企业。

（2）低税率为20%。适用于在中国境内未设立机构、场所的，或者虽设立机构、场所但取得的所得与其所设机构、场所没有实际联系的非居民企业。但实际征税时适用10%的税率。

除此之外，对于国家重点扶持的高新技术企业减按15%的税率征收企业所得税。而对于年应纳税所得额低于50万元（含）的小型微利企业，自2017年1月1日至2019年12月31日，其所得减按50%计入应纳税所得额，按20%的税率征收企业所得税。

同时，现行税法还规定了免税、减税、加计扣除、加速折旧、减计收入、税额抵免等各种形式的税收优惠政策，由于税收优惠政策的广泛运用，从而在企业所得税的征收过程中，企业的实际税率水平有所降低。

（四）企业所得税的计税依据

应纳税所得额是企业所得税的计税依据，按照企业所得税法的规定，应纳税所得额为企业每一个纳税年度的收入总额，减除不征税收入、免税收入、各项扣除以及允许弥补的以前年度亏损后的余额。企业应纳税所得额的计算以权责发生制为原则，属于当期的收入和费用，不论款项是否收付，均作为当期的收入和费用；不属于当期的收入和费用，即使款项已经在当期收付，均不作为当期的收入和费用。应纳税所得额的正确计算直接关系到国家财政收入和企业的税收负担，并且同成本、费用核算关系密切。因此，企业所得税法对应纳税所得额计算做了明确规定。主要内容包括收入总额、扣除范围和标准、资产的税务处理、亏损弥补等。

（五）企业所得税的应纳税额

1. 居民企业应纳税额的计算

居民企业应缴纳所得税额等于应纳税所得额乘以适用税率，基本计算公式为：

应纳税额＝应纳税所得额×适用税率－减免税额－抵免税额

根据计算公式可以看出,应纳税额的多少,取决于应纳税所得额和适用税率两个因素。在实际过程中,应纳税所得额的计算一般有两种方法。

(1) 直接计算法。在直接计算法下,企业每一纳税年度的收入总额减除不征税收入、免税收入、各项扣除,以及允许弥补的以前年度亏损后的余额为应纳税所得额。计算公式与前述相同,即为:

$$应纳税所得额 = 收入总额 - 不征税收入 - 免税收入 - 各项扣除金额 - 弥补亏损$$

(2) 间接计算法。在间接计算法下,是在会计利润总额的基础上加或减按照税法规定调整的项目金额后,即为应纳税所得额。计算公式为:

$$应纳税所得额 = 会计利润总额 \pm 纳税调整项目金额$$

税收调整项目金额包括两方面的内容,一是企业的财务会计处理和税收规定不一致的应予以调整的金额;二是企业按税法规定准予扣除的税收金额。

2. 非居民企业应纳税额的计算

对于在中国境内未设立机构、场所的,或者虽设立机构、场所但取得的所得与其所设机构、场所没有实际联系的非居民企业的所得,按照下列方法计算应纳税所得额。

(1) 股息、红利等权益性投资收益和利息、租金、特许权使用费所得,以收入全额为应纳税所得额;

(2) 转让财产所得,以收入全额减除财产净值后的余额为应纳税所得额;

(3) 其他所得,参照前两项规定的方法计算应纳税所得额。

财产净值是指财产的计税基础减除已经按照规定扣除的折旧、折耗、摊销、准备金等后的余额。

现行税法规定,扣缴义务人在每次向非居民企业支付或者到期应支付所得时,应从支付或者到期应支付的款项中扣缴企业所得税。

$$扣缴企业所得税应纳税额 = 应纳税所得额 \times 实际征收率$$

其中，应纳税所得额按上述规定为标准；实际征收率是指企业所得税法及其实施条例等相关法律法规规定的税率，或者税收协定规定的更低的税率。

三、我国企业所得税的现状分析

随着我国经济的快速发展，我国企业所得税绝对值也保持了稳定、较快的增长，自 1994 年的 708.49 亿元，增加至 2016 年的 28851.36 亿元；企业所得税占总税收收入的比重，自 1994 年的 13.82%，增加至 2016 年的 22.13%（见表 8-1）。

表 8-1　　　　　我国国企业所得税税收收入情况　　　　单位：亿元

年　份	企业所得税	总税收收入	企业所得税所占比重（%）
1994	708.49	5126.88	13.82
1995	878.44	6038.04	14.55
1996	968.48	6909.82	14.02
1997	963.18	8234.04	11.70
1998	925.54	9262.80	9.99
1999	811.41	10682.58	7.60
2000	999.63	12581.51	7.95
2001	2630.87	15301.38	17.19
2002	3082.79	17636.45	17.48
2003	2919.51	20017.31	14.58
2004	3957.33	24165.68	16.38
2005	5343.92	28778.54	18.57
2006	7039.60	34804.35	20.23
2007	8779.25	45621.97	19.24
2008	11175.63	54223.79	20.61
2009	11536.84	59521.59	19.38
2010	12843.54	73210.79	17.54
2011	16769.64	89738.39	18.69
2012	19654.53	100614.28	19.53
2013	22427.20	110530.70	20.29

续表

年 份	企业所得税	总税收收入	企业所得税所占比重（%）
2014	24642.19	119175.31	20.68
2015	27133.87	124922.2	21.72
2016	28851.36	130360.73	22.13

资料来源：《中国统计年鉴（2016）》及《2016年全国一般公共预算收入决算表》。

从企业所得税的结构分析，内资企业贡献了企业所得税的最大份额。在实施统一后新企业所得税的2008年，内资企业企业所得税为9459亿元，其中，股份公司的企业所得税为6528亿元，占总的内资企业所得税份额达69%。相比之下，港澳台投资企业和外资企业贡献的企业所得税为2736亿元，约为内资企业企业所得税的28.92%。截至2015年，内资企业的企业所得税为21158亿元，港澳台投资企业和外资企业贡献的企业所得税为6553亿元，约为内资企业贡献企业所得税的30.97%。因此，2008~2015年，港澳台投资企业和外资企业对我国企业所得税的贡献稍有上升，但增幅并不大。具体情况见表8-2。

表8-2　　　　　　分企业类型的企业所得税收入情况　　　　　单位：亿元

年份	内资企业小计	内资企业							港澳台投资企业	外商投资企业
		国有企业	集体企业	股份合作企业	联营企业	股份公司	私营企业	其他企业		
2006	5528	1090	164	49	21	3608	549	47	—	18
2007	7706	1292	162	60	27	5243	843	80	—	17
2008	9459	1535	171	76	32	6528	1026	91	967	1769
2009	9180	1013	164	93	23	6754	1014	119	1071	1905
2010	10460	919	186	121	26	7647	1407	153	1408	2681
2011	14196	1092	250	191	25	10603	1831	203	1943	3463
2012	16617	1343	283	290	25	12579	1880	216	1841	3549
2013	18204	1625	252	273	15	13874	1949	216	1981	3695
2014	20015	1470	268	324	15	15628	2085	225	2258	4169
2015	21158	1503	248	309	18	16658	2174	250	2350	4203

资料来源：EPS数据统计平台，中国财政税收数据库。

我国现行企业所得税法为企业发展创造了公平的竞争环境，适当降低了税率，减轻了企业的税收负担，同时规范了企业所得税优惠措施，简化了企业所得税税制，也提高了企业所得税的征管效率，但是仍然存在以下问题。

(一) 我国企业所得税税率方面存在的问题

近些年，国际各国为争夺流动资本带来的利润不断降低税率，根据毕马威的计算结果，我国现行企业所得税税率为25%，刚好处于国际114个国家的平均税率24.99%的水平。上述数据是否说明我国的税负就不高了，企业在国际竞争中处于有利地位呢？还需要具体对比周边国家情况。菲律宾、缅甸和不丹的企业所得税税率一般为30%，高于我国；巴基斯坦的企业所得税税率虽然比我国高出10个百分点，但其税收优惠多，实际税率水平相当；马来西亚企业所得税税率为27%，比我国的25%高出两个百分点，但扣除税收优惠后马来西亚本国企业实际平均税率仅为19%，低于我国22%的实际税率水平。塔吉克斯坦与朝鲜的企业所得税税率与我国持平；其余实行比例税率的周边国家税率都低于我国，其中阿富汗、俄罗斯、老挝、哈萨克斯坦一般为20%，越南为10%~25%（区域差别纳税）。蒙古国实行超额累进税率，以30万元为分界点分别实行10%和25%的税率。

通过以上对比发现，我国接近世界平均税负率的水平看似具有较强的竞争力，然而与周边各国税率情况相比，我国国际税收竞争压力仍然很大，在目前资本流出规模不断上升的背景下，我国企业所得税税率不具备明显的竞争优势。

(二) 我国企业所得税税收优惠方面存在的问题

现行企业所得税初步形成了以"产业优惠为主、区域优惠为辅"税收优惠新格局，在鼓励自主研发和科技创新、促进节能环保产业发展、照顾劣势群体、统筹区域协调发展、鼓励公益事业等方面发挥着重要作用，但是仍然存在需要改进的内容。

首先，企业所得税税收优惠范围需要拓展。例如，在促进产业结构升级方面，目前现代服务业与农业精加工等方面还比较薄弱；在促进就业与社会福利方面，现有的所得税税收优惠力度还需要加强；在环境保护方面，所涉及的企业所得税税收优惠受益面还比较狭窄。

其次，企业所得税税收优惠方式需要优化。在我国现行的企业所得税的税收优惠形式中，降低税率和定期减免税为主的直接税收优惠，虽然有效果直接、程序简便的优点，但是同时也存在着企业生产经营行为联系不紧密、缺乏政策导向、财政成本较大的缺点，容易导致企业延后盈利时间、诱导短期投资。加速折旧、研发费用加计扣除、投资抵免等间接税收优惠政策方式在设计方面还可以进一步增强实施力度[①]。

最后，企业所得税税收优惠操作层面需要细化。例如，在涉农优惠问题上，哪些属于农产品初加工范围、农产品初加工需要采用的工艺流程等界定还比较模糊；农、林、渔业实施优惠项目范围界定与经济发展形势的变化存在矛盾。在公益性捐赠问题上，目前只有通过县级以上的政府和非营利组织捐赠才能在税前按一定比例扣除，但我国的实际国情是许多救灾、环保、扶贫等是县级以下的政府在执行，捐赠方面的税收优惠力度明显不够。

(三) 我国企业所得税与个人所得税一体化方面存在的问题

世界上大多数国家同时征收企业所得税和个人所得税，这就必然引起对股息的经济性重复征税问题：一方面，公司在取得利润时要缴纳企业所得税；另一方面，如果公司将利润分配给股东，股东要将取得的股息并入自己的所得之中，缴纳个人所得税。对公司利润和公司分配的股息同时征税形成的双重征税被称为"经济性重复征税"，可能导致一系列扭曲，包括公司企业存在经济性重复征税现象而非公司企业不存在，就造成了两类企业的税收待遇不公平，因此会造成投资经营者对营利组织形式选择的扭曲；公司不分配股利

---

① 魏志梅. 企业所得税改革国际趋势研究 [M]. 北京：中国税务出版社，2010：144-145.

时只缴纳企业所得税，而分配股利要同时缴纳企业所得税和个人所得税，使得公司更愿意选择留存利润，造成利润留存与股息分配的扭曲等。虽然目前对上市公司分配股息后的个人所得税依据投资期限采取了一定的减免措施，但是由于适用范围较窄，只对个人投资者来自上市公司的股息所得适用，从而形成了对其他企业的不公平待遇，不利于非上市公司与上市公司的平等竞争。

（四）我国企业所得税征收管理方面的问题

1. "营改增"后企业所得税的管理权限划分出现新的矛盾

按照《国家税务总局关于调整新增企业所得税征管范围问题的通知》的规定，自2009年1月1日起，新增企业所得税纳税人中，应缴纳增值税的企业，企业所得税由国家税务局负责管理；应缴纳营业税的企业，企业所得税由地方税务局负责管理。在2016年5月1日全面实施"营改增"后，由于营业税的取消，对于后期新增企业所得税纳税人将全部划归国家税务局负责管理，这不仅增加了国家税务机关的征管压力，对于地方税务机关而言，也存在着极大的征管资源闲置与税收收入下降风险。

2. 企业所得税税收与税源相背离局面日益严重

企业所得税主要采取在注册地纳税的方式，目前总机构及二级分支机构大多设在经济发达地区，由于沿海经济发达地区地理位置、人力资源等方面的条件优越，吸引总机构及二级分支机构落户的可能性大于中、西部地区。新的汇总纳税办法实施后，税收收入向总机构及二级分支机构所在地转移，三级及以下分支机构所在地的税收收入"流出"现象加剧。同时，由于我国现行转移支付中税收返还仍占相当大的比重，这导致税收收入快速增长的经济发达地区得到的税收返还比经济欠发达地区得到的税收返还要多，使得区域间贫富差距拉大，不利于实现区域协调发展的目标。

3. 查账征收模式容易受到纳税申报失实的冲击

我国对于企业所得税的纳税人主要采取查账征收的管理模式，这样对于企业纳税人账务核算本身的规范性提出较高的要求。从目前的实际情况来看，现阶段企业通过"账外账"等非法手段逃避企业所得税的税收监管还比较普遍。由于对账簿、凭证等基础会计资料的依赖程度较高，目前"假账"泛滥不仅导致企业通过现金交易、体外循环形式，隐瞒应税收入，把应该交给国家的税款占为己有，变成企业的利润，损害了国家税收利益，也导致我国的相关统计信息与经济指标出现误差，影响到政府的经济决策，动摇了"诚信"这块市场经济的基石。

4. 税源管理信息不对称降低了企业所得税征管效率

在税收征纳关系中，国家为了满足财政需要，希望税收越多越好；但是纳税人作为独立的利益主体，追求的是自身利益的最大化，只要有可能，就会采取各种手段减少纳税或逃避纳税义务，从而形成了税收征纳博弈关系。税务机关在征纳关系中（尤其纳税人自主申报纳税），只能部分地掌握纳税人的信息，从而产生了信息不对称问题，加大了纳税人违规违法的可能，直接影响到税收征管的质量和效率，成为各级税务机关亟须解决的难题。在当前企业所得税税源管理中，信息不对称问题主要表现为以下两个方面：

首先，税务机关与纳税人之间信息资源存在不对称。纳税人处于信息源头地位，税务机关很难全面、真实地掌控纳税人的所有税源信息，从而导致税收政策实施中的失灵；其次，上级税务机关与基层税务机关之间存在信息结构不对称。上级税务机关侧重于掌握某行业、某区域纳税人的整体信息，基层税务机关侧重于掌握具体纳税人的实际情况，上下级之间的信息对接不够充分，也有可能会出现政策制定与实际操作层面的脱节。

第三节 企业所得税改革的国际经验借鉴

在发展本国经济的同时，世界各国都在对本国的税制进行改革，虽然发展中国家和发达国家的税制设计和税制改革的力度略有差别，但发达国家和发展中国家税制改革的总体趋势比较一致。因此，本节分析了 OECD 国家和部分发展中国家的税制改革，以便为我国企业所得税的税制改革提供经验借鉴。

一、企业所得税税率改革的趋势分析

进入 21 世纪以来，世界各国为促进经济增长和应对国际竞争，所得税减税导向日益明显。根据毕马威的调查，自 2000~2015 年的 16 年里，117 个国家的公司所得税平均税率呈逐年下降趋势，从 29.03% 下降到 23.68%（见图 8-1）。从目前的情况来看，世界各国公司所得税的降税趋势仍在继续。2015 年，全世界就有 11 个国家的公司所得税税率较上一年有所下降[①]。

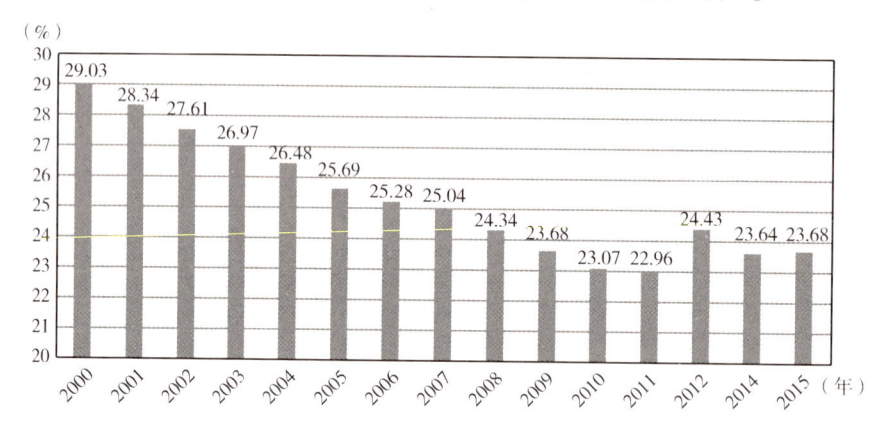

图 8-1 2000~2015 年世界平均公司所得税税率变化

资料来源：KPMG's Corporate and Indirect Tax Rate Survey (2014) KPMG Global Tax Rate Survey (2015).

在 OECD 的 34 个成员国中，从 2007~2013 年，企业所得税税率最终上涨的只有 6 个国家，其中智利上涨 3 个百分点，希腊上涨 1 个百分点，冰岛和墨西哥上涨 2 个百分点，增长量最大的是葡萄牙和斯洛伐克，分别上涨了 5 个

[①] 2015 KPMG Global Tax Rate Survey，https://assets.kpmg.com/content/dam/kpmg/pdf/2015/11/global-tax-rate-survey-2015-v2-web.

和 4 个百分点，上升幅度都比较小。维持不变的国家有 9 个，分别是爱尔兰、澳大利亚、俄罗斯、比利时、丹麦、法国、罗威、波兰、土耳其。更为主流的是企业所得税税率进一步下调的有 20 个国家。[1]

除了企业所得税税率的下调，各国企业所得税占税收总收入的比重也呈现下降趋势。如欧盟 27 国的税制结构中，从 2000～2012 年公司所得税占税收总收入的比重下降了 1.4 个百分点（2000 年为 7.7%，2012 年为 6.3%）[2]。

2017 年 4 月 26 日，美国新任总统特朗普公布了自 1986 年以来力度最大减税计划。其中计划企业所得税的税率从 35% 降到 15%，如果该计划正式实施，必将吸引大量资本和高端人才流向美国，全球性减税潮流可能会如期而至。因此，我国需要密切关注和积极应对相关国家企业所得税改革的冲击，提高我国企业所得税制度的国际竞争力。

二、国际企业所得税税收优惠改革趋势

国际上都在采用企业所得税税收优惠，达到自己的税收政策目标，各国部分税收优惠情况见表 8-3。

表 8-3　　　　　　相关国家的企业所得税税收优惠

优惠目标	各国具体企业所得税税收优惠政策
促进经济增长	美国：实行投资抵免、加速折旧、对资本利的实行优惠税率、允许亏损结转等 日本：20 世纪 50 年代，大规模实行加速折旧以鼓励投资；60 年代，税收优惠目标为鼓励技术进步、刺激投资、促进出口；70 年代，鼓励能源节约、促进环保和地区开发，加速折旧，对特定项目给予免税等；90 年代，为鼓励信息产业发展允许相关购进加速折旧，为鼓励中小企业研发，对小企业实行免税政策，并允许其研发支出抵免

---

[1] OECD Home Tax, OECD Tax Database, C. Corporate and Capital Income Taxes, Basic (non-targeted) Corporate Income Tax Rates – Table II.

[2] Taxation trends in the European Union, http://ec.europa.eu/taxation_customs/business/economic-analysis-taxation/taxation-trends-eu-union_en.

续表

优惠目标	各国具体企业所得税税收优惠政策
促进产业结构优化	日本：资源和市场都有限，税收优惠主要鼓励节能和出口，如出口企业可以提取包括出结构优化口损失准备金等一系列损失准备金 韩国：20世纪60年代，经济短缺、竞争较小，鼓励出口，颁布吸引外资税收优惠措施；70年代，工业发展良好，税收优惠开始关注化学、重工、石油、电子等行业；80年代，税收优惠转向高新技术，以实现"科技利国"；90年代，税收优惠转向边远地区和节能环保方向
推动科技进步	美国：高新技术的研究和开发费用都直接税前列支；委托大学进行的基础性研究，研究费用的65%可抵免所得税 法国：法国公司的研发支出可获得30%的税收抵免；1983年出台鼓励风险投资的法律（Fonds Commun de Placement Risques，FCPR）
促进地区经济协调发展	发达国家——税收优惠主要针对本国由于客观自然条件所致的欠发达地区或落后地区 美国：欠发达地区实行优惠税率，且各州政府拥有比其他级别政府更高的税收豁免权 英国：规定前往自然条件比较差、经济基础薄弱的苏格兰、威尔士和北爱尔兰等地区投资的中小企业，可享受3年免税优惠 德国：联邦政府规定在经济落后地区新建中小企业，可以免征50%所得税 印度：对设在自由贸易区、软件园区或者电子科技园区内的新办企业出口收益，10年内免征所得税 埃及：规定凡在新社区新建的企业可免征所得税10年 泰国：全国分为经济发展程度不同的三个区，实行差别的税收优惠，发达地区只有产品出口超过80%的企业才能享受免征年所得税的优惠；次发达地区，只要从事国家鼓励产业的企业，均可以享受免征3~7年所得税优惠；不发达地区，从事国家鼓励产业的企业，可以享受8~5年减半优惠政策
扶持中小企业发展	法国：颁布"振兴中小企业计划"，把中小企业的税率由33%降到19% 英国：为促进中小企业发展，2009年英国中小企业的所得税税率降为21%（正常为28%）；研发投入实行175%的税前加计扣除（大企业130%）；对中小企业投资电子商务和新资讯技术，允许其费用100%进行税前扣除
促进可持续发展	美国：采用直接税收减免、投资税收抵免、加速折旧等方式实行生态税收优惠；联邦政府对州政府、地方政府进行环境保护和污染控制发生的债权产生的利息及对精华水、气，以及减少污染设施的建设援助款不计入所得税税基等 法国：对购置节能设备、厂房融资、租赁所得免征企业所得税和资本利得税
吸引外资引进技术	比利时：虚拟利息抵扣制度，使用自有资金投资的企业在计算所得税时，允许在税基中将自有资本虚拟为银行贷款时所需偿还的贷款利息予以扣除 印度：允许外国公司采取加速折旧方法，在费用扣除方面给予外国公司更大的费用扣除额和更宽的扣除范围

资料来源：H. R. 1424, Emergency Economic Stabilization Act of 2008. http://www.thetaxbook.com/updates/thetaxauthority_update_service/pdf/bulletin/10-10-2008_update.

通过对国际各国税收优惠政策的分析和对表8-3的总结，可以得出企业所得税税收优惠政策改革的总体趋势。第一，各国均采用立法的方式对税收优惠制度进行规范，并使之公开、公平。第二，企业所得税作为直接税，其税收优惠的实施造成的额外负担小，世界各国都通过企业所得税税收优惠实现地区经济发展差异调整、产业结构调整、社会福利增进、扶持中小企业发展等多重目标。第三，各国企业所得税收优惠政策选择方面等更多采取直接优惠与间接优惠相结合的方法，类似投资抵免、加速折旧等间接优惠方式应用比较普遍。

三、企业所得税与个人所得税协调的国际发展趋势

美国长期以来都是实施古典税制，但多年来也一直在探索对公司和股东征税制度的改革和完善。美国财政部早在1992年就发表过《关于个人所得税和公司所得税的一体化的报告：对营业利润征税一次》，该报告研究了对公司和股东征税一体化的各种可能方案，以替代美国现行的古典税制。

欧洲国家一直采用归集抵免制，来协调公司和股东的征税问题。2004年7月15日，欧洲法院（ECJ）公布了一项关于奥地利对外投资所得税歧视一案的先行裁决（Preliminary ruling，它是欧盟法院对《欧盟条约》的解释等所做的预先裁决）。Anneliese Lenz女士是奥地利居民，她拥有德国公司的股票。按照奥地利税法规定，来自国外的投资所得（包括股息、利息等），适用累进税率，而投资国内公司取得的股息，则可以有两个选择：或者一次性征收25%的预提税，或者适用所得税税率的一半，两者取较低者，或者由纳税人自行决定。由此，她认为投资其他国家比投资其居民国奥地利，得到的税收好处要少，奥地利税法违反了《欧盟条约》关于资本自由流动的规定。1999年，Anneliese Lenz女士向奥地利最高行政法庭提起诉讼。2002年奥地利最高行政法庭就奥地利税法是否与《欧盟条约》第56条资本自由流动的规定相容，向欧盟法院申请先行裁决。2004年7月15日，欧洲法院判决奥地利的税法对资本的自由流动构成不公正的限制。

芬兰于1990年引入归集抵免制。Petri Mikael Manninen先生是芬兰居民纳税人，他收到来自瑞典公司的股息。该项股息必须负担瑞典公司所得税、瑞典支付股息的预提税以及芬兰的个人所得税。而如果Manninen先生投资于芬兰居民公司，他只需要承担芬兰的个人所得税。Manninen先生向芬兰税务局申请有约束力的预先裁决。芬兰税务局认为，Manninen先生的国外股息必须按照芬兰税法缴税。于是Manninen先生就芬兰税法关于股息归集抵免的规定违反了《欧盟条约》第56条和第58条关于禁止限制资本自由流动的规定，向芬兰最高行政法院提起诉讼。2002年芬兰最高行政法院将此案提交欧盟法院，2004年9月7日，欧盟法院公布了对此案的裁决。欧盟法院判决支持了Manninen先生，认为芬兰的税法规定构成了对于资本自由流动的限制。

由于各国采用的归集抵免制一般只适用于居民股东，非居民股东并不能从中受益。其结果就像在Manninen案中所看到的：归集抵免制被欧盟法院认为阻碍了资本的自由流动。欧盟法院的上述裁决及荷兰的"示范"效应，都使越来越多的欧盟国家考虑放弃归集抵免制，重新引入古典税制。

四、企业所得税征收管理的国际发展趋势

1. 企业所得税的征管权限划分

按照中央政府与地方政府相应税收征管权限的差异，对于企业所得税的征管存在三种情况：一是以日本为代表的适度集权型附加税体制。中央政府征收公司所得税，地方政府在中央政府征收的基础上选择再征一道附加税（居民税或事业税），税率上限由中央规定，在中央政府规定的税率限度内予以征收，这实际上是税率分享制的一种改进或具体形式。二是以德国为代表的集权型比例分享体制。德国实行以共享税为主、共享税与专享税并存的税权划分模式。这种制度安排，既突出了联邦政府的财政控制力，又保障了州、地方政府的独立地位。这种共享税在征管上一般采用寄征制，即由中央政府负责征管，按比例将收入返还地方，公司所得税属于联邦和州两级共享税，

两级政府各占公司所得税的50%。三是以美国为代表的分权型附加税体制。美国联邦、州和地方政府都有独立的税收立法权和征收管理权，公司所得税也属于典型的共享税性质，采取的是分率分征的方式。

2. 税收与税源背离的税收政策优化

税收与税源相背离不仅是我国所面临的问题，同时也是许多国家普遍存在的一种现象，不少国家通过合理的税收制度设计和有效的区域税收协调解决该问题。

在美国，为了妥善处理跨州经营企业所得税分配问题，除了企业法人注册地具有征税权外，企业经营活动所在地政府对企业在该地区的所得也同样拥有征税权。在具体做法上，美国对跨州企业所得税分配采取"先分后税"模式，即先统一计算来自各州的总所得，然后根据销售收入、工资、资产三因素法建立税基的跨州分配公式，最后再按照上述分配公式确定企业在各州的应税所得，并按各州税法规定计算缴纳企业所得税。在处理跨州经营企业所得税分配中，税务管理协会、跨州税收委员会等州际组织作为跨州税收协调的专门管理机构，发挥了极其重要的作用。

德国1971年颁布的《税收分解法》规定，公司所得税收入的归属采取所在地原则，总公司将所得税交给总部所在地的市镇财政局后，征得税款的市财政局必须将各个分公司的所得税进行分解，划归给分公司所在地市镇的财政局。由于坚持税收收入归属的来源地原则，使辖区的税收收入能力与其税源能力相匹配，对于跨地区的税源也应按照有关地区对税源的贡献度进行合理的分享，从而切实保证税源所在地的经济利益。德国在所得税分配上实行的税收分解制度就是遵从来源地原则的体现。

3. 加强企业所得税征管能力建设

首先，加强企业税源监控的实效性。在许多国家，除小额交易外，其他交易均要求通过银行账户转账，否则就是违法。而要在银行开户，就必须具有合法的身份，许多国家要求相关代码的通用性，这样会更加容易与其他部门交换信息，所有纳税人的报税单都是通过一个自动数据处理系统来核对税表的准确性、要求退税的正确性，以及信息表上的收入。这样，税务与银行通力合作，可通过大型计算机集中处理，准确掌握纳税人的各项应税收入情况，对其进行有效的监督。

其次，加强税务审计的威慑性。美国对偷逃税行为采取的严厉惩罚措施，是企业所得税能够实现高效严格管理的基础保证。美国税务检查主要通过审计来进行。税务审计的形式通常有一般审计和特别审计，一般审计主要是对一般税收违章行为进行审计，基本采用抽查形式。国税局采用数学公式和统计抽样技术来选择那些最有可能涵盖错误和能产生大量额外税收的税收申报表。由于现代化技术手段的普遍应用和纳税人自行申报纳税，因此税务机关的主要力量放在了税务审计上，由于从选案到处理、司法，整个审计过程都体现了高度的专业化，从而在最大程度上保证了税务审计的质量和公正性。美国税法中对审计出来的偷逃税处罚非常重，故一般纳税人不敢铤而走险，更不敢抗税。由于税务机关开展的税务审计的专业化、高质量和公正性，使其具有极大的震慑力，有效遏制了偷逃税款行为。

最后，加强税收征管的"部门协作化"。美国规定有关部门必须与税务部门采取一致行动以确保税收征管的有效性。美国协税护税的广泛性和部门协作的高效性及对偷税处罚的震慑作用，所有这些都得益于各部门的通力协作。另外，公正独立的代理机构也降低了税务机关的征管成本。美国公司一般不亲自申报纳税，为了既能充分享受国家税收减免和返还，又能减少偷逃税收的处罚，通常会请会计师事务所承担报税任务，中介机构代理服务在很大程度上能够降低征纳双方的税收风险。

第四节　我国企业所得税制度的改革思路

一、关注企业所得税税率的国际变化趋势

我国企业所得税税制的改革是经济全球化背景下的改革，不可能游离于

世界范围之外。在国际上，我国25%的税率属于中等水平，这有助于增强我国企业的竞争力，在吸引外资上，仍然有着积极优势。但是，我们也要注意到，国际上所出现的减税趋势对我国可能造成的影响。

当然，经济全球化下的竞争不仅仅是税收竞争，更不应该是恶性税收竞争。一方面，要关注其他国家，尤其是发达经济体及周边国家的税率调整，保持我国企业所得税制度的国际竞争能力；另一方面，也必须要考虑到中国自身的特殊因素，不能盲目追随税率竞争。从根本上说，企业投资追求的是税后利润率，如果没有足够高的利润率作为前提，那么，再低的企业所得税率也无济于事。中国人口众多，多年来经济高速增长所带来的庞大市场潜力，是国内外资本所更为看重的，只要有足够高的利润率支撑，适中的税率不会带来太多负面的影响。因此，目前的企业所得税基本税率水平在一定时间内可以保持相对稳定，但是需要密切关注其他主要经济体的税制改革动向。

二、优化企业所得税的优惠政策体系

企业所得税税收优惠应该是一个能够针对不同能力的纳税人，按照不同时期的政策目标，利用不同形式的优惠形式，在有效监督和管理之下的税收调控体系。完善我国企业所得税税收优惠制度的建议包括：

1. 扩大税收优惠范围

总体而言，在设置税收优惠对象时应考虑市场资源配置能力的差异性，与市场关联度极强的产业或者项目，市场会通过价格信号自发引导企业将资源配置到这些领域，并不需要过度运用税收优惠政策进行干预。因此，应将优惠重点限制在国家必须发展的产业或项目上，并且该类产业或项目自身激励能力又比较弱。从我国目前的国情出发，在企业所得税的税收优惠政策体系中应着重体现环境保护、技术创新、产业转型、社会福利、区域协调等方面的内容。

2. 优化税收优惠形式

与直接税收优惠方式相比,加速折旧、投资抵免等间接税收优惠政策由于具有激励方式比较灵活、覆盖范围更加广泛、实施成本相对较低的优势,应该在企业所得税税收优惠体系中获得更为广泛的运用,在现有税收优惠方式的基础上,借鉴国外成熟的经验,不断丰富间接优惠形式,实现"间接优惠为主,直接优惠为辅"的优惠形式结构。

3. 深化税收优惠内容

进入 2017 年以来,企业所得税税收优惠不断深化,如财政部、国家税务总局《关于扩大小型微利企业所得税优惠政策范围的通知》,将小型微利企业享受税收优惠的范围从年应纳税所得额上限由 30 万元提高到 50 万元,财政部、国家税务总局、科技部《关于提高科技型中小企业研究开发费用税前加计扣除比例的通知》,将科技型中小企业开发新技术、新产品、新工艺实际发生的研发费用在企业所得税税前加计扣除的比例,由 50% 提高至 75%。由此可见,伴随着我国经济形势的发展,要深入贯彻国务院为实体经济减税降费战略,企业所得税税收优惠改革已经进入到一个深化的阶段,应该及时通过部分内容的优化以提高实体经济效益、提升国家治理能力、体现社会发展需要。

4. 强化税收优惠管理

加强企业所得税优惠政策的管理,就要规范减免税申报、批准程序,建立事前规范统一、事中严格流程、事后跟踪检查的机制,堵塞纳税人利用优惠政策偷逃税款的漏洞。而其核心是要建立税收优惠的绩效评价体系,通过检验税收优惠政策的有效性,从而决定某项税收优惠存废或进行政策设计的依据。

三、协调企业所得税与个人所得税之间的关系

由于股东分为个人股东和公司股东,分配利润的公司既涉及居民公司,又涉及非居民公司,因此,股息的重复征税问题,既涉及国内企业所得税与个人所得税的重复征税,又可能涉及国家之间的重复征税。解决国家之间的

重复征税，一般可以通过签订国际间避免双重征税协定的方式来消除或减轻。而解决国内的经济性重复征税，则应该立足于国内的经济发展程度和税收征管水平，并注意与国际上消除重复征税方法的匹配性。

从鼓励投资角度，企业所得税应完善居民公司股东的股息间接抵免规定。建议明确对于中国居民公司自然人股东的股息，按照控股比例或持股期限，也给予将所缴纳的企业所得税抵免个人所得税的待遇。这样做，一方面有助于鼓励投资人的实际经营行为；另一方面也与我国解决国际性重复征税的做法相吻合，体现税收公平的原则。

四、提升企业所得税征管水平

（一）实行企业所得税单一主体税收征管模式

从国外税收管理权限划分的经验中可知，以德国为代表的集权型比例分享体制与我国的税收管理权限划分体制最为相近，而德国政府采取由中央政府的税务机关负责征管，再按比例将收入返还地方政府。按照这种思路来解决"营改增"后的企业所得税征管权限划分比较简单，将企业所得税征管全部划归国家税务机关，再按比例将部分收入返还地方，将有效解决企业所得税管理权划分问题。当然，这样处理会触动地方的既得利益，改革难度比较大，应该循序渐进，逐步实现企业所得税由单一主体实施统一管理。

（二）建立区域间企业所得税横向分配制度

区域间横向税收分配制度是调整不同地区利益主体收入差距的一种手段，也是协调区域经济发展的必要制度安排。为了应对企业所得税税收与税源不均衡的状况，一方面，应主要通过修订现有总分机构间分摊税款的办法来解决区域横向税收分配问题；另一方面，可以在较高层级处理大企业的涉税诉求。由于大企业通常以集团或总分架构运行，企业成员间存在相同的税法适用问题，应探索建立大企业涉税诉求联席会议制度和跨层级工作协调组制度，把各类诉求集中在较高层级（如财政部）处理，既可以及时解决税法透明度问题，也可以进而保证各地、各层级执行上的一致性，为企业的经营和行政管理提供便利，减少不同层级的遵从风险。

（三）提升企业所得税税收征管能力

1. 加强社会信用体系建设

以政府信用为先导，建立包括企业信用、个人信用、税收信用、企业会计从业人员信用在内的社会信用系统，建立健全信用综合查询系统，按照全国统一的法人纳税识别号，分户建立数字化信息主体档案，逐步培育一个健全的社会信用体系，为企业所得税的税源监控提供基础信用平台。

2. 加强对中介机构的管理

充分发挥社会中介机构在企业所得税征管中的重要作用，加强财政部门、税务部门和社会中介机构之间的联系，通过加强管理进一步规范行业管理；同时，积极引导中介机构在提高企业所得税纳税申报、汇算清缴、税收减免申请等方面发挥积极作用。

3. 加强对诚信纳税人的正向激励

在纳税信用体系建设中充分体现等级差别，通过运用经济杠杆和经济制度，形成对诚信纳税的激励。纳税信誉等级作为遵从程度的标志，实践中要在评定主体、对象、标准、程序、待遇、等级升降等方面进行完善，信誉等级评定不能预设比例，要加大等级差别，提高对信用等级高的企业纳税人的服务水平，降低其纳税成本，而对那些信用等级低的企业纳税人，则应该加大检查与惩戒力度，提高威慑力。

4. 加强企业所得税信息化监控

企业所得税信息化建设应该以流程为导向，整合所有业务与工作环节，努力实现工作流与信息流的同向与同步，让信息化提供足够的手段进行企业所得税的管理和监控分析。借助正在建设中的"金税"三期工程，将企业所得税管理所涉及的各项业务和环节也全部纳入"金税"工程之中，实现企业所得税的信息化建设的"一体化"，整合利用现有企业所得税的征管资源，提高征管效益，提升征管水平。

回顾与总结：企业所得税是我国第二大税种，我国自2008年实行新的企业所得税制度以来，为政府筹集财政收入、实施宏观调控、改善企业治理发挥了重要作用。但是，随着世界企业所得税制度改革的不断推进，我国企业所得税制度在税率设计、税收优惠体系、税收征管能力等方面也出现了一定的问题。在未来的税制改革中，应通过相应的措施关注企业所得税税率的国际变化趋势、优化企业所得税的优惠政策体系、协调企业所得税与个人所得税之间关系、提升企业所得税税收征管能力。

第九章　其他税收制度与地方税体系建设

本章导读：本章介绍了我国目前关税、城市维护建设税、印花税等税种的基本情况与改革思路。同时，依据党的十八大和十八届三中全会通过的《中共中央关于全面深化改革若干重大问题的决定》中"构建地方税体系"的要求，结合目前"清费立税"的经济社会环境，分析了我国现阶段地方税体系存在的问题，介绍了地方税体系建设的国际经验，提出了我国地方税体系改革应注意的若干问题。

第一节　关税制度改革

一、关税概述

关税最常见的定义是"对进出口货物和物品所征收的一种税"。关税的起源很早，随着社会生产力的发展，出现了商品的生产和交换。关税正是随着商品交换和商品流通领域的不断扩大，以及国际贸易的不断发展而产生和逐步发展的。在当今国际社会，它不仅是各国政府取得财政收入的一种形式，而且是在国际经济交往中维护国家权益的重要手段。

关税的征税主体是国家，课税对象是进出境的货物和物品。要注意的是，首先，进出境货物和货品一般必须是有形的货品，海关不能对无形的商品（如科学技术、专利发明等）征收关税，只能在这些无形商品转化为具体有形货品（如书刊、字画、光盘等）并进出境时才能征收。其次，关税仅以进出境的货品作为课税对象，并由海关代为征收。但海关征收的税不一定都是关税。进出境货品在被征收关税后，应与本国产品同等对待，即应对其征收进口环节增值税、进口环节消费税等相应国内税种。

按照征税对象划分，关税可以分为进口关税和出口关税。进口关税是指进口商品进入一国关境或从自由港、出口加工区、保税仓库进入国内市场时，由该国海关对本国进口商所征收的一种关税。进口关税是保护关税的主要手段。通常所说的关税壁垒，实际上就是对进口商品征收高额关税，从而削弱其竞争力的做法。出口关税是出口国家的海关在本国产品输出国外时，对出口商所征收的关税。征收出口关税会增加出口货物的成本，不利于本国货物在国际市场的竞争。目前，大多数国家对绝大部分出口商品都不征收出口关税。我国目前采用了对少数商品征收出口关税的办法，这些商品主要是高耗能、高污染、资源性产品。

按照征收方式划分，关税可以分为从价税、从量税、复合税、选择税、季节税和滑准税等方式。从价税即以货物价格作为征收标准的关税，税率表现为货物价格的百分值。从量税则是以进口货物的重量、数量、长度、容量和面积等计量单位为标准计征的关税。复合税即同时使用从量和从价两种税率计征，选择税则是征税时由海关选择从价和从量两种方式中的一种进行计征。季节税是指根据季节不同，按不同的比例或税额征收的关税，一般是对生产季节性较强的农产品而设置的。滑准税是对进口的同一种商品按其市场价格标准分别制定不同价格档次的税率而征收的一种进口关税。一般高档价格的税率低或不征税，低档价格的税率高，从而起到稳定国内该种商品的市场价格的作用。

按照征税性质划分，关税可以分为普通关税、最惠国关税、协定关税、特惠关税。最惠国关税是对签有最惠国待遇条款的贸易协定国家实行的关税。最惠国待遇是指缔约国各方实行互惠，凡缔约国一方现在和将来给予任何第三方的一切特权、优惠和豁免，也同样给予对方。协定关税是指一国通过与他国签订贸易条约或协定的方式共同制定的关税，一般比最惠国关税税率低。特惠关税是指某一国家对另一国家或某些国家对另外一些国家的进口商品给予特殊关税优惠待遇，其他国家不得享受的一种关税制度。如果进口国未与该进口商品的来源国签订任何关税互惠贸易条约，则对该进口商品按普通关税税率征税。

二、我国关税制度的历史沿革与现状

（一）我国关税制度的历史沿革

我国关税历史悠久，西周就有"关市之征"的记载，征税的目的是"关市之赋，以待王之膳服"。关税在中国至今至少已有3000多年的历史了。其间经过了漫长的奴隶社会、封建社会、半殖民地社会，直到今天社会主义社会的中华人民共和国。新中国成立后，国家组建了海关总署，统一管理全国海关业务。1950年1月政务院颁布《关于关税政策和海关工作的决定》，同年5月颁布《中华人民共和国暂行海关法》《中华人民共和国进出口税则》和《中华人民共和国进出口税则暂行实施条例》，统一了新中国的关税政策，建立了完全独立自主的保护关税制度。

在新中国成立之后到1979年的30年内，我国的经济水平一直比较低，经济体制建立在计划经济的基础之上，进口商品在国内市场按照国家"统一作价"进行调拨。在1966年开始的"文化大革命"期间，停止征收关税长达十几年之久。1980年起，借着改革开放的大潮，国务院决定对外贸公司进出口货物，恢复由海关单独计征关税，当年就征收关税30亿元。

第九章 其他税收制度与地方税体系建设

我国一直以来实行保护性的关税政策，认为关税"必须保护国家生产，必须保护国内产品与国外商品的竞争"。根据改革开放以来的新形势和新变化，我国于1982年年底的第五届全国人民代表大会第五次会议上通过了《中国国民经济和社会发展的第六个五年计划》，将关税政策的改革列入之中，要求适时调整关税税率，以鼓励和限制某些商品的进出口，做到既有利于扩大对外经济技术交流，又能保护和促进国内生产的发展。关税政策经过一系列调整，转变为开放型保护关税，服务于国家对外经贸政策和产业政策。这些思想和观念的调整和转变，集中体现在1985年发布的《进出口关税条例》对关税税则的全面修订上。2004年1月1日起，我国开始实施修订后的《进出口关税条例》，新条例对我国进一步完善关税法律制度，规范进出口关税征收和收缴行为，保障国家关税收入，维护纳税义务人的合法权益，具有十分重要的意义。

为适应改革开放和发展经济的要求，我国进一步修订了《商品名称及编码协调制度》，并于1992年1月开始实施，开始大幅度降低进口关税水平，使我国的总关税水平从1992年底的43.2%降低到2001年初的15.3%。为了与世界海关组织协调制度同步，我国的税则税目设置更加注重科学化、精细化，分别在2002年、2007年、2012年和2017年，进行税则税目的调整。

为了促进改革开放，加快与国际市场的融合，我国还积极推进加入世界贸易组织的进程。世界贸易组织是世界上最大的多边贸易组织，其前身是关税和贸易总协定。第二次世界大战给世界经济造成了很多困难，多数国家希望尽快消除战争时期的贸易障碍。1947年11月，美国、英国、法国等国家签署了关税与贸易协定《临时适用议定书》，同意从1948年1月1日起实施关税与贸易总协定。1991年2月，原有的议定书已不再符合时代的发展，为了适应新经济形势下的需要，各国形成了一份关于建立多边贸易组织协定的草案。这份草案后来被称为《建立世界贸易组织协定》，并与1994年4月在摩洛哥马拉喀什获得通过。

中国加入世界贸易组织经历了以下几个阶段。第一阶段是20世纪80年代至 1986 年 7 月。党中央确立了加入世贸组织的思想和理论基础。第二阶段是 1987 年 2 月至 1992 年 10 月。这一阶段是对中国的经济体制进行审议，承认中国的社会主义市场经济体制。第三阶段是从 1992 年 10 月至 2001 年 9 月。这一阶段进行了大量的双边谈判，主要解决关税逐步降低、进口限制逐步取消、服务贸易逐步开放这三个问题。关税减让谈判在中国加入世贸组织的进程中处于重要地位。2001 年 11 月 10 日，世界贸易组织（WTO）第四届部长级会议审议通过了中国加入世界贸易组织的申请。中国从 2002 年 1 月 1 日起开始履行加入世贸组织的关税减让义务。

（二）我国关税制度现状

自加入世界贸易组织以来，我国全面履行关税减让承诺，在世贸组织规则范围内，科学、精细地调整关税税率、税目和专项优惠政策，有效发挥关税的宏观调控职能。

截至 2015 年，我国的关税总水平降低至 9.8%，其中农产品平均税率为 15.1%，工业品平均税率为 8.9%。与各成员对世贸组织所承诺的关税税率相比，我国关税总水平虽然高于欧盟（5.3%）、美国（3.5%）等主要发达国家，但明显低于印度（48.5%）、巴西（31.4%）、阿根廷（31.9%）和南非（19%）等多数发展中国家。农产品平均税率不仅低于绝大多数发展中国家水平，更明显低于挪威（130.9%）、瑞士（48%）和日本（22.2%）等发达国家；工业品平均税率低于大多数发展中国家水平，不到世界各国工业品平均税率 30% 的 1/3。

同时，在关税总水平逐步下降的同时我国关税税率结构不断优化。能源、资源、原材料等初级产品的进口关税大幅降低，并有选择地降低了部分关键零部件等中间品以及重要机电设备等制成品的进口关税。加入世界贸易组织十几年间完成了发达国家五六十年的降税进程，不仅税率大幅降低，而且结构明显改善，基本实现了从"高水平、窄税基"向"低水平、宽税基"的转变，形成了较为合理的关税税率结构。

三、我国关税制度的改革

(一) 进一步优化税率结构

在关税总水平降低的情况下,必须结合国内经济结构的调整和产业政策的实际情况,充分利用关税有效保护理论,不断地调整本国关税税率结构,合理有效地保护本国经济发展。"入世"后我国的关税制度和政策使用在一定程度上受到了限制,关税结构有待调整和改进。应大幅度降低初级产品的进口关税税率,并根据国内生产需要有选择地降低部分关键设备的半制成品和制成品的进口关税税率,最终形成投入品、中间产品、最终制成品从低到高的梯形关税税率结构。

(二) 逐步调整和取消不适当的优惠政策

在调整关税税率结构时,应当缩小实际关税率与名义关税率间的差距。目前在我国关税制度中仍存在大量的优惠制度,同时加工贸易在进出口活动中占有的比重较大,这不利于反映我国关税减让情况,也不利于实现产业保护关税政策目标。因此,在 WTO 国民待遇的基础上,应根据产业链的延伸状况适时调整关税优惠政策。

(三) 积极运用特别关税制度保护国家利益

随着国际经济一体化与国际贸易领域纠纷增多,近年一些国家根据各种原因对我国具有成本优势的初级产品频繁征收反倾销税、反补贴税,而我国很少对涉及进口产品的不正当竞争开展调查。目前,我国需要加强对特别关税手段的运用,遵照 WTO 有关规则,对现行的有关法律进行修订,要明确规定对不正当竞争进行调查的程序和法律依据,并要规定由专门的机构和专业人员负责调查和裁决,最大化地维护国家利益,促进产业结构优化[1]。

---

[1] 王乔、汪柱旺. 关税改革对我国经济结构调整的作用 [J]. 税务研究,2012 (5).

第二节　城市维护建设税税制改革

一、城市维护建设税概述

城市维护建设税是以纳税人实际缴纳的增值税、消费税税额为计税依据所征收的一种税，主要用于城市的公用事业和公共设施的维护建设，于1985年1月1日起在全国范围内施行。[①] 城市维护建设税有如下特点。

（一）税款专款专用

一般而言，税收收入应当纳入国家预算，由中央和地方政府根据需要，统一安排其用途，将其用到国家建设和事业发展的各个方面。而城市维护建设税则不同，它事先明确规定了使用范围和方向，要求保证完全用于城市的公共事业和公共设施的维护与建设，税款的缴纳与受益更直接地联系起来。

（二）属于一种附加税

城市维护建设税是以增值税、消费税为计税依据，随着增值税和消费税的征收同时进行附加征收，其本身并没有特定的征税对象，相关征管办法也都随着增值税和消费税共同办理。

（三）根据行政区划适用不同的税率

城市维护建设税的负担水平，不是依据纳税人获取的利润水平或经营特

---

① 依据《中华人民共和国城市维护建设税暂行条例》和《国家税务总局关于城市维护建设税征收问题的通知》（国税发〔1994〕51号），城市维护建设税的增值税、消费税、营业税税收为计税依据，本节内容按照"营改增"的要求进行编写。

点而定，而是根据纳税人所在城镇的规模及其资金需要设计的。城镇规模大的，税率高一些；反之，就低一些。例如，纳税人所在地在城市市区的，税率为 7%；在县城、建制镇的税率为 5%；其他地方的税率为 1%。这样规定能够使不同地区获取不同数量的城市维护建设资金，因地制宜地进行城市的维护和建设。

二、我国城市维护建设税的历史沿革与现状

（一）城市维护建设税的沿革

新中国成立以来，我国城市建设和维护在不同时期都取得了较大成绩，但国家在城市建设方面一直资金不足。1979 年以前，我国用于城市维护建设的资金来源由当时的工商税附加、城市公用事业附加和国家下拨城市维护费组成。1979 年，国家开始在部分大中城市试行从上年工商利润中提取 5% 用于城市维护和建设的办法，但未能从根本上解决问题。1981 年，国务院在批转财政部关于改革工商税制的设想中提出："根据城市建设的需要，开征城市维护建设税，作为县以上城市和工矿区市政建设的专项资金"。1985 年 2 月 8 日，国务院正式颁布了《中华人民共和国城市维护建设税暂行条例》，并于 1985 年 1 月 1 日在全国范围内施行，当时规定内资企业和个人都要征收城市维护建设税，以产品税、增值税、营业税税额为计税依据，但是对"三资企业"暂不征收城市维护建设税。

1994 年的税制改革，城市维护建设税的计税依据由产品税、增值税、营业税改为增值税、消费税、营业税，由地方税务机关进行征收。

2010 年，国务院下发《关于统一内外资企业和个人城市维护建设税和教育费附加制度》的通知，规定自 2010 年 12 月 1 日起，对外商投资企业、外国企业及外籍个人（以下简称"外资企业"）征收城市维护建设税。

(二) 城市维护建设税存在的问题

1. 城市维护建设税的筹资功能有所弱化

城市维护建设税是地方税收的主要来源,其占地方税税收收入的比重基本维持在5%~7%之间。但城市维护建设税作为附加税的特殊性,使得其税收长期直接受制于增值税、消费税和营业税的应纳税额。任何关于增值税、消费税和营业税的改革都会影响城市维护建设税。在当前全面"营改增"和结构性减税的大背景下,流转税税额的减免也就意味着城市维护建设税的减免。

从资金需求来看,随着城镇化的快速发展,城市建设规模不断扩大,其建设、发展所需资金也不断增长。因此,现行的城市维护建设税的资金筹集能力难以有效满足城市建设的需要。

2. 城市维护建设税的受益负担不匹配

首先,城市维护建设税的计税依据是纳税人实际缴纳的增值税、消费税税额,而税款用于城市维护建设,这就使得免予征收增值税、消费税而同样使用城市建设公用设施的单位和个人不需要缴纳城市维护建设税,致使城市维护建设税的负担和受益脱节,有很明显的不合理性。

其次,城市维护建设税是按照市、县等不同行政单位制定分级税率的初衷,由于附加税的特性而不能够很好得到落实。由于各行各业的巨大差异性,处在同一城市的个体由于所处行业的不同,所实质征收的城市维护建设税税率都不尽相同,而原则上,他们应该都享受着同样水平的城市建设质量。同时在实际征收中,城市、县城和建制镇的具体范围,难以界定,使得税务机关在征收中面临着许多困难。这种按照行政区划级别设置的税率,也容易造成不同地区间企业税负的不公平。

最后,由于现行增值税、消费税本身存在着行业税率的差异,使得不同行业的纳税人面临的税负也存在差异。而城市维护建设税的纳税人因所处行业不同,也会面临着不同的实际税负。

3. 城市维护建设税的征管效率有待提高

增值税、消费税由国税系统征收，而城市维护建设税作为附加税种由地税系统征收。主体税种的征税部门和附加税种的征收部门的不一致，会在税收征管方面带来信息沟通障碍。

三、我国城市维护建设税制度的改革

根据公共产品理论，城市建设的受益对象是城市居民，城市建设支出应该由地方政府提供。因此，城市维护建设税应该成为地方税体系的重要组成部分。新一轮税制改革，需要完善地方税体系，需要赋予地方一定的税权。在城市维护建设税的制度改革上就要使其成为地方拥有更大自主决定权的地方税。

首先，可以考虑是否改变目前城市维护建设税的计税依据。在考虑受益与负担对等的情况下，适度扩大城市维护建设税征税范围，探究以营业收入、销售收入为计税依据的可行性。一方面，有利于扩大与稳固城市维护建设税税基；另一方面，也有利于税收负担的公平。

其次，从减轻企业负担和涵养税源的角度看，通过将部分城市建设相关行政收费纳入城市维护建设税的纳税范畴，为基层政府筹集较为稳定的城市建设资金。

再次，合理设计城建税税率。在改革城建税计税依据的同时，也可以对税率进行适度调整。税率设计原则应立足于均衡税负和城市建设资金筹集的平衡，确定城市维护建设税税率区间。赋予地方适当自主决策权，各地区可以根据本地区实际情况在区间范围内选择适用税率。

最后，完善其他相关配套改革。研究完善城市维护建设税减免问题，以保障社会弱势群体基本权益。对于筹集的城市建设资金的使用管理制度也需要进一步完善，增强资金使用效率。

第三节　印花税税制改革

一、印花税概述

(一) 印花税的特点

印花税是对经济活动和经济交往中书立、领受凭证征收的一种税。因采用在应税凭证上粘贴印花税票作为完税的标志而得名。印花税是世界各国普遍征收的一个税种，历史悠久，最早开始于1624年的荷兰，具体参见专栏9-1[①]。印花税的名称来自于中国，1889年总理海军事务大臣奕劻奏请清政府开办用某种图案表示完税的税收制度，由于翻译的原因，将其称为"印花税"。

专栏9-1　印花税的诞生

1624年，荷兰政府发生经济危机，财政困难。当时执掌政权的统治者摩里斯为了解决财政上的需要问题，拟提出要用增加税收的办法来解决支出的困难，但又怕人民反对，便要求政府的大臣们出谋献策。众大臣议来议去，就是想不出两全其美的妙法来。于是，荷兰的统治阶级就采用公开招标办法，以重赏来寻求新税设计方案，印花税就是从千万个应征者设计的方案中精选出来的"杰作"，在凭证上用"滚筒"推出印花戳记以示完税。此税一出，欧美国家竞相效法，很快成为世界上普遍采取的一个税种。可见，印花税的产生较之其他税种，更具有传奇色彩。

[①] 朱为群. 中国税制 [M]. 北京：高等教育出版社，2017：163.

1. 兼有凭证税与行为税性质

印花税是对单位和个人书立、领受的应税凭证征收的一种说，具有凭证税性质。与此同时，任何一种应税经济凭证反映的都是某种特定的经济行为，因此，对凭证征收印花税也同时是对背后所反映的经济行为征税。

2. 征税范围广泛

印花税的征税对象是经济活动和经济交往中书立、领受的应税凭证，其征税范围十分广泛，主要表现在两个方面：一是涉及的应税行为广泛，包括书立和领受应税凭证的行为，这些行为在经济生活中是经常发生的。二是涉及的应税凭证范围广泛，包括各类经济合同、营业账簿、权利许可证照等，这些凭证在经济生活中被广泛地使用。

3. 税负从轻

印花税税负较轻，主要表现在其税率或税额明显低于其他税种。事实上，印花税在设计上正是采用的广泛募集资金"积少成多"的理念。

4. 由纳税人自行完成纳税义务

印花税实行"三自"纳税方法，主要由纳税人自行计算、自行购买、自行粘贴并注销印花税票。

(二) 我国现行印花税的基本内容

我国对于印花税的征收范围采用列举法，即只对《印花税暂行条例》中列举的凭证征收，没有列举的凭证不征税。目前，我国法定的应当缴纳印花税的凭证类别及相对应的印花税税目、税率见表 9-1。

表 9-1　　　　　　　　　印花税税目税率

税　目	征收范围	税　率	纳税人
一、购销合同	包括供应、预购、采购、购销结合及协作、调剂、补偿、易货等合同	按购销金额 0.3‰ 贴花	立合同人
二、加工承揽合同	包括加工、定做、修缮、修理、印刷、广告、测绘、测试等合同	按加工或承揽收入 0.5‰ 贴花	立合同人

续表

税　目	征收范围	税　率	纳税人
三、建设工程勘察设计合同	包括勘察、设计合同	按收取费用0.5‰贴花	立合同人
四、建筑安装工程承包合同	包括建筑、安装工程承包合同	按承包金额0.3‰贴花	立合同人
五、财产租赁合同	包括租赁房屋、船舶、飞机、机动车辆、机械、器具、设备等合同	按租赁金额1‰贴花。税额不足1元的，按1元贴花	立合同人
六、货物运输合同	包括民用航空运输、铁路运输、海上运输、内河运输、公路运输和联运合同	按运输费用0.5‰贴花	立合同人
七、仓储保管合同	包括仓储、保管合同	按仓储、保管费用1‰贴花	立合同人
八、借款合同	银行及其他金融组织和借款人（不包括银行同业拆借）所签订的借款合同	按借款金额0.05‰贴花	立合同人
九、财产保险合同	包括财产、责任、保证、信用等保险合同	财产保险合同按保险费收入1‰贴花，责任、保证和信用保险合同暂按定额5元贴花	立合同人
十、技术合同	包括技术开发、转让、咨询、服务等合同	按合同所载金额0.3‰贴花	立合同人
十一、产权转移书据	包括财产所有权和版权、商标专用权、专利权、专有技术使用权等产权转移书据，土地使用权出让、转让合同和商品房销售合同	按书据所载金额0.5‰贴花	立据人
十二、营业账簿	生产、经营用账册	记载资金的账簿，按实收资本和资本公积的合计金额0.5‰贴花。其他账簿按件贴花，每件5元	立账簿人
十三、权利、许可证照	包括政府部门发给的房屋产权证、工商营业执照、商标注册证、专利证、土地使用证	按件贴花，每件5元	领受人

除此之外，按照国务院的相关规定，股份制企业向社会公开发行的股票，因买卖、继承、赠与所书立的股权转让书据，应当按照书据书立的时候证券

市场当日实际成交价格计算的金额,由出让方按照1‰的税率缴纳印花税(即证券交易印花税)。

二、我国印花税的历史沿革与现状

(一) 我国印花税的历史沿革

北洋政府和国民党统治时期先后颁布《印花税法》,开征过印花税。新中国成立以后,中央人民政府政务院于1950年发布《印花税暂行条例》,在全国范围内开征印花税;1958简化税制时,经全国人民代表大会常务委员会通过,将印花税并入工商统一税,印花税不再单设税种征收,直至经济体制改革以前。

党的十一届三中全会以后,在改革开放政策的指引下,我国的商品经济得以迅速发展。为适应商品经济发展的要求,国家先后颁布了经济合同法、商标法、工商企业登记管理条例等一系列经济法规,在经济活动中依法书立、领受各种经济凭证已成为普遍现象,重新开征印花不仅是必要的,也具备了一定的条件。因此,国务院于1988年8月发布了《中华人民共和国印花税暂行条例》,自同年10月1日起施行。随着我国经济体制由有计划的商品经济向社会主义市场经济体制转变,印花税的征收在规范书立、领受经济凭证行为方面起着更加重要的作用。

随着我国在1990年起对深圳和上海证券市场开征证券交易印花税,使得印花税的总收入和调控作用进一步增强,其地位和作用也逐渐提高。从收入发展趋势看,1989~2016年,印花税的收入呈现逐年增长态势,1989年,该税种的收入为12.56亿元,到2016年为2209.36亿元,增长了176倍。

(二) 我国现行印花税制存在的问题

1. 现行印花税制跟不上现实交易形式的发展

近年来,国内经济发展日新月异,各种经济形势、各类经济实体层出不穷，其经营运作方式千差万别。但目前，印花税只对《中华人民共和国印花税暂行条例》中列举到的各种经济合同、产权转移书据、营业账簿、权利许可证照等使用列举法进行征税。这样会导致对新形式的合同无法征税，对各种发生变化的合同征税也明显感到背后的法律支撑不足。

20余年来，印花税的征收范围也没有明显的变动，最大的一次调整就是对股票交易征收印花税。自开征以来，股票交易印花税成了社会关注的焦点。但是，我国的证券交易印花税征税范围过窄，只对股票课征，不符合证券市场印花税的惯例，也不利于正确发挥证券市场印花税应有的作用。

2. 现行印花税制与相关法律之间存在冲突

目前适用的《中华人民共和国印花税暂行条例》所包含的13种类型并不能完全覆盖《中华人民共和国合同法》的15类合同内容。随着新经济方式的不断涌现，现行的印花税暂行条例所导致的法律规定上的盲区，不但可能造成税收利益的流失，也会给纳税人带来遵从风险。

3. 现行印花税制设计比较复杂

目前，我国印花税税率也存在一定问题。由于不同的合同类型适用多档次的比例税率，容易导致纳税人在计算印花税时发生漏报、少报、多报等情况；同时，按件贴花的金额多年来也没有变化，与社会经济生活发展不相适应。

三、我国印花税制度的改革

首先，是要尽快修订完善《中华人民共和国印花税暂行条例》，尽早出台《中华人民共和国印花税法》。法律条文的出台可以为印花税的施行提供良好的法律保障与支撑。同时，要将历年来发布的行之有效的单项政策规定收到条例或法规政策中来，使其更加完善，并增加其透明度。

其次，新的印花税法要与当下的《合同法》保持一致。由于印花税与各种经济行为的合同息息相关，新《合同法》列举的合同，经过详细评估分析后，应尽可能地纳入新的印花税法案中来。

最后，虽然印花税条例的立法权在中央，但应考虑适当下放地方一定的执法权，如在限定范围内的一定程度上的减免权，或是在规定幅度、范围内的税额、税率调整权，某些税目适用范围的解释认定等。

至于证券交易印花税，可以进行改革的思路包括：首先，应由国务院发布正式规定，一方面提高证券交易印花税的法律级次；另一方面对现行的证券交易印花税作出一些完善性的规定。其次，要按照税收的普遍与公平原则，证券交易印花税应覆盖全部的证券交易市场，包括股票市场、债券市场、场内市场和场外市场。最后，可考虑施行差别比例税率。理论上来说，除了按照证券种类外，证券交易印花税还可以依据交易额大小和证券持有期长短来设计差别税率，以实现能量负担和鼓励长期投资的目标。当然，这样的处理会导致证券交易印花税变得过于复杂，可以暂时对每一具体的应税证券品种实行统一税率。例如，对于流动性较差，投资性也较差的国债等项目，采用相对较低的税率；而对于交易活跃且具有较强投机性的可转换债券和股票，适用较高的税率[1]。

第四节　地方税体系建设

一、地方税与地方税体系概述

（一）地方税与地方税体系的内涵

1. 地方税

1994 年实行分税制改革之前，一般将地方税简单地视为地方政府可以支

---

[1] 张海星. 规范我国证券交易印花税制的思考 [J]. 税务研究，2008（12）.

配的税收收入。1994年实行分税制改革以后，我国理论界对地方税的认识有了变化，不再仅仅局限于税收收入的归属权，而是倾向于从税收的立法权、执法权和收入使用权是否划归地方三个方面来判断地方税的类别。

一般而言，当前将地方税界定为根据中央与地方政府事权划分状况，按照财政管理体制的规定，由中央政府或地方政府立法，地方政府负责征收管理，收入归地方政府支配的各类税收的总称。

2. 地方税体系

地方税体系是以中央与地方政府、各级地方政府间税权的划分为依据，以调控国家经济、优化地方发展环境、保证地方各级政府财政收入为目的，通过制度化建立的由地方税得以有效实现的各种法律、法规、规章制度，以及保障机制所构成的有序整体。具体包括：地方税收入体系、地方税税权体系、地方税制度体系和地方税征管体系。

地方税收入体系是地方税体系的首要内容，它是区分中央税和地方税体系的重要依据。根据我国分税制财政管理体制的相关规定，我国税收收入被划分为中央政府固定收入、中央政府与地方政府共享收入和地方政府固定收入。

地方税税权体系是在中央与地方政府科学合理地划分各自的事权基础上，进而确定中央和地方各级政府各自的税权。地方税税权的内涵包括税收立法权、征收管理权与收入归属权，其中立法权是税权的核心。

地方税制度体系是指由归属于地方政府所有的各个税种和税制要素之间形成的相互协调、相互配合的税收制度体系。在税收收入中占主要部分，履行主导税收职能的税种便是税制体系中的主体税种，而属于从属地位的税种是辅助税种。这种主体税种和辅助税种的构成就是在地方税制度体系中的税种结构。

地方税征管体系是地方税体系存在的重要保障。地方税征管体系是国家机关为了实现其职能，有效组织地方税收、完成地方税收的征管事务，按照法律规定取得税收收入的征收管理活动各要素的有机整体。

（二）地方税体系存在的理论基础

1. 分级政府与分级财政是地方税体系的制度基础

地方税之所以与中央税分别独立存在，首先是分级政府和分级财政的要求。分级政府也叫多级政府，每一级政府都有确定的行政区域、有一套分工明确而又相互制约的政权机构、有明确的公共事务管理范围和管理责任、拥有相对独立的财权和相应的财力。多级政府体制是调整中央与地方政府各种关系的最基本制度安排。

分级财政体制是对各级政府实行分级管理的财政体制。财政分权是分级财政体制的必然结果。财政分权指的是中央政府给予地方政府一定的税收权和支出责任范围，允许地方政府自主决定其预算支出规模和结构。由于财政分权的核心是让地方政府拥有一定的自主权，而为了确保不同层级政府职能的有效履行，更为了确保地方政府具备提供地方公共产品的相应财力，政府必须实行合理的财政分权。地方税正是为了使不同层级的政府均有稳定的收入来源，以满足其公共职能的实现，因此，地方税体系的出现是财政分权的必然结果。

2. 地方政府职能是地方税体系存在的经济基础

公共财政理论认为，政府的职能是为了弥补市场失灵，而市场失灵的主要表现就是市场无法提供公共产品。但是，公共产品存在层次性，地方政府的基本职能就是提供符合需要的地方性公共产品，地方政府履行其提供地方性公共产品的职责就是地方税体系存在的经济基础。

蒂博特（1956）的"用脚投票"理论认为，理性纳税人从自身利益出发，会在全国寻找地方政府所提供的服务（包括公共产品）与所征收的税收（可看作是支付公共产品和公共服务的价格）之间的一种最佳的组合，以便使自己的效用达到最大化。当他们在某地发现这种组合符合自己的效用最大化目标时，就会在这一区域居住下来生活和工作，接受当地政府的管辖和消费当地的公共服务。

马斯格雷夫（1959）将政府的财政职能归纳为资源配置、收入分配和经济稳定，其从财政的三大职能出发，分析了中央和地方政府存在的合理性和必要性，并对三大职能在中央和地方政府之间进行了划分。他认为，中央政府主要负责经济稳定和收入分配目标的实现，而确保资源的优化配置则应由地方政府负责，这样就可以根据各社区居民的偏好而进行有差别的资源配置，有利于实现帕累托最优和社会福利水平的提高。

由此可见，中央政府在提供地方性公共产品时会遇到许多问题，如提供地方性公共产品会产生高额的交易费用（决策费用、实施成本、监督费用等），而地方政府具有高效提供地方公共产品的动机与激励。也正因为如此，地方政府要履行自己提供地方性公共产品的职责，需要完善的地方税体系给予财力支持[①]。

二、我国地方税体系建设的现状分析

1994 年的分税制改革在充分借鉴国际上分税制经验的基础上，结合我国历次财税管理体制变革的实践经验，构建了我国现行地方税体系的框架。首先，基本划定了税种范围。1994 年分税制改革把全部税种按照对经济的影响范围、税基的流动性大小和征收的难易程度等因素，分别划分为中央税、地方税和共享税。具体情况见表 9-2。

表 9-2　　　　1994 年分税制改革时中央与地方税种的划分

中央税	地方税		共享税
消费税	个人所得税	契税	资源税
船舶吨税	地方企业所得税	屠宰税	增值税
关税	城镇土地使用税	土地增值税	证券交易税（未征收）
中央企业所得税	房产税	农业特产税	
	车船使用税	耕地占用税	
	城市维护建设税	印花税	
	营业税	遗产和赠与税（未征收）	
	固定资产投资方向调节税	农牧业税	

---

① 刘佐. 地方税制度改革"十一五"回顾与"十二五"展望 [J]. 地方财政研究，2011（4）.

第九章 其他税收制度与地方税体系建设

其次，初步确立地方税税权。分税制改革按照"统一税收、分级管理"相结合的原则，适当下放了部分税种的管理权限，如屠宰税和筵席税。最后，设置了地方税征收管理机构。为配合中央与地方所属税种的征收与管理工作，1994年分税制改革还相应设置了中央和地方两套税务征管机构，两者相对独立地行使税收管理权限，这为完整的地方税体系的确立提供了组织保障。

随着经济形势的不断变化，按照"简税制、宽税基、低税率、严征管"的思路，我国又陆续对部分税收制度作了调整，主要包括：取消农牧业税、取消屠宰税和筵席税、停止征收固定资产投资方向调节税、调整证券交易印花税的分享比例、扩大城镇土地使用税、调整城市维护建设税和房产税纳税人范围、实施资源税改革、全面推行"营改增"改革等。目前地方税的主要税种包括：房产税、城镇土地使用税、土地增值税、城市维护建设税、契税、印花税、车船税、耕地占用税、烟叶税、环境保护税。具体情况见表9-3。

表9-3　　　　现行中央税、分享税、地方税的税种构成情况

中央税	地方税	共享税
关税	营业税（已改为增值税）	企业所得税
车辆购置税	土地增值税	个人所得税
消费税	烟叶税	资源税
船舶吨税	房产税	增值税
	车船税	
	城市维护建设税	
	耕地占用税	
	印花税	
	城镇土地使用税	
	契税	
	环境保护税	

目前，我国地方税体系还存在下列主要问题。

1. 地方税税权缺乏灵活性

我国税收立法一直实行单一的立法体制，地方税收的立法权高度集中于

中央，地方税体系中各个税种的税法、条例，以及实施细则几乎都是由中央统一制定、全国统一颁布实施，地方几乎没有税法解释、税种开征、停征，以及税收政策制定方面的权利。这种高度集中的立法体制对于保证中央政府的主导地位，加强中央政府的宏观调控能力都起到了至关重要的作用。但是，也存在一些问题。

一方面，由于我国各地区间的资源优势和税源情况不尽相同，由中央统一立法开征的某些地方税种可能会由于某些地区税源太小或根本没有税源而无法开征；某些地区具备特殊资源优势，但由于中央没有制定相应的税收法律，而地方政府又无权开征，导致地方收入流失。这样不仅不利于各地方政府发展地区特色经济，培育地方骨干税源，而且在一定程度上还会抑制地方政府参与税收体系特别是地方税体系完善的主观能动性。

另一方面，由中央统一立法开征的地方税，其税率的设计是按照全国的平均发展水平制定的，对于不同地区间的实际差异，特别是东部沿海经济发达地区和中西部经济落后地区之间，不可能做到面面俱到。这样，不利于地方政府因地制宜地充分运用税收的经济杠杆作用调控地方经济，削弱了地方税的特有作用，而且在转移支付制度不完善的情况下，还会使得地方政府迫于财政支出的压力，绕开税收立法权的限制，寻求乱收费、乱摊派、乱罚款等不规范的筹资方式，不利于财税制度的进一步规范。

2. 地方税税种分布不科学

首先，中央税与地方税税种划分不科学。从理论上来讲，税种的分割应主要考虑三个因素：对经济的影响程度和范围、收入分配功能的强弱、税基的流动性大小。一般而言，应把具有较强宏观调控功能和收入分配功能的税种，以及税基流动性较大的税种划归为中央固定税种；把税基较为稳定、具有某种区域特征、零星分散的税种划归为地方固定税种。

但我国在划分中央与地方税种时，与理论上的划分依据并不非常符合，相关税种都面临着税制老化、缺乏弹性的问题，而且存在操作中的复杂性。例如，地方税体系中的城市维护建设税，其计税依据为增值税、消费税的纳税额，由于增值税和消费税是在国税缴纳，这就使得地税在对城市维护建设税进行征收管理的时候必然受到国税征管的制约，增加了地方税的征管难度和征管成本。

其次，主体税种存在缺失。在目前的地方税体系中，营业税无论是从收入规模绝对值还是相对比重来看，都是绝对的地方主体税种。为了优化税制、减少重复征税、完善增值税抵扣链条、促进产业融合，我国自2012年起拉开"营改增"税制改革序幕。随着2016年"营改增"全面推行，地方税体系已经失去了主体税种。虽然考虑到地方既得利益，国务院《关于印发全面推开"营改增"试点后调整中央与地方增值税收入划分过渡方案的通知》规定，自2016年5月1日起，以2014年为基数核定中央返还和地方上缴基数，所有行业企业缴纳的增值税均纳入中央和地方共享范围，中央分享增值税的50%，地方按税收缴纳地分享增值税的50%。在一定程度上，暂时缓和了"营改增"后中央与地方之间收入分配的矛盾。但是，仍然没有彻底解决地方税体系主体税种缺失的问题[①]。

最后，地方税种的设置与市场机制要求不相匹配。在市场经济下，地方税种的设置要考虑到市场机制的要求，既要为单位和个人创造平等的竞争环境，又要确保市场竞争和社会稳定之间的平衡。而我国现行税制改革多侧重于流转税和所得税，对于那些能够进一步调节社会分配的地方税种，如遗产赠与税、社会保障税等税种设置缺位，地方税调节经济的范围覆盖不全面。

3. 地方税税制结构不合理

现行地方税税制结构中间接税与直接税比重失衡，缩小了地方税调节经济的空间。我国分税制改革的基本框架是以流转税和所得税为双主体，辅之以财产行为税和特别目的税的复合税制。但是自1994年分税制改革至今，间接税占主导地位的局面始终没有发生根本性的改变。那些税基流动性小，对经济影响范围较小适宜将税权下放由地方自主管理的直接税，如财产行为税，

---

① 张悦，蒋云赟. 营业税改征增值税对地方分享收入的影响 [J]. 税务研究，2010 (11).

因为税源分散、征税范围小、征收管理复杂、税收成本较高等特点，使得其在地方税收入中所占比重不高，无法充分发挥调节地方经济的作用。

三、地方税体系建设的国际经验借鉴与改革思路

（一）地方税体系建设的国际经验借鉴

从主要发达市场经济国家来看，无论是联邦制还是单一制国家，地方税体系都是在合理划分各级政府事权的基础上逐步形成和完善的，大致有以下规律：

1. 合理设置地方税种

各国地方税种大体有所得税类、流转税类、财产税类和其他税类。主要遵循收入充分、稳定、弹性、税源地域性、税基非流动性、受益和便于征管等原则。大部分国家将所得税、流转税设置为州或省级政府主体税种，将财产税设置为基层地方政府的主体税种。以美国为例，州政府所得税和流转税收入占本级税收收入的比重达50%左右，基层政府财产税占本级税收收入的70%以上。在流转税和所得税收入分享方式上，不同国家有所不同。部分国家采取了分率共享，如德国的所得税由中央、州和基层政府按比例分享，增值税由中央和州政府按比例分享；部分国家采取按照分税种共享，如美国州和基层政府都分别征收销售税，中央、州和基层政府分别征收所得税。

2. 合理规范地方财力构成

大部分发达国家逐步形成了以地方税收收入和上级政府一般性转移支付为主，地方债务收入和行政性收费为辅的地方财力体系，并建立了规范、完整的地方债务和行政收费制度和管理办法，保障地方基本公共服务均等化，防范财政风险，维护宏观经济稳定。

3. 合理划分地方税权

各国的税权划分大体上有三种模式：一是中央集权型。中央政府集中全

部或主要税种的立法权,地方政府只拥有受限制的税率调整权及税收减免权。实行这一模式的主要有英国、法国等。二是地方分权型。中央政府和地方政府都拥有各自独立的税收立法权,中央政府一般不干涉地方政府制定税法和执行税收制度,但是地方政府的税权受到上位法律的监督和制约。实行这种模式的国家主要是美国。三是适度分权型。以日本为代表,中央政府集中主要税权,确定地方税法的原则大纲,地方政府规定具体征收程序,同时地方政府还享有开征法定税种之外的普通税、确定具体实施税率的权限。

(二) 完善我国地方税体系应注意的问题

一是与整体税制体系相协调。地方税是整个税收体系的重要组成部分,构建完善的地方税体系,必须统筹考虑与整体税制的关系,既要符合税制改革的总体方向,又要做好与相关税种的衔接,并合理设计各税种的负担水平。

二是与财政体制相协调。构建完善的地方税体系是建立财力与事权相匹配的财政体制的重要内容,应结合财政体制改革方向,厘清中央与地方收入分配关系。既保证中央财政收入合理稳固、增强宏观调控能力,又充分激励地方政府组织财政收入、促进经济社会发展的积极性,建立地方财政收入长期稳定增长机制。

三是与税收征管水平相协调。税收征管是完善地方税体系的重要基础,改革地方税制度,既要充分考虑现有税收征管能力与条件,又要积极创造条件逐步提高征管水平,使税制改革与提高征管能力协调推进。

四是与非税收入改革相协调。完善地方税体系,应处理好税收与非税收入的关系。首先,通过清费立税,将与税收征收对象重复、使用用途相似,具有税收性质的行政事业性收费和政府性基金,用相应的税收取代,进一步强化税收筹集财政收入的主渠道作用。其次,深入推进收费清理改革,全面落实中央和省两级已出台的各项取消、停征、免征收费基金的措施,全面实施清理规范政府性基金工作。最后,对于保留的各项非税收入,一方面,应推进非税收入管理立法,加快起草非税收入征收管理条例,将非税收入纳入法制化轨道；另一方面，完善非税收入管理制度建设，制定并发布政府非税收入管理办法，规范罚没财务处理处置政策，制定市政公共资源有偿使用收入管理制度。2017年6月7日国务院常务会议还明确指出，各级政府要建立行政事业性收费和政府性基金、财政补助事业单位收费目录清单制度。国务院主管部门通过网上公布中央和地方政府性基金及行政事业性收费目录清单，实现全国"一张网"的动态化管理。

五是与经济发展方式转变相协调。经济决定税收，税收反作用于经济，完善地方税体系，应逐步提高房产税等直接税的比重，优化直接税与间接税结构，减轻地方对上项目和粗放型发展方式的依赖，促进经济结构调整。

六是与收入分配制度改革相协调。税收作为宏观经济调控的重要工具，对于优化国民收入分配具有积极作用。完善地方税体系，应正确处理好政府、企业和个人的收入分配关系，建立健全调节存量财富、居民收入的机制，充分发挥缩小收入分配差距的作用。

回顾与总结：在建设现代税收制度过程中，还应该关注关税、城市维护建设税、印花税等相关税种的制度完善。而地方税体系作为我国税制结构优化中的重要环节，更是关系到中央与地方财政关系的规范化，目前我国地方税体系的建设还存在着明显的缺陷，应在国际经验借鉴的基础上，处理好相关关系，在贯彻"清费立税"的指导思想下，推动我国地方税体系的完善。

第十章　BEPS 视野下的国际税收

本章导读：在经济全球化的背景下，随着国家之间贸易往来日益密切，跨国公司的活动日益频繁，跨国所得的类型也不断增多，各国政府在对跨国纳税人征税的基础上形成了税收权益分配的基本制度，并确立了避免双重征税的国际税收关系。但是，由于各国间存在明显的税制差异，跨国企业利用该差异进行激进税收筹划来转移利润并侵蚀税基的情况也日益突出，已经造成了国际税收秩序的失衡。为重构国际经济和税收秩序，经济合作与发展组织（OECD）借助 G20 平台发起了"应对税基侵蚀与利润转移（BEPS）行动计划"。本章主要阐述了国际税收的概念、产生与发展及基本内容，并通过介绍 OECD/G20 税基侵蚀和利润转移（BEPS）行动计划，分析了现阶段国际税收改革的新动向。

第一节　国际税收概述

世界上任何一个国家，都享有各自独立的主权，能够对各自征收管辖权范围内的纳税人和发生的一切经济活动征税。纳税人一旦参与国际经济活动就有可能取得跨国收入，并可能面临多个国家征税的问题，从而产生国家之间的税收分配关系。

一、国际税收的概念

国际税收，是指两个或两个以上国家政府在对跨国纳税人行使各自的征税权力中形成征纳关系从而发生在国家之间的税收分配关系[①]。这种关系是基于各国政府所拥有的税收管辖权而形成的，其实质是各国政府在对跨国纳税人征税的基础上形成的税收权益分配。因为跨国纳税人在它所跨越的多个国家内取得收入所应承担的总税负是一个既定量，当一个国家向跨国纳税人多征税时，必然导致相关国家少征税。由此而引起的国家之间税收权益分配的矛盾，只能通过调整这些国家之间的税收分配关系才能得到解决。因此，国际税收应该包含以下三层含义。

（一）国家是国际税收存在的前提保证

国际税收并不意味着存在一个由联合国或经济合作发展组织等国际性组织制定的，高于一切国家税收的法律，没有任何一个国际组织有权力凌驾于所有成员国政府之上。这意味着国际范围内的强制征税是不存在的，国际税收只能依附于国家而存在。作为税收，必须要有征收者和缴纳者，但是国际税收并没有也不可能有独立于国家税收之外的征收者和缴纳者。因此，如果没有各个国家对其政权管辖范围内的纳税人进行课征，也就无法产生国际税收分配关系。所以，国际税收的第一层内涵是强调其并不能脱离国家政治权利，以及国家税收的征纳关系而独立存在。这种政治权利和征纳关系，正是通过不同的国家对其所管辖的纳税人进行分别课税所表现出来。

（二）跨国纳税人是国际税收的关键因素

跨国纳税人是指从事跨国经营活动并同时负有两个或两个以上国家的双

---

① 杨志清. 国际税收 [M]. 北京：北京大学出版社，2010：6.

重或多重纳税义务的纳税人。不涉及跨越国境业务的纳税人通常只承担一个国家的纳税义务，仅仅涉及一个国家的征纳双方当事人之间的关系，不会由此引起这个国家与其他国家之间的税收分配关系。因此，国际税收中的纳税人必须是跨国纳税人。离开了跨国纳税人这个因素，国际税收也就无从发生。

由于纳税人的跨国属性，就会出现课税对象的所得来源地（财产所在地）与所得（财产）所有者的居住国或国籍所在国之间的差异。因此，两个或两个以上的国家对跨国纳税人取得的跨国所得和拥有的跨国财产进行重复征税，会最终导致国际税收的发生。

(三) 国际税收涉及国家之间税收权益的分配关系

只有当一个国家对其管辖范围内的跨国纳税人的课税对象进行课税并涉及其他国家的税收利益，从而需要对国家间的税收利益分配关系进行协调时才属于国际税收。这种税收利益分配关系的协调主要是通过有关国家签订税收协定来处理的。因此，国际税收反映的不是一般的国家税收分配关系，而是国家之间的税收分配关系。

二、国际税收的产生与发展

国际税收是经济活动发展到一定历史阶段的必然产物。当经济交往尚未涉及超越国界范围，未能产生跨国纳税人和课税对象时，并不会出现国际税收。尽管国家之间的贸易存在已久，但是在经济发展的早期阶段，各国对国际间商品流通征收的是以关税为主的税收，还只能算是对国内纳税人征收的税收，并不涉及国家间的税收利益分配关系。

20世纪以来，随着国际贸易的快速发展，国际市场出现了新的格局，商品流通的国际竞争越来越激烈，资本和人员的跨国流动也越来越频繁。一方面，为了保护本国工业和加强本国商品在国际市场上的竞争能力，许多国家之间展开了"关税战"，其集中表现为各国在建立各种"关税壁垒"的同时，也谋求形成区域性的"关税同盟"。另一方面，为了促进资本和人员的合理流动，避免和消除国际双重征税和防止国际偷漏税，国家间也纷纷签订双边或多边的国际税收协定，以对所得课税进行相应的国际协调。在此期间，形成了内容比较全面的避免双重征税和加强国际税收协作的国际税收协定范本。由此可以认为，国际税收的产生是国际贸易、技术发展的必然产物[①]。

而各国税收制度的差异是国际税收产生和存在的又一个重要条件。如果各国税收制度没有差别，各国在对收入来源地的判断没有差异的情况下，通过选择行使地域管辖权，对来自本国范围内的收入征税，并不会产生双重征税问题，也不会给跨国公司提供避税的空间。正是由于各国税制差异的存在，才要求在国际税收的实践中对各国的税制进行研究，以寻找最佳合作方案，弥补税收漏洞。

第二节　国际税收基本内容

一、税收管辖权

税收管辖权是分析国际税收的前提。税收管辖权是指国家在税收领域中的主权，是一国政府行使主权征税所拥有的管理权力，具有独立性和排他性。而国际税收中的税收管辖权主要是指国家在处理跨国所得征税方面所拥有的权限。

按照地域标准与国籍标准，各国行使税收管辖权的原则可分为属地原则和属人原则。属地原则是以纳税人的收入来源地或经济行为发生地为标准。属人原则是以纳税人的国籍或住所为标准。各国在确立和行使税收管辖权时，往往根据本国的政治经济和财政政策来决定。基于不同原则，就形成了收入

---

① 于海峰.国际税收的产生及其发展[J].税务研究，1993（7）.

来源地管辖权和居民管辖权两个基本的税收管辖权。

收入来源地管辖权也称为地域管辖权，是按照属地主义原则确立的税收管辖权，一国政府只对来自或被认为是来自本国境内的所得拥有征税权力，以纳税人取得收入的地点作为判断依据和标准。在确定非居民（外国人）取得的营业利润是否源于本国境内时，还提出了常设机构的概念，即通过判定企业进行全部或部分经营活动的固定营业场所所在地来确认跨国纳税人的税收缴纳地点。

居民管辖权也称为居住管辖权，是按照属人主义原则确立的税收管辖权，强调一国政府对于本国居民的全部所得拥有征税权，以纳税人是否居住在本国并拥有居民身份为依据。对跨国自然人居民身份一般采取法律标准、住所标准和时间标准予以确认。对跨国法人则采用登记注册标准、总机构标准和管理中心标准来判定。

二、国际重复征税及其解决方法

国际重复征税是指两个或两个以上国家对同一跨国纳税人的同一征税对象进行分别课税所形成的交叉重复征税。国际重复征税出现的主要原因是有关国家对同一或不同跨国纳税人的同一课税对象或税源行使税收管辖权的交叉重叠或冲突。主要包括以下三种形式：一是各国税收管辖权所采用的原则不同导致的收入来源地管辖权与居民管辖权的重叠。二是各国判定居民身份的标准不同导致的居民管辖权与居民管辖权的重叠。三是各国确认收入来源地的标准不同产生的收入来源地管辖权与收入来源地管辖权的重叠。

从国际实践来看，各国主要从两个方面来处理国际重复征税问题。一方面，明确在税收上属于本国居民或公民的个人，在非居住国缴纳的税种在居住国享受按国际重复征税处理的待遇；另一方面，明确对于所得税和一般财产税等可能产生国际重复征税的税种，可以享受按国际重复征税处理。

在国际重复征税的处理方式上，通常包括单边、双边和多边三种。单边方式是指实行居民管辖权的国家，为了鼓励本国居民积极从事国际经济活动或到国外投资，在国内税法中单方面地做出一些限制本国税收管辖权的规定，以便解决本国居民取得来自国外所得的国际重复征税问题。双边方式是指两个国家之间通过谈判，签订两国政府之间的双边税收协定，以解决国际重复征税问题，协调两个主权国家之间的税收分配关系。多边方式则是两个以上的主权国家通过谈判，签订避免国际重复征税的多边税收协定，以协调各国之间的税收分配关系。

在避免国际重复征税的具体处理方法上，大致为免税法、扣除法和抵免法三种。

免税法是指居住国对本国居民来源于境外的所得免于征税。扣除法是指居住国对本国居民纳税人征收所得税时，允许该居民将其在境外缴纳的税款作为费用从应税所得中扣除，扣除后的余额按照相应的税率纳税。抵免法是指居住国对本国居民纳税人征收所得税时，准许以其在国外已纳的所得税款，抵充应缴纳的税款，只就抵充后的余额纳税。该方法又分为直接抵免和间接抵免。

直接抵免是指居住国政府对其居民纳税人在非居住国直接缴纳的所得税税款，允许冲抵其应缴本国政府的所得税税款。作为一种适用于同一经济实体的跨国纳税人（包括同一跨国法人的总分支机构和同一跨国自然人）的税收抵免方法，其允许抵免的外国税收必须是跨国纳税人直接向非居住国缴纳的所得税，非直接缴纳的所得税税款不能直接冲抵居住国应纳所得税税款。

间接抵免是指居住国政府对其母公司来自外国子公司股息的相应利润所缴纳的外国政府所得税，允许母公司在应缴本国政府的公司所得税内进行抵免。间接抵免主要适用于跨国母子公司之间的税收抵免，基本特征是外国税收只能部分地、间接地冲抵居住国应纳税款。其与直接抵免的差异在于，允许抵免的外国税收可以是跨国纳税人非直接向国外缴纳的税收。

在抵免法的运用中，还存在着税收饶让的特殊处理。税收饶让也称饶让抵免或虚拟抵免，是指居住国政府对其居民在国外得到减免税优惠的那一部分所得税，视同已经缴纳，同样给予税收抵免待遇，不再按居住国税法规定的税率予以补征，其作为税收抵免的一种特殊方式，是税收抵免内容的附加，一般多发生在发展中国家和发达国家之间。按其计算方式的差别，又可以分为差额饶让抵免和定率饶让抵免两种。

三、国际避税及其防范

国际避税是避税活动在国际范围内的延伸和发展，是跨国纳税人利用各国税法规定的差别和漏洞，以种种公开的合法手段减轻国际税负的行为。从国际避税的形式上来看，包括跨国纳税人或者通过迁出或虚假迁出高税国，进行人员流动；或者通过把资金、货物或劳务转移出高税国，进行课税客体的流动；或者利用有关国家或国际税收协定关于避免国际重复征税的方法进行避税；或者利用国际避税地进行避税等。

上述各种形式的中心就是控制和转移。控制手段是指跨国纳税人在国外设立控股公司、国外子公司和分支机构，并通过对这些经济组织的操纵和控制，进行有利于避税的活动安排。转移手段则是指跨国纳税人将公司财产和所得转移到税收待遇尽可能符合自己需要的地方去，其主要表现形式是转让定价。

转让定价是跨国公司进行国际避税所使用的重要工具，通过关联企业之间内部转让交易所确定的价格来进行交易活动，以确保关联各方甚至整个集团利益的最大化。因为这种内部交易价格不同于一般市场价格，从而影响不同主体之间竞争的公平性。此外，转让定价作为关联企业控制的工具，通过把利润从高税率的国家转移到低税率的国家，起到躲避或实质性延缓缴纳公司的所得税的作用。

其他避税形式还包括利用资本弱化避税，即企业投资者通过在融资方式的选择上降低股本的比重，提高贷款的比重来达到避税的目的。利用税境差异避税，即利用税境、关境和国境的差异来实现少缴或缓缴税款的目的。利用国际重复征税的免除方法避税及利用税收优惠避税等。

许多国家或地区为了吸引外资流入，在本国或本地区划出部分甚至全部区域和范围，允许并鼓励外国政府和民间投资者在此投资及从事各种经济、贸易等活动，投资者和从事经营活动的企业可以享受不纳税或少纳税的优惠待遇。这种无税或者轻税的区域和范围，一般被称为避税地。由于在这种地方投资和从事各种经营活动不用纳税或只需缴纳一小部分所得税，税负很低，收益很高，因此又被称为"避税天堂"。

避税天堂大致可以分为三种：第一种是没有所得税和一般财产税的国家和地区，包括英属开曼群岛、巴哈马、百慕大等。第二种是开征某些所得税和一般财产税，但是税负远低于国际一般负担水平的国家和地区，包括英属维京群岛、安提瓜、泽西岛等。第三种是在制定和执行正常税制的同时，提供某些特殊税收优惠待遇的国家和地区，其特点是总体上实行正常税制，但是存在灵活的税收优惠办法，包括爱尔兰、荷兰、卢森堡等地区。

各国为防范国际避税活动，或者通过规定一般报告义务，以法律的形式要求纳税人对与纳税义务相关的事实负有某种报告义务；或者将举证责任转移给纳税人；或者制定一般或具体的反避税条款来对跨国纳税人的避税行为进行约束，并且通过税收调查、税务审计、获得银行合作，以及加强国际合作等方式来加强税务管理。

为有效应对转让定价导致的避税活动，各国均制定了转让定价税收制度，通过确认关联企业、采取包括可比非受控价格法、再销售利润法、成本加成法在内的多种方法来调整应税所得、签订预约定价协议来解决未来年度的转让定价问题。

各国还制定了打击避税天堂，建立受控外国公司课税制度、资本弱化税收制度，以及防范滥用税收协定的措施等。虽然上述措施能够在一定程度上起到防范作用，但是并不能完全消除国际避税。这是因为，一方面，国际避税对各国造成的财政利益损失不平衡，导致各国对国际避税态度不一致；另一方面，反避税的国际合作以双边形式为主，使得跨国纳税人利用双边协定的漏洞，设计多边跨国避税方案成为可能。此外，反避税条款在原则确定与运用上存在差距，在实践中难以有效落实也是导致其成效不佳的原因。

四、国际税收协定

国际税收协定是指两个或两个以上的主权国家为了协调相互间在处理跨国纳税人征税事务和其他有关方面的税收关系，本着对等原则，经由政府谈判所签订的一种书面协议或条约。国际税收协定的出现是为了适应国际经济技术合作与交流的需要，在早期表现为以关税为主要内容的国际税务协调，最早的国际税收协定是1899年德国与奥地利签订的双边协定。随着经济全球化的快速进展，国际税收协定逐渐转变为以所得税和一般财产税为中心。国际税收协定所要解决的主要问题是国家之间的双重征税问题，取消税收差别待遇，互相交换情报，防止或减少国际间的偷、漏税。

根据参加缔约国家的多少，可以划分为双边税收协定和多边税收协定。前者由两个国家参加缔结，后者由两个以上国家参加缔结。根据缔约各方所签订的协定的涉及范围大小，可以分为处理相互间某一特定税收关系或问题的特定税收协定、处理相互间各种税收关系的一般税收协定。

国际税收协定一般都具有统一的范式。在国际上影响最大的是经济合作与发展的组织的 OECD 范本和联合国范本，后者在发展中国家应用较多。标准的国际税收协定范本主要包括协定适用范围、基本用语定义、对所得和财产课税的界定、避免双重征税的方法、税收无差别待遇，以及防止国际偷、漏税和国际避税等内容。截至 2016 年 11 月，我国已与 102 个国家签订了避免双重征税协定，其中 98 个协定已生效，和香港、澳门两个特别行政区签署了税收安排，与台湾地区签署了税收协议。

经国务院批准，我国于 2013 年 8 月 27 日签署了《多边税收征管互助公约》(以下简称《公约》)，并于 2015 年 7 月 1 日由第十二届全国人民代表大会常务委员会第十五次会议批准。2015 年 10 月 16 日，我国向经济合作与发展组织交存了《公约》批准书。根据《公约》第 28 条的规定，《公约》于 2016 年 2 月 1 日对我国生效，自 2017 年 1 月 1 日起开始执行。该《公约》适用于根据我国法律由税务机关征收管理的税种，即在我国适用除关税、船舶吨税外的所有税种。根据《公约》规定，缔约方必须按类别列出本国适用《公约》的税种，未列入的税种，缔约方不能向其他缔约方请求征管协助，也不对外提供该税种的征管协助。《公约》规定了情报交换、税款追缴和文书送达三种税收征管协助形式，但允许缔约方对税款追缴和文书送达作出保留。考虑到我国现有法律制度及税收征管实际，我国在《公约》批准书中对税款追缴和文书送达（包括邮寄文书）作出了保留。因此，我国税务机关主要是与其他缔约方开展情报交换协助。

除《公约》外，我国已签署的所有的避免双重征税协定（安排/协议）中均包含有关国际税收征管协助的条款。我国与 10 个国家（地区）签署的情报交换协定也专门就双边情报交换进行了较为详细的规定。在两国都是《公约》缔约方且已签署双边税收条约的情况下，《公约》允许两国可以选择最有效、最适当的条约执行。未来，在对外开展国际税收征管协助时，我国将结合《公约》及其他税收条约的规定，选择最有利于我国的处理方式，最大限度维护我国税收权益。

第三节 国际税收改革的新动向

一、国际税收面临的挑战

（一）经济全球化增强了避税活动的可操作性

经济全球化是各国经济在独立运行的基础上形成的全球市场，客观上要求各国共同制定出一套能够促进国际范围内市场正常运转的规则。而国际市场机制和运行规则的形成和成熟化，又推动了经济全球化趋势的进一步发展。经济全球化正在对传统国际经济秩序规则和制度，以及对发达国家与发展中国家关系、发达国家内部、发展中国家内部关系产生重大影响，其中对国际税收制度的影响也是非常明显的。

经济全球化拉近了国与国之间的距离，让国内的企业拥有了走出国门的机会，也让更多的企业感受到国家间税制的差异，而企业追求利益最大化的本性会使其倾向于利用国家间税制的差异获得最大化的避税效果，导致一项所得不被任何一方国家征税的问题，造成大量税款流失，从而损害所在国的税收利益。

（二）有害国际税收竞争的挑战

各国通过降低税率、增加税收优惠等方式吸引具有高度流动性的生产要素和经济活动，以促进本国的经济发展，会产生有害的国际税收竞争，最终导致竞争扭曲和资源配置的低效率。跨国企业可以从国家间的利润转移活动中获利，从而比国内经营的企业更具竞争优势。而国际间税收利益的重新分配会扭曲投资决策，使资源流向税前回报率低而税后回报率高的经营活动。此外，这类利润转移活动还会影响税收公平与遵从程度，包括普通自然人在内的纳税人，如果发现跨国企业都在避税，那么全体纳税人的税法遵从度都会降低。

（三）数字化经济带来的巨大冲击

数字经济是建立在现代信息技术和计算机网络通信基础上的经济运行系统，其本质特征是商品和服务的数字化、商业管理模式的一体化和经济交易活动的网络化[①]。自20世纪90年代中期以来，随着数字技术的进步，包括电子商务在内的数字经济发展对建立在各国国内税制和双边税收协定基础上的

---

① 廖益新. 应对数字经济对国际税收法律秩序的挑战 [J]. 国际税收, 2015 (3).

现行国际税收秩序构成强烈冲击。

二、BEPS下国际税收新动向

随着经济全球化的不断推进及数字化经济的不断发展，以应对税基侵蚀和利润转移（以下简称"BEPS"）为主要改革目标的国际税收新秩序正在建立。国际税收改革的新动向主要体现在以下几个方面。

第一，反避税重点从避免"双重征税"转变为避免"双重不征税"。在国际税收出现之后的很长时间以来，为了促进跨境投资，有效降低税收负担，国际税收协调与合作的重点始终在于解决"双重征税"问题。进入到"后金融危机时代"后，避免"双重不征税"甚至"多重不征税"逐渐成为反避税工作的重点。为了填补双重不征税，侵蚀损害税基这一漏洞，国际税收的合作重点开始转移，BEPS行动计划正是这一新动向的产物。

第二，税收分配原则从注重实体经济转变为实体经济与虚拟经济并重。数字经济的飞速发展给现行税收规则带来了极大冲击，正如OECD报告所说"现行的国际税收标准可能已经跟不上全球商业实践的变化，尤其是无形资产和数字经济发展方面"。数字经济一方面表现为数字产品（服务）的高速发展，另一方面表现为数字化手段或方法与传统产业的融合，也就是所谓的"互联网+"，而"工业化4.0"也是大数据背景下的工业制造新阶段。由此可见，纯粹的实体经济将逐渐被实体与虚拟相融合的发展模式取代，虚拟经济所占权重将越来越大，实体与虚拟经济的界限也将越来越模糊。而与此对应，税收分配原则也将从注重实体经济转变为实体经济与虚拟经济并重，顺应经济的发展趋势，填补虚拟经济税收制度的空白。

第三，所得来源地原则由强调生产地转变为生产地和销售地兼顾。现行国际税收规则强调生产地为主要所得来源地的原则。但互联网改变了企业集团的运营方式，生产活动和消费行为不再受到地理国界限制，其分布更为分散，价值形成的所在地也更加难以确定。如果还仅仅强调生产地为所得来源地原则，经济活动与税收管辖权错配将更加严重。因此，所得来源地原则必须兼顾生产地和消费地。OECD的增值税指南草案中就明确了消费地征税的原则，并作为BEPS数字经济行动计划解决增值税征税问题的基础。

第四，维护国家税收权益从只注重发达国家利益转变为发达国家和发展中国家利益兼顾。国际税收规则的重塑意味着发达国家垄断规则制定权的现象被打破，发展中国家可以由无到有、由弱到强地发出自己的声音。例如，参与BEPS行动计划，发达国家作为跨境企业集团主要的居民国，更关注的是居民国的税收流失问题，而以中国、印度为代表的发展中国家则更为关注作为所得来源国的税基侵蚀问题。参与BEPS行动计划的国家通过立场协调的方式，在一定程度上改变了OECD国家主导规则制定和行动推动的局面。

第五，国际税收合作重点从理论指导转变为税制协调实践。长期以来，OECD代表发达国家利益，过去往往以"税收协定范本"等推行理论式指导。然而，在2008年全球金融危机给各国经济带来重创以后，OECD对国际税收协调由理论指导转向税制协调实践。例如，反避税"黑灰白"名单、《多边税收征管互助公约》、BEPS行动计划、增值税指南的推出，不仅规范国际税收合作协调，而且倒逼各国改革国内税法，使之适应开放、透明的国际税收规则。因而，OECD在国际税收规则制定领域往往充当着破冰者和引领者的角色，地位愈显重要[1]。

当前，全球落实税基侵蚀和利润转移（BEPS）项目的包容性框架已经完成，鼓励各国平等参与该框架，广泛、持续、有效地落实G20/OECD的BEPS项目，对于促进国际税收体系的公平和现代化至关重要。

三、BEPS行动计划

BEPS通常是指跨国经营的企业利用国际税收规则存在的不足或不完整，

---

[1] 郝昭成. 国际税收迎来新时代[J]. 国际税收, 2015（6）.

以及不同国家和地区的税制差异和征管漏洞，人为地将利润由高税率地区向低（无）税率地区转移，从而最大限度地避税，以达到双重不征税的效果，造成对各国税基的侵蚀。应对 BEPS 行动计划由 34 个 OECD 成员国、8 个非 OECD 的 G20 成员国和 19 个其他发展中国家共计 61 个国家共同参与。主要包括三个方面的内容：一是保持跨境交易相关国内法规的协调一致；二是突出强调实质经营活动并提高税收透明度；三是提高税收确定性。该项目共计包括 15 项行动计划，在 2015 年 10 月，参与该项目的各国已就全面的"一揽子"措施达成共识并承诺落实。这些措施包括出台新的标准，重新修订现有标准，采取通用方法以缩小各国法规的差异，以及基于最佳实践制定的指南。各项行动计划的主要内容概述见表 10-1[①]。

表 10-1　　　　　BEPS 行动计划对象、目标和成果概览

行动对象	主要内容	成　果
1. 数字经济	根据数字经济下的商业模式特点，重新审视现行税制（含增值税）、税收协定和转让定价规则存在的问题，并就国内立法和国际规则的调整提出建议	《关于数字经济面临的税收挑战的报告》
2. 混合错配	针对利用两国或多国间税制差异（通常是对同一实体或所得性质认定不同、对同一笔所得或交易税收处理不同）获取双重或多重不征税结果的税收筹划模式，就国内立法和国际规则的调整提出建议	《消除混合错配安排的影响》
3. 受控外国公司规则	就如何强化受控外国公司税收规则、防止利润滞留或转移境外提出政策建议	《制定有效受控外国公司规则》
4. 利息扣除	针对利用利息支出和金融工具交易避税的问题，就国内立法和国际规则的调整提出建议。此项工作将与混合错配和受控外国公司规则两项行动计划相协调	《对利用利息扣除和其他款项支付实现的税基侵蚀予以限制》
5. 有害税收实践	审议经济合作与发展组织（OECD）成员国和非成员国的优惠税制，推动各国改变或"有害"所得税优惠制度，并提出解决有害税收竞争问题的建议	《考虑透明度和实质性因素，有效打击有害税收实践》
6. 税收协定滥用	针对各种滥用协定待遇的现象，对税收协定进行修补和明确，同时辅以必要的国内法修订，防止税收协定滥用	《防止税收协定优惠下的不当授予》

---

① 国家税务总局办公厅. 国家税务总局发布 OECD/G20 税基侵蚀和利润转移项目 2015 年最终报告 [R]. 2015. http：//www.chinatax.gov.cn.

续表

行动对象	主要内容	成果
7. 常设机构	修订税收协定的常设机构定义，应对规避常设机构构成的行为	《防止人为规避构成常设机构》
8~10. 无形资产、风险和资本及其他高风险交易	制定规则，应对集团内部和关联企业间通过无形资产、风险和资本的人为分配将利润转移至低税地区的避税行为	《无形资产转让定价指引》
11. 数据统计分析	构建针对BEPS行为的数据收集体系和分析指标体系，设计监控及预警指标，开展分析研究以估算BEPS行为的规模和经济影响	《衡量和监控BEPS》
12. 强制披露原则	帮助各国设计税收筹划方案披露机制（包括纳税人应披露的交易内容、披露方式、相关惩罚措施和信息使用等），加强税务机关对税收风险的监管和防控	《强制披露规则》
13. 转让定价同期资料	在考虑企业遵从成本的基础上，制定转让定价同期资料通用模板，提高税收透明度并减轻纳税人负担	《转让定价文件和国别报告》
14. 争端解决	目前大部分双边税收协定还不包括仲裁条款，还有部分国家对纳税人申请相互协商程序有限制性规定，针对这种情况，该行动计划旨在建立更为有效的争端解决机制，切实为跨境投资者避免双重征税	《使争议解决机制更有效》
15. 多边工具	开发一个能够快速落实行动计划涉及税收协定的成果的法律工具，如签署多边协议，对双边税收协定进行修订	《制定用于修订双边协定的多边协议》

行动1——应对数字经济面临的税收调整。该部分重点分析了数字经济下BEPS风险的加剧，并且展示了在BEPS项目下制定出来的措施的预期影响。相关增值税法规和实施机制已经制定，建议跨境B2C交易增值税应由消费者所在国征收，旨在为国内外供应商制造公平的竞争环境，同时也便于有效征收与该类交易相关的增值税税款。并且建议进一步关注局势发展和分析未来可得数据，检验各类应对数字经济引起的更广泛的税收挑战的各种技术方案对现有跨境活动税收框架带来的系统性问题。

行动2——消除混合错配安排的影响。通过国内法和税收协定规则来促进不同国家间的操作趋于一致，以消除混合错配安排，消除因错配带来的税收利益而防止双重不征税，同时也防止同一笔费用的多次重复扣除，同一笔费用在一国扣除但在另一国却不征税，以及同一笔税款能享受多次外国税收抵免的各种情况。

行动3——强化受控外国企业（CFC）规则。当前的CFC规则在不同国家（地区）之间存在或存有不同的政策目的，被用于确保选择采用它们的管辖区能有一套规则以有效防止纳税人将利润转移到外国子公司。BEPS报告强调了CFC规则作为转让定价和其他相关规则的一道重要防线。通过分析知识产权、服务和数字交易产生的流动性所得对现有CFC规则带来的挑战，并允许各国针对上述情况制定适当的政策以应对。

行动4——通过利息扣除和其他金融支出的相关规定限制税基侵蚀。针对跨国集团利用内部融资将集团内单个成员企业的债务水平成倍增加的现象，制定了用来促进不同国家间规则操作趋于一致的通用方案。为解决相互竞争及确保限制利息扣除本身并不会引起双重征税的重要性，在应对超额利息扣除方面，包括那些为免税或递延收入融资所产生的利息，通用方案旨在确保企业抵扣的净利息直接与其从事的经济活动产生的应税所得相挂钩，并致力于促进该领域下各国规则的协调。

行动5——关注信息透明度与实质性因素，有效打击有害税收实践。针对利用优惠制度进行人为利润转移和针对某些特定纳税人的个别规定欠缺透明度这两个方面的有害税收实践，提出评估有害税收实践的最低标准是该项税收优惠制度是否针对的是有实质性经营活动的行为。所谓的实质性活动要求，是指纳税人从事了产生相关优惠制度所涵盖的所得的有关核心活动时，才准予使用该税收优惠。对于透明度问题，则提出构建一个强制自发交换相关特定裁定信息的框架，以免因缺乏与此有关的情报交换而引起BEPS问题。

行动6——防止协定滥用。针对非税收协定缔约国的居民企图获得该缔约国签订的协定优惠待遇产生的滥用协定问题。该报告给出了最低标准措施，并建议修改OECD税收协定范本以确保税收协定相关条款不会在无意中阻碍了国内法的反避税规则的适用。同时指出了与无税或低税率国家（或地区）签订税收协定过程中应有的政策考量。

行动7——防止人为规避常设机构的构成。税收协定通常只赋予缔约国一方仅对外国企业归属于在该缔约国内设立的常设机构的利润才具有征税权。因此，协定中常设机构的定义对于非居民企业是否在另一国具有所得税纳税义务而言至关重要。为防止采取不当方法人为避免税收关联度的问题，包括通过代理安排来代替分销商，又或通过人为拆分业务活动等手段，报告建议对常设机构的定义进行修改。

行动8~10——确保转让定价的结果与价值创造相一致。行动8关注了无形资产的受控交易相关的转让定价问题。针对有价值的无形资产所产生的利润进行不合理分配的问题，行动9建议只有在有实际决策且对相关风险实施实际控制的情况下，按照法定合同进行的风险分配才被认可。行动10则关注了应对商业不合理的受控交易下的利润分配，跨国企业集团是否采用了使利润偏离其最重要经济活动发生地的转让定价方法，以及跨国企业集团成员间是否适用某种与价值创造不匹配的税基侵蚀支付方式，等等。

行动11——评估和监督BEPS项目。构建了拥有六项BEPS指标的模板，分析BEPS造成全球企业所得税税收流失的程度，以及BEPS所可能引发的严重的非财政上的经济扭曲，并就如何更好地利用现有税收数据和改进分析方法提出多项建议，以便在未来对BEPS监控提供支撑，协助各国评估BEPS对本国财政的影响和采取的对策。

行动12——要求纳税人披露恶意税收筹划安排。为没有强制性披露规则的国家提供一个模块化框架指引，以设计一个满足所有涉及国家需求的制度，用来及早获取与恶意滥用的税收筹划有关的信息及其使用者的信息。该框架也可以为已经实施强制性披露规则的国家提供参考，以加强本国制度的有效性。同时尽量平衡一个国家对及时优质的信息需求与纳税人遵从负担之间的关系。并且为国际税收规划相关规定，为各国税务机关发展落实更为有效的情报交换和合作政策提出具体的最佳实践建议。

行动13——重新审视转让定价文档资料。对转让定价同期资料规定了三层标准化处理方法。第一层，转让定价同期资料指南要求，跨国企业就其全球商业运营情况和转让定价政策向税务机关提交概要性信息的"主文档报告",并向所有相关税务机关公开。第二层,企业以"本地文档报告"的形式向各个特定国提交一份详细的相关交易的转让定价文档资料,并对重大关联方交易,交易涉及的金额,以及企业就这些交易的转让定价政策的决策分析说明。第三层,大型跨国企业应每年上报分国报告,就其在各有关运营国家(或地区)的经营活动所取得的收入、税前利润、应缴及实缴所得税额和其他经济指标作出说明。通过一并施行三层结构,将要求纳税人清晰说明其一贯的转让定价情况,并且可以为税务机关评估转让定价风险,决定在哪里部署稽查资源最为有效,以及在需要进行税务稽查时开展问询等提供一系列有用的信息。

行动14——更有效的争端解决机制。对于 BEPS 项目带来的变化可能导致的某些不确定性,以及将在短期内增加双重征税和相互协商程序争议,并消除双重征税壁垒对跨境贸易和投资掣肘的重要性,各国承诺采用最低标准来解决税收协定相关争议。承诺建立一个有效的监督机制来确保最低标准得以落实,以及各国在快速解决争端方面取得进展。

行动15——制定多边工具。行动15探究了通过制定多边工具来落实BEPS 中与协定相关的措施和修订双边税收协定的技术可行性,研究认为,多边工具是值得制定并是可行的。

第四节 国际税收改革对我国的影响与挑战

一、国际税收改革对我国的影响

一方面,我国既是外国直接投资的主要接受国,同时也是对外投资的主要来源国,因此,我国在未来的国际税收体系中有着重大的利害关系。另一方面,BESP 项目关注的是从生产经营活动所在地向低税收管辖区的利润转移。我国作为主要的货物生产者和商品与服务的主要市场，许多跨国公司显然通过税收筹划和转让定价，将其利润进行了转移，严重损害了我国的税收利益。当前的国际税收改革和我国经济发展趋势，对我国国际税收制度产生重要影响，提出新的挑战，主要表现为以下几个方面[①]。

第一，我国由吸引资本输入转变为资本输入、输出并重，要求我国建立统筹国内外、适应资本进出的国际税收体系。改革开放以来，我国利用税收优惠政策吸引了大量资本投资，逐渐成为世界上主要的资本输入国。随着"走出去"战略的实施，我国正成为重要的资本输出国。2014年，我国对外直接投资首次突破千亿美元大关，达到1029亿美元，加上我国企业在境外利润再投资和通过第三地融资再投资1400亿美元，比实际使用外资1196亿美元多出1倍，已经成为资本净输出国。对于国际税收来说，这种变化意味着资本将成为中国参与国际经济合作，并由此参与国际财富分配的重要要素，国际税收需要尽快适应资本输出快速增长带来的挑战。随着"一带一路"战略的实施，"引进来"与"走出去"并重，在税源日趋国际化的新常态下，国际税收重点是统筹国内国际，加快国内税制改革，适应"走出去"，促进"走下去"。既要防止外国资本侵蚀我国税基，又要阻止跨国企业将中国利润向境外（特别是避税地）进行转移。

第二，创新驱动发展的新模式对国际税收改革提出新的要求。创新驱动发展是我国经济发展模式转型的重要战略，党的十八大明确提出"科技创新是提高社会生产力和综合国力的战略支撑，必须摆在国家发展全局的核心位置。"随着创新驱动发展战略的实施，中国在国际分工体系中的角色将发生变化，中国将逐渐从劳动要素大国向技术大国、创新大国转型。在传统转让定价中，中国提出的地域成本节约的关键要素——劳动力优势，将会逐步降低；中国过去在转让定价中的一些劣势因素，如企业无形资产、研发能力等有可能逐渐转化为优势，这就需要逐渐调整既有的转让定价管理思维与方式。

---

① 廖体忠. 国际税收合作迎来明媚阳光 [J]. 国际税收，2015（10）.

第三，从世界工厂到世界市场的转变需要维护国家税收利益。随着国内购买力的增强，中国有效需求快速上升，中国业已成为世界市场。对于国际税收来讲，中国已经成为一个创造着全球价值又实现着全球价值的国家。在BEPS指导原则下，中国要力争获得价值创造与实现相匹配的利润回报。以无形资产为例，与市场有关的无形资产的价值提升，如果与中国有效需求和市场份额相关，则中国应该得到相应回报。

第四，从制造现代化到全价值链现代化需要国际税收体系予以支持。随着中国经济转型和创新型国家的建设，中国在国际分工中将定位于实现全链条现代化，从而使得价值链布局更加合理。全价值链现代化对于国际税收而言，意味着会有越来越多的外资企业改变"两头在外"赚取加工费的"合约"生产模式，外资在中国不仅贡献国内生产总值和就业，还将创造更多的价值和利润。如果企业的利润状况与其在集团利润创造中的作用不匹配，与中国市场对集团利润的贡献份额不协调，就需要对其进行调整。

面对新的机遇与挑战，在国际税收方面，习近平总书记在2014年澳大利亚G20领导人峰会上指出，"加强全球税收合作，打击国际逃避税，帮助发展中国家和低收入国家提高税收征管能力"。这是中国最高领导人首次在国际重大政治场合就加强全球税收合作、打击国际逃避税问题发表重要意见。我国应积极参与国际经贸规则制定，争取全球经济治理制度性权利，这就意味着今后制定国际税收规则，中国将从适应者、跟随者转变为参与者、引领者。

二、我国应对BEPS计划的措施和相关工作

我国为了维护国家税收权益，积极参与BEPS行动计划，在国际税收新规则的制定中，不断提升发展中国家和新兴经济体的话语权。同时，也应高度重视BEPS成果在国内层面的转化，修订相应的国内税法和双边税收协定，深化国际税收征管协作，共同打击BEPS行为，保护中国"走出去"企业的税收利益，维护国家经济权益。在BEPS项目方面，中国不仅参与其中，而且还

作出了重要贡献。例如，中国率先倡导建立落实 BEPS 项目的包容性框架，鼓励更多的发展中国家平等参加 BEPS 项目，确保 BEPS 项目落实的包容性、有效性和一致性。行动计划 8 的成果中纳入了选址节约和特定市场优势，并且我国还积极参与到应对发展中国家 BEPS 问题的办法讨论和制定中。

为应对 BEPS 所引发的一系列改变，我国正在将 BEPS 项目的成果转化为具体措施，主要措施包括一般反避税管理办法（GAAR），特别纳税调整办法，非居民企业间接转让财产，约束滥用税收协定。

（一）一般反避税管理办法（GAAR）

我国于 2015 年 2 月 1 日起施行《一般反避税管理办法（试行）》。一般反避税管理办法作为处理避税交易的最后手段，其主要应对跨国公司通过境外转让或者不适当的运用税收协定，转移在我国产生的经济价值，从而侵蚀我国税基的行为。与该管理办法对应的是特别反避税规定（SAAR），包括转让定价、成本分摊、受控外国公司、资本弱化等特别纳税调整。我国一般反避税管理办法规定，属于上述特别纳税调整范围的，首先适用特别反避税规定。

一般反避税规定用于应对企业实施不具有合理商业目的而获取的税收利益的避税安排。这一税收利益主要体现为试图减少、免除或者推迟缴纳企业所得税应纳税额。而避税安排具有以下两个特征：一是以获取税收利益为唯一目的或者主要目的；二是以形式符合税法规定，但与其经济实质不符的方式获取税收利益。其经常采用的手段包括滥用税收优惠、滥用税收协定、滥用公司组织形式、利用避税港避税等。

对于税务机关认定为需要进行调整的交易活动，税务机关以具有合理商业目的和经济实质的类似安排为基准，按照实质重于形式的原则实施特别纳税调整。调整方法包括：对安排的全部或者部分交易重新定性；在税收上否定交易方的存在，或者将该交易方与其他交易方视为同一实体；对相关所得、扣除、税收优惠、境外税收抵免等重新定性或者在交易各方间重新分配，以及其他合理方法。

(二) 特别纳税调整

我国于 2009 年 1 月 1 日起施行的《特别纳税调整实施办法（试行）》，主要应对包括转让定价、成本分摊等的特别纳税调整活动。本部分仅就转让定价进行阐述。

转让定价是中国 BEPS 问题的一个主要形式。针对转让定价中缺乏可比对象的可靠信息的问题，我国在转让定价方法的选择上，坚持独立交易原则，并将选址节约和市场溢价等特定区位优势视为利润调整的相关因素，以有效维护我国的合法税收利益。

选址节约是指在低成本管辖区开展经营活动的过程中，供给方面存在的优势；市场溢价指的是跨国公司在具有独特性的管辖区经营所取得的超额利润，这些独特性影响着服务或产品的销售和需求，其相当于市场结构带来的优势。BEPS 行动计划 8 的成果承认企业经营活动所在地地域市场的特点，即选址节约和其他当地市场优势或劣势会影响可比性及独立交易价格。

为应对集团特许权使用费和内部服务费支付所导致的转让定价问题。我国通过《企业向境外关联方支付费用有关企业所得税问题的公告》规范和加强了对上述行为的管理。规定对于支付给非居民关联方的特许权使用费，应当考虑关联各方对该无形资产价值创造的贡献程度，确定各自应当享有的经济利益。如果非居民关联方仅拥有无形资产法律所有权，而未对其价值创造做出贡献，且该项支付不符合独立交易原则，则该项支付在计算企业应纳税所得额时不得扣除

(三) 非居民企业间接转让财产

跨国企业通过境外间接转让来侵蚀来源国的税基是发展中国家面临的重要问题。我国自 2015 年施行《关于非居民企业间接转让财产企业所得税若干问题的公告》，规定非居民控股公司股东转让该公司股份，且该控股公司拥有对中国企业的权益性投资，构成境外间接转让。虽然交易的对象是境外公司

的股份，股份收益并非源自中国，但是股份的价值主要是来自相应的中国公司的股份。非居民投资者实现了在中国的经济收益，却并未就此收益在中国缴税，侵蚀了中国的税基。

对于非居民企业间接转让的中国居民企业股权等资产，我国规定包括中国境内机构、场所财产，中国境内不动产，在中国居民企业的权益性投资资产等。间接转让是指非居民企业通过转让直接或间接持有中国应税财产的境外企业（不含境外注册中国居民企业，以下称"境外企业"）股权及其他类似权益（以下称"股权"），产生与直接转让中国应税财产相同或相近实质结果的交易，包括非居民企业重组引起境外企业股东发生变化的情形。

（四）约束滥用税收协定

为约束税收协定不当适用的问题，我国通过解释税收协定，说明受益所有人标准的含义，以及在税收协定中纳入主要目的规则或利益限制规则等反滥用条款，以维护我国的税收利益。

受益所有人是指对股息、利息和特许权使用费或相关财产或权利具有所有权和支配权的人。受益所有人一般应从事实质性经营活动，包括个人、公司或其他任何团体。代理人、托管公司等不属于"受益所有人"。对受益所有人的认定对于跨国股息、利息和特许权使用费所得的课税具有重要意义，其直接影响税收协定缔约国一方居民能否从缔约国另一方获得协定规定的预提税限制税率的优惠待遇。

利益限制规则条款主要是为了防止协定滥用或避税的规定，如果对方国家的税制过于优惠，或者谈判一方或双方认为协定某些条款设定的限制税率很低，或较多地限制了一方的征税权，双方通常会希望增加利益限制和其他规则条款，以限制不适当的人获得本不应该得到的协定利益，或允许缔约国双方主管当局适用国内法关于反避税的规定，从而拒绝给予跨国纳税人相应的协定待遇。

中国的税收协定中利益限制规则条款主要体现在中国—美国和中国—墨

西哥等早期谈签文本及 BEPS 时代下中国—智利、中国—厄瓜多尔等新签订的关于对所得避免双重征税和防止偷漏税的协定中。特别是近期谈签的协定，全面反映了 BEPS 第六项行动计划"防止税收协定优惠的不当授予"的最新成果。

例如，根据中厄税收协定第 23 条"利益限制"对于防止税收优惠滥用就作出如下的规定：

第一，除本条另有规定外，缔约国一方居民从缔约国另一方取得所得，只有在该居民是第二款所定义的"合格的人"，并且符合本协定规定的享受协定待遇所需具备的其他条件时，才有资格获得本协定给予缔约国一方居民的全部优惠。

第二，缔约国一方居民只有在具备下列条件之一的情况下，才能成为某个纳税年度合格的人：（1）个人。（2）合格的政府实体。（3）公司，条件是：①该公司主要种类的股票在"被认可的证券交易所"挂牌上市，并经常在一个或多个被认可的证券交易所交易。②该公司至少 50% 的表决权和股份价值直接或间接由 5 个或更少的公司所拥有，且这些公司是本项目中规定的有资格享受协定待遇的公司。但是，在间接拥有的情况下，每个中间所有人须是缔约国一方或另一方的居民。（4）慈善结构或其他免税实体，但如果是养老金信托或专门为提供养老金或其他类似福利而设立的任何其他组织，其 50%（不含）以上的受益人、成员或参加者应是缔约国一方或另一方的居民个人。（5）除个人以外的人，条件是：①在有关纳税年度至少半数时间内，该人至少 50% 的表决权和股份价值或其他受益权益，由本款第（1）、（2）、（4）项或第（3）项第 1 目规定的"合格的人"直接或间接拥有；并且②在有关纳税年度内，该人所得总额的 50%（不含）以下直接或间接支付给或归属于不是缔约国任何一方居民的人，且该支付或归属在该人的居民国可以再缴纳本协定适用的税收之前予以扣除。

第三，关于营业活动所得的规定：（1）如果缔约国一方居民在该缔约国一方从事积极的营业活动，其来源于缔约国另一方的所得与这些营业活动有关或是伴随这些营业活动而产生,并且该居民又符合本协定规定的享受协定待遇的其他条件,则该居民无论是否合格的人,都有资格就其在缔约国另一方取得的所得享受协定待遇。(2)如果该居民或其任何关联企业在缔约国另一方从事营业活动并产生所得,只有在缔约国一方的营业活动对于在缔约国另一方的营业活动具有实质性的情况下,上述第(1)项的规定才应适用于该项所得。应依据所有的事实和情况判定一项营业活动是否具有本款规定的实质性。(3)在判定一个人是否在缔约国一方从事上述第(1)项规定的积极营业活动时,如果营业活动是由合伙企业实施的,而该人是该合伙企业的合伙人,则该营业活动和与该人有关联的人从事的营业活动均应认为由该人实施。如果一个人拥有另一个人至少50%的受益权益,或者第三人直接或间接拥有双方至少50%的受益权益,则应认为该人与该另一人有关联。在任何情况下,如果所有事实和情况都表明一个人控制另一个人,或者双方都被同一人或多人所控制,则应认为该人与另一人有关联。

回顾与总结:国际税收是指两个或两个以上国家政府在对跨国纳税人行使各自的征税权力中形成征纳关系从而发生的国家之间的税收分配关系。国际税收关系的产生源于各国的税收管辖权,即各国在处理对跨国所得征税方面所拥有的权限。对同一或不同跨国纳税人的同一课税对象或税源行使税收管辖权的交叉重叠或冲突而产生的国际重复征税问题,各国通过国际税收协定来避免国际重复征税。相应地,也产生了跨国纳税人利用各国税法规定的差别和漏洞,以转移或控制等合法手段减轻国际税负的行为。在经济全球化和数字化的背景下,以应对税基侵蚀和利润转移(BEPS)为主要改革目标的国际税收新秩序正在建立。为了维护我国的税收利益,我国必须从规则接受者转变为规则制定者,在维护发展中国家利益、增强发展中国家在国际规则制定的话语权方面发挥重要的作用。

第十一章 税收管理与纳税服务体系建设

本章导读：本章基于税收征管理论、新公共管理理论和信息不对称理论对税收征管能力理论进行概述，进而探讨了现代税收管理体系的概念、特点及其在我国的税收征管中的沿革。在此基础上，从税收征管体制、纳税服务体系和税收信息化体系三个方面对我国税收征管体系改革的背景和问题进行剖析；结合《深化国税、地税征管体制改革方案》《"互联网+税务"行动计划》对我国税收征管体制改革、纳税服务改革和税收信息体系建设进行了介绍。

第一节 税收征管能力理论基础

税收现代化即税收治理体系和治理能力的现代化，税收观念随着时代变迁而变化，进而产生了不同的税收征纳关系。自20世纪80年代以来，随着新公共管理运动和全球税制改革浪潮的兴起，税收征纳关系也从管理型关系向治理型关系转变。

管理型征纳关系在目标上以保障国家税收收入为中心，由税务机关主导、纳税人被动服从的方式，促进税收的应收尽收。而治理型征纳关系则以纳税人的纳税申报为基础，重视纳税人在其中的参与、合作和尊严，寻求国家利益与纳税人利益的平衡协调。从管理型征纳关系转向治理型征纳关系，正是现代国家治理模式转型的一个缩影。

税收征管能力是国家治理能力的重要体现，税收征管体系的改革是随着税收制度的改革而进行的。随着税制改革的不断深入，加快推进税收征管现代化的要求也更为迫切。实现税收征管现代化需要创新理念和机制，逐步建立优质便捷的服务体系、科学严密的征管体系、稳固强大的信息体系和高效清廉的组织体系。具体来说，就是要以科技创新为驱动，以优化纳税服务为基础，以推进信息共享为抓手，促进管理理念、管理方式和人力资源配置的变革与创新，使税收征管工作转型升级，实现税收征管现代化，在税收征管方面体现国家治理能力的现代化。

一、税收征管理论

税收征管理论认为，衡量税收征管能力与水平的主要依据就是税收遵从度。税收遵从是纳税人按照税法的要求，如实、准确、及时地履行自己的纳税义务。税收遵从可分为管理遵从和技术性遵从。前者指纳税人遵守税法和税务机关的管理规定，及时申报缴税，包括按规定申报、遵循程序，并遵从税务机关的纳税调整；后者则是指纳税人按照税法的规定准确计算、缴纳税收。从税收管理的角度来说，影响税收遵从的因素主要有以下三方面。

一是发现税收不遵从行为的可能性。不遵从行为被发现的可能性越大，对纳税人所形成的威慑力就越大，社会的管理性遵从程度就越高。二是税收不遵从的成本。纳税人面临的纳税不遵从惩罚较低时，其不遵从行为会上升。三是纳税成本的高低，如税务登记、纳税申报等环节的复杂程度，如果申报程序和资料过于烦琐难懂，必然会导致技术性税收不遵从行为的增加。因此，税收征管能力决定了纳税人遵从成本的高低，进而直接影响税务机关的征税效率。

税收征管的现代化，通过对纳税人提供及时、全面的税收信息，减少纳税人的信息搜寻成本；通过优化纳税服务可以节约纳税人的时间成本，提高纳税人的满意度；通过降低税收征管成本可以促进社会纳税遵从度的提高，提高征管效率与绩效。

二、新公共管理理论

税收征管理念从管理型向治理型的变革是伴随着新公共管理运动而产生的。20世纪70年代末到80年代初的全球化和国际竞争的加剧，使得西方各主要发达国家，以及发展中国家提出了公共行政改革运动。这种运动主要运用市场机制和借鉴私营部门的商业化理念和管理运作模式以提升政府的行政绩效，形成了"新公共管理运动"的发端。在新公共管理理论下，政府部门不再是凌驾于社会民众之上的官僚机构，而是负有责任的企业家，公民（纳税人）则是其顾客或消费者。

基于这种税收征管理念和模式的转变，各国在构建新型税收征管体系时，普遍认同如下的经验：以市场化为导向的服务型征管模式；以顾客的角度看待纳税人，以纳税人的满意度作为主要的评价标准；引入企业化经营管理经验，强调系统化管理和绩效评估；建立均衡的绩效评价标准体系，通过信息化建设为以上目标的实现提供技术支持。

三、信息不对称理论

经济交易的双方中总会存在一方拥有另一方不知道的信息，而这种信息会导致各种社会交易成本的发生——发现、监督、验证和签约，甚至经济损失的成本——这些成本都可以归入交易成本的概念中。依据发生的时间，可将信息不对称所造成的影响分为两种：逆向选择和道德风险。前者也称为隐藏信息，是指在合约签订前信息不对称对社会交易造成的损失；后者也称为隐藏行动，是指在合约签订后，由于一方不了解另一方的事后行为而造成的损失。

从税收征管的角度来看，这种不对称信息主要表现在征收机关与纳税人之间。一方面，纳税人掌握自己的全部收入信息和纳税情况，而征收机关则会处于信息劣势而无法实施有效地征管；另一方面，税收机关在政策信息方面处于信息优势地位，纳税人获取这些信息本身就需要成本，而如果没有及时获取信息，无法了解和掌握相关政策规定，必然会造成税收遵从度的下降。因此，信息不对称会导致税收征管效率低下和纳税服务滞后。

而信息理论从消除事前的隐藏信息情况（便利纳税人获取税收信息和税务机关及时了解纳税人情况）和减少隐藏行为（通过税收稽查监督纳税人的不遵从行为）能够为现代税收征管体系的建设提供比较明确的思路，因而成为优化现代税收征管体系的理论依据之一。

第二节 现代税收管理体系

一、税收管理与税收管理体系

税收管理是指国家及其征税机关依据国家法律法规，对税收参与国民收入分配的全过程进行决策、计划、组织、协调和监督，以保证税收作用得以发挥的管理活动。国家通过规范税收征收和缴纳行为，加强税收征收管理，从而达到保障国家税收收入，保护纳税人合法权益，推进税收治理现代化，促进经济和社会发展的目的。

税收管理的主要内容包括：税源管理、税种管理、纳税评估、税务稽查、纳税服务、税收管理信息化建设、税务内部行政管理、税务干部队伍建设等。良好的税收管理有助于不断提高税法遵从度和税收征收率，实现税收收入平稳增长，有效发挥税收职能作用的目标。在市场经济下，税收作为交换的本质属性进一步深化，税收管理不仅反映了国家参与收入分配的过程，也包含促进纳税人自觉和自愿地进行交换。税收管理的宗旨就逐渐转变到提高纳税人的税收遵从，其核心目标则是通过各种有效方式促使纳税人的纳税行为成为一种自愿和自治的行为。

税收管理体系是税务机关为了实现税收征管职能，在税收征管过程中对相互联系、相互制约的税收征管组织机构、征管人员、征管形式和征管方法等要素进行有机组合所形成的规范的税收征管方式，通常表现为征收、管理、稽查的组合形式。

二、我国税收管理体系的沿革

改革开放之前，我国对税收实行统一管理，建立了高度集中的税收管理体制。税收管理的主要目标是适应当时国家政策的需要。在税收征收模式上，对纳税人特别是国有企业推行"专管员进厂，各项税收统管，征管查集于一身"的征管模式，而对私有经济则采取了更为严格和烦琐的差异性税收管理办法。税收制度的单一性和征收对象范围的有限性，决定了税收管理的任务侧重于"征"和"管"[1]。

在20世纪80年代，随着市场经济的逐步发展，纳税人与政府的税收分配关系逐步得以规范，而沿袭自改革开放前的税收专管员管户模式明显不能符合新形势下的税源变化，产生了权力过于集中问题。通过"征管、检查两分离"和"征收、管理、稽查三分离"等一系列税收征管方式改革，来制约和分解专管员过于集中的权力。

1994年，随着我国全面税制改革的展开，国家税务总局提出了"三位一体"（即纳税申报、税务代理、税务稽查）的税收征管改革思路。改革目的是

---

[1] 李林军.二十年税收征管改革回望［J］.中国税务，2014（1）.

划清征纳双方的权利、义务关系，把纳税人自主申报的权利还给纳税人。同时借鉴国际经验，引进税务代理帮助纳税人办理申报等涉税事项，建立税务机关和税务代理两套服务体系。加强税务稽查，提高业务分工的专业化程度，逐步实现专管员从管户制向管事制的转变。推广计算机在税收征管领域的应用，提高管理技术手段。虽然"三位一体"并没有成为全国的征管模式，但是它提出了一个重要理念，就是申报是纳税人的事，要分清征纳双方的权利。

1997年，国家税务总局在征管改革的报告中提出了30字征管模式，即"以申报纳税和优化服务为基础，以计算机网络为依托，集中征收，重点稽查"。该模式促进了征管工作从粗放型向集约化、规范化转变，从传统的手工操作向现代化征管方式转变，由上门收税向纳税人自行申报纳税转变，由专管员管户的"保姆式"、包办式管理向专业化管理转变，在一定程度上解决了专管员管户的弊端。但是也暴露出"疏于管理、淡化责任"的问题。

2004年，在1997年的30字征管模式基础上增加了"强化管理"的内容，提出税收征管要走"科学化、精细化"道路。其特点是划清税收征纳双方的权利与责任；优化纳税服务，方便纳税人办税；现代信息技术在税收征管中得到广泛应用；明确征收、管理、稽查三个专业机构的职责；强调税务稽查的打击作用，并在稽查体系内部按照选案、检查、审理、执行等职能建立分工制约机制，同时实施税收管理员制度和纳税评估办法。

为更好地与国际税收管理经验接轨，国家税务总局在2008年对内部机构做了调整，成立了纳税服务、大企业管理、征管科技、督察内审4个司。成立纳税服务司，提出了征纳双方法律地位平等的理念，把纳税服务和税收征管作为核心业务。大企业管理，实际上是把企业的风险管理引入税收管理，世界上已有60多个国家的税务机关成立了大企业管理部门。征管和科技发展司，是把过去分散在各个部门的信息化行政管理职能整合，改变过去信息技术和业务两张皮、形成信息孤岛的局面，把征管业务和信息技术高度融合，而且要承担金税三期工程建设任务。督察内审司，是将原来分散在各司的执法监督、财务审计等职能，整合起来，予以强化。

2009年，国家税务总局在重庆召开全国征管科技工作会议，首次提出"信息管税"的思路，以应对全国发票违法犯罪活动，并探索信息管税作为防范发票违法犯罪行为长效机制的可行性。由此我国开始试点和推广网络发票和电子发票。

随着纳税人的快速增加，税收管理员的人均管户数量不断增加，且所管企业规模、税收管理员素质差异较大，传统以行政区划模式下的管户划分方式难以保证征管质量。自2009年起，在全国8个省国税局、地税局开始试点税源专业化管理改革。在总结试点经验的基础上，形成了全国税源专业化管理的指导意见，并于2011年在全国开展税源专业化管理试点。

2012年7月，全国税务系统深化征管改革工作会议研究、部署深化征管改革工作，正式提出构建现代化的税收征管体系，即构建以明晰征纳双方权利和义务为前提，以风险管理为导向，以专业化管理为基础，以重点税源管理为着力点，以信息化为支撑的现代化税收征管体系。至此，我国的税收管理改革进入到一个新的阶段。

第三节 税收征管体制改革

一、现行税收征管体制的问题

我国从1994年实行分税制财政管理体制改革以来，建立了分设国税、地税两套税务机构的征管体制，20多年来取得了显著成效，为调动中央和地方两个积极性、建立和完善社会主义市场经济体制发挥了重要作用。但与经济社会发展、推进国家治理体系和治理能力现代化的要求相比，我国税收征管体制还存在职责不够清晰、执法不够统一、办税不够便利、管理不够科学、组织不够完善、环境不够优化等问题。

一是职责不够清晰。首先，税务机关内部同时存在按税种、征管环节、企业类型设置机构。这样的机构设置固然可以发挥各类型的优势，但是如果内部职责界定不清晰，则会导致职能交叉，降低组织的运行效率和行动的有效性。其次，征收、管理、稽查职能分工不科学。税收管理职能被分解到征收、管理、稽查三个不同的机构，机构间职责范围难以划分清楚，有些工作交叉重叠，有些工作又相互脱节，征收、管理、稽查三个环节之间协调配合能力弱，信息传递不畅。最后，考核机制不健全。由于不同部门的考核指标不够科学、责任界定不够明确，影响到税务工作的积极性和主动性，不利于税收征管模式的推行。

二是执法不够统一。现行《税收征管法》颁布于2001年，仅在2013年作出微小的修订。征管法中的部分内容已不能适应现实征管的需要，导致基层税务机关出现在实际执法中无法找到合适的执法依据，放大了地方自由裁量权的使用。甚至出现了同一事由不同地区税务部门之间，甚至同一地区内国地税部门之间适用法律依据不一致的情况。

三是办税不够便利。同一涉税事项，纳税人在国税、地税之间"两头跑"，或者在不同窗口之间"多头跑"的现象在个别地区仍然不同程度的存在，增加了纳税人的办税负担。涉税资料的提供过于繁杂，重复提交报表资料的情况时有存在。随着税源户数的不断增加，人工受理速度偏慢、发票领购程序烦琐、纳税申报形式单一等现象使得纳税人"最后一公里"问题无法得到较好解决。

四是管理不够科学。首先，征管程序不完善。按照现行征管模式，纳税人申报后，就是集中征收、重点稽查，中间缺一个税收评定或者是纳税评估环节，而当前的纳税评估没有法律予以明确界定，在实际操作中，经常演变为以评估形式出现的纳税检查。其次，税收管理员管户不适应。传统的征管模式导致人均管户数量已经超过管理员实际可以管理的上限，突出表现在管户数量激增、管户规模过大，以及执法风险和廉政风险三个方面。

五是组织不够完善。税务机关的组织架构可以按照税收类型、职能分工和纳税人类型来设定。我国税务机关的组织架构体现为混合模式，即上述三种类型同时存在。对我国而言，税务机关的组织架构仍显不够完善。一方面是经济活动的跨区域化特征，使得依行政区域来划分的税务机构无法有效应对企业生产经验活动的变动；另一方面是纳税人的需求差异，需要税务机关调整组织架构以更有效地适应不同类型纳税人的需求①。

六是征管环境不够优化。从税收法治环境看，税务干部的知识层次、业务技能和执法水平参差不齐，在执法过程中还存在一定的随意性，影响了执法的严肃性。从税收信用环境看，税收支出的透明度仍待提高，税务人员对税收政策的执行及时度有待提高，而纳税人的税收遵从度意识仍需进一步培养，税收信用的评价体系和指标有待优化。从纳税服务环境看，对于税收征管和纳税服务之间的联系和区别有待进一步厘清，服务效率不高，信息化服务手段应用滞后等现象在不同地区仍然存在，对于纳税人的有效需求认知尚显不足。

二、现代税收征管体制改革

为全面贯彻党的十八大和十八届三中、四中、五中全会精神，以邓小平理论、"三个代表"重要思想、科学发展观为指导，深入贯彻落实习近平总书记系列重要讲话精神，按照党中央、国务院决策部署，坚持法治引领、改革创新，发挥国税、地税各自优势，推动服务深度融合、执法适度整合、信息高度聚合，着力解决现行征管体制中存在的突出和深层次问题，不断推进税收征管体制和征管能力现代化，进一步增强税收在国家治理中的基础性、支柱性、保障性作用。我国在2015年公布并实施了《深化国税、地税征管体制改革方案》，对税收征管体制改革作出顶层设计。

现代税收征管体制的构建坚持依法治税、便民办税、科学效能、协同共治、有序推进为基本原则，通过理顺征管职责划分，创新纳税服务机制，转

---

① 大连市国家税务局课题组. 税收征管模式的创新与完善[J]. 税务研究，2013（2）.

变征收管理方式，深度参与国际合作，优化税务组织体系，构建税收共治格局。力争到2020年建成与国家治理体系和治理能力现代化相匹配的现代税收征管体制，降低征纳成本，提高征管效率，增强税法遵从度和纳税人满意度，确保税收职能作用有效发挥，促进经济健康发展和社会公平正义。主要任务有以下几个方面。

一是理顺征管职责划分。合理划分国税、地税征管职责，中央税由国税部门征收，地方税由地税部门征收，共享税的征管职责根据税种属性和方便征管的原则确定。按照有利于降低征收成本和方便纳税的原则，国税、地税部门可互相委托代征有关税收。推进非税收入法治化建设，健全地方税费收入体系。发挥税务部门税费统征效率高等优势，按照便利征管、节约行政资源的原则，将依法保留适宜由税务部门征收的行政事业性收费、政府性基金等非税收入项目，改由地税部门统一征收。

二是创新纳税服务机制。按照加快建设服务型税务机关的要求，围绕最大限度便利纳税人、最大限度规范税务人，不断提高纳税服务水平。推进税收规范化建设，推进办税便利化改革，建立服务合作常态化机制，建立促进诚信纳税机制，健全纳税服务投诉机制。

三是转变征收管理方式。切实加强事中事后管理，实现税收管理由主要依靠事前审批向加强事中事后管理转变。对纳税人实施分类分级管理，对企业纳税人按规模和行业，对自然人纳税人按收入和资产实行分类管理。提升大企业税收管理层级，对跨区域、跨国经营的大企业，在涉税基础事项实行属地管理、不改变税款入库级次的前提下，将其税收风险分析事项向省以上税务局集中。建立自然人税收管理体系，从法律框架、制度设计、征管方式、技术支撑、资源配置等方面构建以高收入者为重点的自然人税收管理体系。深化税务稽查改革，建立健全随机抽查制度和案源管理制度。加强税警协作，实现行政执法与刑事执法有机衔接，严厉打击税收违法犯罪行为。改革属地稽查方式，提升税务稽查管理层级，增强税务稽查的独立性，避免执法干扰。全面推行电子发票，加快税收信息系统建设，发挥税收大数据服务国家治理的作用。

四是优化税务组织体系。切实加强税务系统党的领导,切实加强国税系统党的建设、思想政治建设、税务文化建设、干部队伍建设,指导地税系统思想政治工作,协同省级党委和政府对省级地方税务局实行双重领导,加大对地税部门的指导和业务规范力度。并明确国税系统党组主体责任和纪检机构监督责任,厘清责任边界,强化责任担当,细化履职要求,加大问责力度,完善纪检体制机制。

五是构建税收共治格局。依法规范涉税信息的提供,落实相关各方法定义务。建立统一规范的信息交换平台和信息共享机制,保障国税、地税部门及时获取第三方涉税信息,解决征纳双方信息不对称问题。依法建立健全税务部门税收信息对外提供机制,保障各有关部门及时获取和使用税收信息,强化社会管理和公共服务。全面建立纳税人信用记录,纳入统一的信用信息共享交换平台,依法向社会公开,充分发挥纳税信用在社会信用体系中的基础性作用。

第四节 纳税服务体系

一、纳税服务体系概述

在20世纪70年代注重税收成本和保护纳税人权益的双重目标背景下,纳税服务逐渐成为现代市场经济国家税务管理的主要内容。经过几十年的探索和发展,主要国家通过树立以纳税人为中心的服务理念、完善纳税人权利保障制度、围绕纳税服务设立税务机构、运用现代信息技术来创新纳税服务手段和方式、丰富服务内容、开展绩效评估、实施服务监督,逐渐建立起较成熟的现代纳税服务体系。

我国对纳税服务的定义也经历了从狭义到广义的演变。在初期,我国税务部门将纳税服务视为是税务机关行政行为的组成部分，认为纳税服务是指税务机关依据税收法律、行政法规的规定，在税收征收、管理、检查和实施税收法律救济过程中，向纳税人提供的服务事项和措施①。这一定义将纳税服务局限于税务机关，强调税务机关法定强制性和提供服务的功能，对于纳税人的主体利益并未给予充分考虑。

而广义的纳税服务则强调税务部门与纳税人地位的同等性，纳税服务是通过一系列的服务行为，将征税主体与纳税人的权利和义务进行统一，不但能够加强征税主体的依法执法能力，而且能够降低纳税人的税收成本，最终实现纳税人遵从度与满意度的提高。这也是当前我国纳税服务工作的奋斗目标。

与纳税服务定义的差异相适应，纳税服务体系也存在不同层次的区分。狭义的纳税服务体系指的是税务机关按照法律规定建立的为纳税人进行专业服务的系统。而广义的纳税服务体系则是指各级政府、各级税务机关与社会中介组织相结合，以税务机关为主体，共同为纳税人提供各种纳税服务的统称。

二、我国纳税服务的沿革

"纳税服务"概念在我国的提出始于1990年全国税收征管工作会议，当时提出要把征管过程看成是为纳税人服务的过程，税务执法者在进行税款征收、日常管理中，应对纳税人采用服务的理念。所谓纳税服务，就是通过对纳税人的各种税收工作当中给予国家政策上的帮助，用实际行动去支持他们，并且及时传达最新的税法要求和条例。初期的纳税服务理念是在职业道德上对税收执法者进行规范。

在1997年提出税收征管30字方针时，首次把纳税服务明确为税收征管

---

① 国家税务总局：《纳税服务工作规范（试行）》第2条。

的基础工作。并在2001年新修订实施的《税收征收管理法》中,将纳税服务确定为税务机关的法定职责,从而将纳税服务上升为税务人员必须作为的法律范畴。

2002年起,我国纳税服务工作进入起步阶段,国家税务总局在征收管理司内设立纳税服务处,并于2003年下发《关于加强纳税服务工作的通知》,提出加强纳税服务的10条指导性意见。在2005年,《纳税服务工作规范(试行)》,对税收征收、管理、检查和实施税收法律救济等环节的纳税服务工作做出了明确的规定。其中包括:税法宣传与纳税咨询服务、提示服务、办税辅导服务与个性化服务、援助服务、咨询服务、简化程序服务、稽查服务、税收法律救济服务。自此,税务机关和税务人员开展纳税服务工作有了基本的行为准则,标志着我国的纳税服务工作进入了一个新阶段。

2008年,国家税务总局设立了专为纳税人服务的纳税服务司,负责组织、管理、协调全国范围内的纳税服务工作。并在2009年制定了《全国2010~2012年纳税服务工作规划》,初步确立了"到2012年末,初步形成以纳税人需求为导向,以持续提高纳税人满意度和税法遵从度为目标,以办税服务厅、纳税服务网站和纳税服务热线为平台,以税法宣传、纳税咨询、办税服务、权益保护、信用管理、社会协作为任务,以健全组织、完善制度、优化平台、提高能力、强化预算、细化考评为保障的始于纳税人需求,基于纳税人满意,终于纳税人遵从的纳税服务新格局"的纳税服务工作目标。

从2014年开始,全国税务机关试行《全国县级税务机关纳税服务规范》,通过规范办税流程,制定全国统一的服务标准,提供规范、统一的基本公共纳税服务,确保纳税人通过任何平台、随时随地、以何种形态都可以享受到同质化的纳税服务,从工作内容、服务环境、行政程序等方面为纳税人减负,将纳税服务从被动型向主动型转变。

三、纳税服务的方向

纳税服务作为建立现代化税收征管体系的内在要求,贯穿整个税收征管活动。纳税服务质量,直接关系到税收征管质效。通过推行税收规范化建设,实施纳税服务、税收征管规范化管理,推行税收执法权力清单和责任清单并向社会进行公告,让纳税人享有更快捷、更经济、更规范的纳税服务。

纳税服务现代化也应通过目标体系现代化来实现。现代化纳税服务目标体系包括服务理念、服务对象、服务手段、服务保障和诚信纳税机制五个方面。

从纳税服务的理念来看,纳税服务理念能否充分在征管实践中加以贯彻,直接关系到税收管理核心理念的树立和体制方式的深层次转变,对于提高税务部门的行政效率具有直接效应。

从纳税服务的对象来看,应立足于满足纳税人的有效需求。纳税人在不同时期表现出来的需要是不同的,随着经济社会和税制的变化,纳税人对税务机关提供的纳税服务的需求也会相应发生变化。纳税服务的改进应该将税务机关的服务成本与纳税人的各类需求密切程度相结合,利用不同的纳税服务渠道应对不同的需求。因此,开展纳税人有效需求分析,是纳税服务的核心对象。通过了解和发现纳税人的有效需求,提供有针对性的优化措施,降低征纳双方的成本。

从纳税服务的手段来看,应着力提高纳税服务的便利化、信息化、个性化和公开化。首先,应创新便民服务机制,实行审批事项一窗受理、内部流转、限时办结、窗口出件,全面推行网上审批,提高审批效率和透明度,缩短纳税人办税时间。其次,应探索纳税服务的个性化,针对不同纳税人的特点和有效需求提供个性化的服务,及时解决纳税人的有效需求,把纳税服务渗透到日常管理和依法行政中。最后,应建立服务合作常态化机制,实施国税、地税合作规范化管理,推进跨区域国税、地税信息共享、资质互认、征管互助,不断扩大区域税收合作范围。

从服务保障来看,应健全纳税服务投诉机制和纳税人,以及第三方对纳税服务质量定期评价反馈的制度。畅通纳税人投诉渠道,对不依法履行职责、办事效率低、服务态度差等投诉事项,实行限时受理、处置和反馈,有效保障纳税人合法权益。

从诚信纳税来看，应建立促进诚信纳税机制。对纳税信用好的纳税人，开通办税绿色通道，提供更多便利，减少税务检查频次或给予一定时期内的免检待遇，开展银税互动助力企业发展。对进入税收违法"黑名单"的当事人，严格税收管理，与相关部门依法联合实施禁止高消费、限制融资授信、禁止参加政府采购、限制取得政府供应土地和政府性资金支持、阻止出境等惩戒，让诚信守法者畅行无阻，让失信违法者寸步难行。

第五节　税收信息体系

一、税收信息体系的内涵

税收现代化建设需要信息化的支撑，没有税收信息化就没有税收现代化[1]。税收信息化是指在税收领域充分利用现代信息技术，实现税收信息的收集、整理、分类、储存、检索、传输、统计分析、应用的系统化、网络化和智能化。税收信息化通过将税收征管中各项业务纳入电子和网络管理，实现税务部门内部和外部的信息传递和共享，依托基于互联网的计算技术和存储技术，达到为纳税人和社会各个部门提供税务信息和社会管理服务，提升税务机关征管效率，提高社会税收遵从度。

税收信息化是税收征管体系现代化的基础和有机组成部分，具有目的性、工具性、动态性的特征。

1. 目的性

税收信息化的最终目的是提供纳税人必须的服务。税收信息化建设是伴随着各国税收管理体制改革目标而提出的，具有很强的服务指向性特点。在

---

[1] 王军. 税收工作不拥抱互联网就没有未来 [N]. 中国税务报, 2015-06-24.

以纳税人为中心的服务理念下，即依靠信息化的手段，通过提升纳税服务水平消除纳税人的税收规避等行为，以促进税收遵从，提高税收收入。

2. 工具性

税收信息化的过程实质是提升税收征管绩效的手段。通过信息化促进税收征管和组织管理体制的变革，从而提升税务机关的行政绩效和征管质量。

3. 动态性

税收信息化成功实施的关键在于必要的评估与控制。税收信息化表面上是现代电子、通信等技术在税务行政管理中的应用，但它深刻反映着税收管理模式的变革和对纳税人服务质量的提升。这就要求信息化必须是开放的、动态的管理体系，信息系统的使用者和参与者应随时反馈修改意见，技术开发部门要结合税收征管职能部门的需求和纳税人的能力水平进行及时的修改。

二、我国税收信息体系建设现状与问题

我国的税收信息化建设从 20 世纪 80 年代至今，经历了工具信息化、事务信息化、管理信息化和组织信息化这样从简单的单机税务电算化到大规模信息系统工程构建的发展阶段[1]。

我国税务信息化建设起步于 1983 年的计算机应用，在计划、会计、统计、报表方面将税务人员从手工劳动中解脱出来，涉及征管及其他方面的很少。而税收征管信息体系建设则始于 1994 年的税制改革。增值税专用发票的管理要求推广计算机网络体系。1994 年 7 月，金税一期的增值税计算机交叉稽核系统在全国 50 个大中城市试点。在信息化建设初期，信息化被理解为文字处理、表格设计、数据录入和储存。信息化就是计算机，即用机器操作代替手工操作。除金税工程外，这一时期还同时开发推广了多个系统，如税收管理信息系统（TAIS），中国税收征管信息系统（CTAIS），以及为配合税务

---

[1] 张新，安体富. 对我国税收信息化现状的反思与国际借鉴 [J]. 税收经济研究，2012（5）.

稽查、避税与反避税、个人所得税、税法查询及办公自动化等工作，开发了一些独立的单项的应用系统。

随着互联网的发展，对于税收信息化的理解逐渐上升到网络化、系统化的层面，但仍将信息化视为提高效率的技术手段。1998年8月，开始推行金税二期，包括防伪税控开票系统、防伪税控认证系统、增值税交叉稽核系统和发票协查系统。

2001年，国家税务总局提出了统一建设"一个网络、一个平台、四个系统"的《税务管理信息系统一体化建设总体方案》和《总体设计》，又相继发出了《关于加速税务征管信息化建设推进征管改革的试点工作方案》的通知。这标志着我国税务部门开始认识到税收征管信息化是一场深刻的革命，其会带来税收征管格局调整和变革。并对"金税三期"工程提出"一个平台，两级处理，三个覆盖，四个系统"的总体目标，于2008年9月启动国地税共用的金税三期工程。2014年，金税三期优化版在广东、内蒙古、河南三省区单轨上线，并在2016年完成全国的推广上线工作。

我国的信息化建设在当前的实际工作中也存在一些问题，这主要体现在以下几方面：

一是信息化的纳税服务流程与征管体制不匹配，降低征管效率。受现行征管体系的影响，信息化体系也偏重于管理，轻视了纳税服务。现行的税收信息化已经完成手工操作流程电子化，实现了纳税人网上申报纳税、税款缴纳、发票开具管理的计算机化等信息化流程，但尚未从根本上促进税收征管流程的变革。许多办事程序、业务环节、审批制度等，仍按照传统的行政模式进行管理和审批。在审批事项大幅度取消的背景下，可以通过完善和优化审批服务流程，减少协调成本，实现税收遵从度的提升。

二是税收信息化建设还有待深化，信息化资金的使用效率也有待提高。虽然目前金税三期工程这一统一税收信息平台已经在全国国地税推广，但是在各地的实际运行中，还存在进一步挖掘数据利用的需求。而且对于该系统自身数据信息的利用还不够充分，形成了一些"信息孤岛"，造成资金、信息和人力资源的浪费，降低了税收信息化开发的效率。

三是税务信息化系统与其他部门的数据系统之间无法实现共享，阻碍了政府部门行政效率的提升。由于国、地税税务部门信息共享还不是很充分，尤其是国地税所需征管信息内容及指标各有侧重，加上部分机构、管辖的不对应性和信息指标体系的不规范性，导致共享信息存在非对应性、非适用性和非可比性问题。目前更为迫切的是，税务系统与其他相关部门的信息共享阻碍仍然较大。

四是信息化建设重技术开发和应用、轻管理和分析，使得税收数据信息的利用效率较低。大多数地方税务部门的纳税人数据信息化管理还停留在税务登记、纳税申报、税款征收、发票管理等初级阶段，缺乏对税务数据资料的整理和分析；对数据向有用信息进行的分析、整理和加工能力差；对于税收数据信息的科学运用手段不足。这极大地限制了数据信息库的利用，不利于税收信息化在提高部门科学决策水平，以及提升纳税稽查、税务审计和纳税服务质量中的作用。

三、"互联网+税务"下税收信息体系建设

"互联网+"是把互联网的创新成果与经济社会各领域深度融合，推动技术进步、效率提升和组织变革，提升实体经济创新力和生产力，形成更广泛的以互联网为基础设施和创新要素的经济社会发展新形态[1]。简言之，就是用"互联网+传统行业"产生"1+1>2"的效应。其核心概念是互联网思维、云计算和大数据。互联网思维，就是符合互联网时代本质特征的思维方式。云计算作为一种算法，是通过网络提供可伸缩的廉价的分布式计算能力。大数据是指无法在可承受的时间范围内用常规软件工具进行捕提、管理和处理的数据集合，其具有大量、高速、多样等特点。

---

[1]《国务院关于积极推进"互联网+"行动的指导意见》（2015年）。

"互联网+税务"是把互联网的创新成果与税收工作深度融合,拓展信息化应用领域,推动效率提升和管理变革,是实现税收现代化的必由之路。在"互联网+税务"下我国税收信息化的总体要求是:紧紧围绕税收现代化目标,顺应信息技术革命的浪潮,坚定不移地走科技兴税之路,按照高标准、严要求、讲包容、持续改的方针,坚持优化顶层设计与全面应用反馈并举、推动技术变革与规范流程表单并举、一事做好做优与事事相辅相成并举的原则,发挥出信息技术的乘法效应和聚变效应,助推税收现代化。"互联网+税务"下的税收信息体系建设包括技术保障和信息服务两个层面[①]。

1. 技术保障

对信息技术体系进行整合、重构和优化,建设规范统一、安全高效的开发平台和数据平台,为实现"互联网+税务"奠定坚实的技术基础。

(1) 完善标准规范。制定核心业务系统的网上办税接口规范、数据标准、移动办税应用开发规范、身份认证系统、标准接入规范,以及12366系统、知识库、法规库、自助办税终端管理系统等技术标准和接口规范。

(2) 严格安全要求。制定安全接入标准,规范第三方应用平台安全接入,明确细化安全访问控制策略,加强安全监控。做好数据分级保护,落实数据传输安全、存储安全。开展移动办税应用安全检测。

(3) 强化基础平台。针对税务机关在信息化建设中积累的大量基础设施。制定税务互联网基础支撑平台建设标准,构建两级集中的基础设施云计算平台。运用云计算技术,逐步完善基础支撑平台资源保障。加强系统集成管理,提供稳定强大的基础支撑,为基层税务机关的探索创新提供技术保障。不断完善基础支撑平台服务资源管理,逐步建立自动化管理模式。

(4) 构建多元化服务渠道。应用互联网技术,为纳税人(含自然人)和社会公众提供PC办税、移动办税、微信办税、自助办税等多元化税收服务渠道,将PC办税打造成便捷、高效、功能多样的全天候网上办税服务平台。

---

① 国家税务总局:《"互联网+税务"行动计划》(2015年)。

（5）拓展应用支撑。统一办税服务访问入口，为纳税人网上办税提供安全保障。对纳税人档案信息进行数字化、科学化管理，为全面办税无纸化奠定基础。建立自然人数据库，为自然人通过互联网应用办理涉税事项提供数据基础。

2. 信息服务

基于互联网的扁平化和公开化特点，税收信息化体系下的信息服务和智能应用主要包括以下内容。

（1）信息公开。推进和完善网上涉税信息公开，为纳税人提供标准统一、途径多样、及时有效的涉税信息公开查询手段，推进政务公开，及时发布税收法规、条约等信息。优化税务门户网站界面体验，通过各种渠道，为纳税人提供多元化全方位的税收宣传，增强税收宣传的时效性、针对性。建立全国统一的税收法规库，完善信息发布平台和发布机制，实现各渠道税法宣传内容更新及时、口径统一、准确权威。

（2）监督维权。提供纳税信用等级情况互联网查询，定期通过互联网站向社会公布稽查案件公告、黑名单信息、执法程序等，形成有效的监督制约机制。实现纳税人满意度评价线上线下全覆盖，为纳税人提供便捷的评价渠道。充分利用互联网开展调查工作，面向纳税人及社会公众征集对税收工作的需求、意见和建议，以多元化形式提高参与度和有效性。

（3）数据共享。加强与有关部门、社会组织、国际组织的合作，扩大可共享数据范围，丰富数据共享内容，让纳税人和税务人充分感受到互联网时代数据资源共享带来的便利。整合国税局、地税局纳税人基本信息、申报和发票等数据，满足部门间的信息共享需要，促进政府部门社会信用、宏观经济、税源管理等涉税信息共享。收集各类数据资源，归集整理、比对分析，实现数据的深度增值应用，提高税收治理能力。与金融机构互动，依据纳税人申请，将纳税信用与信贷融资挂钩，信用互认，为企业特别是小微企业融资提供信用支持。

（4）信息定制。针对不同行业、不同类型的纳税人实施分类差异化推送相关政策法规、办税指南、涉税提醒等信息，提供及时有效的个性化服务。提供涉税信息网上订阅服务，按需向用户提供信息和资讯。基于税收风险管理，向特定纳税人推送预警提示，让纳税人及时了解涉税风险，引导自查自纠。

（5）智能咨询。通过多种渠道，实现12366热线与各咨询渠道的互联互通和信息共享。扩大知识库应用范围，将12366知识库系统扩展提升为支撑各咨询渠道的统一后台支持系统，提高涉税咨询服务的准确性和权威性。探索开发智能咨询系统，应用大数据、人工智能等技术，自动回复纳税人的涉税咨询，逐步实现自动咨询服务与人工咨询服务的有机结合，提升纳税咨询服务水平。

（6）移动办公。探索移动办公，以互联网思维驱动税务内部管理、工作流程、工作方式的转变，满足不同人员、不同岗位便捷获取信息、及时办理公务的需求，提升行政效能。

（7）涉税大数据。在互联网上收集、筛选、捕捉涉税数据和公开信息，通过分析挖掘，为纳税人提供更精准的涉税服务，为税源管理、风险管理、涉税稽查、调查取证等工作提供信息支持。通过舆情监控，对纳税人需求和关注及时了解，及时采取应对措施，提高税收工作的针对性和有效性。

（8）涉税云服务。通过整合、优化和新建的方式，将传统基础设施体系的改造与云计算平台的建设结合，搭建标准统一、新老兼顾、稳定可靠的税务系统内部基础设施架构，逐步形成云计算技术支撑下基础设施管理、建设和维护的新体系，提高基础设施对应用需求的响应周期，降低成本，为"互联网＋税务"的各项行动提供高效的基础设施保障。

回顾与总结：税收管理体系是税务机关为了实现税收征管职能，在税收征管过程中对相互联系、相互制约的税收征管组织机构、征管人员、征管形式和征管方法等要素进行有机组合所形成的规范的税收征管方式，通常表现为征收、管理、稽查的组合形式。我国现代税收征管体制的构建，坚持依法治税、便民办税、科学效能、协同共治、有序推进为基本原则，通过理顺征管职责划分，创新纳税服务机制，转变征收管理方式，深度参与国际合作，优化税务组织体系，构建税收共治格局。力争到2020年建成与国家治理体系和治理能力现代化相匹配的现代税收征管体制，降低征纳成本，提高征管效率，增强税法遵从度和纳税人满意度，确保税收职能作用有效发挥，促进经济健康发展和社会公平正义。

参 考 文 献

[1] 马海涛，肖鹏. 中国税制改革 30 年回顾与展望 [J]. 税务研究，2008（7）.

[2] 刘尚希. 税制改革的逻辑主线：从经济市场化转向国家治理现代化 [N]. 中国财经报，2014－09－02.

[3] 高培勇. 由适应市场经济体制到匹配国家治理体系——关于新一轮财税体制改革基本取向的讨论 [J]. 财贸经济，2014（3）.

[4] 朱为群，曾军平. 现代国家治理下我国税制体系的重构 [J]. 经济与管理评论，2015（1）.

[5] 岳树民. 基于国家治理的财政改革新思维 [J]. 郑州大学学报，2015（7）.

[6] 建克成，杨珊. 建立现代税收制度面临的制度约束与路径选择 [J]. 税务研究，2015（9）.

[7] 柳华平，张景华，郝晓薇. 国家治理现代化视域下的税收制度建设 [J]. 税收经济研究，2016（6）.

[8] 陈晓光. 增值税有效税率差异与效率损失——兼议对"营改增"的启示 [J]. 中国社会科学，2013（8）.

[9] 樊勇. 增值税抵扣制度对行业增值税税负影响的实证研究 [J]. 财贸经济，2015（1）.

[10] 胡怡建. 推进服务业增值税改革促进经济结构调整优化 [J]. 税务

研究，2010（6）.

［11］聂辉华，方明月，李涛. 增值税转型对企业行为和绩效的影响——以东北地区为例［J］. 管理世界，2009（5）.

［12］肖绪湖，汪应平. 关于增值税扩围征收的理性思考［J］. 财贸经济，2011（7）.

［13］何杨，王文静. 增值税税率结构的国际比较与优化［J］. 税务研究，2016（3）.

［14］李晶. 与增值税改革联动的消费税制度创新［J］. 税务研究，2014（5）.

［15］韩函霄. 我国高污染产品消费税的税制设计［J］. 税务研究，2015（4）.

［16］杨志勇. 对消费税改革取向与税系定位的思考［J］. 国际税收，2014（3）.

［17］解学智，张志勇. 世界税制现状与趋势［M］. 北京：中国税务出版社，2014.

［18］高阳，李平. 部分OECD国家消费税的特征及借鉴［J］. 国际税收，2015（5）.

［19］OECD. Consumption Tax Trends：VAT/GST and Excise Rates［J］. Trends and Administration Issues 2014.

［20］Barthold, Thomas A. Issues in the Design of Environmental Excise Taxes［J］. Journal of Economic Perspectives，1994，8（1）：133–151.

［21］范振林. 中国矿产资源税费制度改革研究［J］. 中国人口·资源环境，2013（1）.

［22］刘立佳. 基于可持续发展视角的资源税定位研究［J］. 资源科学，2013（1）.

［23］杨鲁，戴国庆，孙仲连. 中国资源税费的理论与应用［J］. 北京：经济科学出版社，1994.

[24] 薛钢, 蔡红英, 施文泼. 我国矿产资源税费制度改革: 国际经验与优化选择 [J]. 财政经济评论, 2015 (2).

[25] A. C. Pigou. The Economics of Welfare, Mc Millan & Co., London, 1920.

[26] Daniel P., Keen M., Mcpherson C. The Taxation of Petroleum and Minerals: Principles, Problems and Practice [M]. NewYork: Routledge, 2010. 122-162.

[27] Oates, Wallace E. GreenTaxes: Can We Protect the Environment and Improve the Tax System at the Same Time? [J]. Southern Economic Journal, 1995, 61 (4): 915-922.

[28] G. Glomm, D. Kawaguchi and F. Sepulveda, Green Tax and Double Dividends in a Dynamic Economy [J]. Journal of Policy Modeling, 2008, 30 (2): 19-32.

[29] 李齐云, 宗斌, 李征宇. 最优环境税: 庇古法则与税制协调 [J]. 中国人口. 资源与环境, 2007 (6).

[30] 司言武. 环境税经济效应研究 [M]. 北京: 光明日报出版社, 2009.

[31] 苏明, 许文. 中国环境税改革问题研究 [J]. 财政研究, 2011 (2).

[32] 张海星. 开征环境税的经济分析与制度选择 [J]. 税务研究, 2014 (6).

[33] 王鹏. 以环境保护税法为起点, 构建我国环境税法体系 [J]. 世界环境, 2016 (1).

[34] 马国强, 李晶. 房产税改革的目标与阶段性 [J]. 改革, 2011 (2).

[35] 温来成. 全面推行房地产税改革的现实条件与路径 [J]. 税务研究, 2011 (4).

[36] 洪江. 房地产税改革: 基本形势、经验借鉴与对策建议 [J]. 经济与管理, 2015 (5).

[37] 满燕云, 何杨, 刘威. 房地产税功能定位的几个关键问题 [J]. 国际税收, 2014 (10).

[38] 薛钢. 财产税征收管理的国际比较及其借鉴 [J]. 宏观经济研究, 2010 (3).

[39] 肖绪湖. 中国房地产税改革研究 [M]. 北京: 中国财政经济出版社, 2012.

[40] 刘剑文. 税法专题研究 [M]. 北京: 北京大学出版社, 2002.

[41] 许建国. 中国个人所得税改革研究 [M]. 北京: 中国财政经济出版社, 2016.

[42] 杨斌. 综合分类个人所得税税率制度设计 [J]. 税务研究, 2016 (2).

[43] 徐晔. 十二五期间个人所得税改革研究 [J]. 世界经济情况, 2013 (1).

[44] 周华伟. 1980－2010 年 OECD 成员国个人所得税法定税率变化趋势 [J]. 涉外税务, 2013 (4).

[45] 刘佐. 中国企业所得税发展史 [N]. 中国财经报, 2007-03-13.

[46] 刘军, 郭庆旺. 世界性税制改革理论与实践研究 [M]. 北京: 中国人民大学出版社, 2001.

[47] 马衍伟, 费媛. 统一内外资企业所得税的战略思考 [M]. 北京: 中国时代经济出版社, 2007.

[48] 威尼·瑟斯克. 税制改革译丛——发展中国家的税制改革 [M]. 北京: 中国人民大学出版社, 2001.

[49] 许建国, 林颖. 中国税制 [M]. 北京: 高等教育出版社, 2012.

[50] "完善企业所得税优惠政策问题研究" 课题组等. 完善企业所得税优惠政策问题研究报告 [J]. 税务研究, 2010 (2).

[51] 白彦锋. 论中央与地方之间的税权博弈 [J]. 税务研究, 2008 (10).

[52] 刘佐. 地方税制度改革"十一五"回顾与"十二五"展望 [J]. 地方财政研究, 2011 (4).

[53] 许国云, 郭强等. 重构中国地方税主体税种的设想 [J]. 税务研究, 2006 (3).

[54] 王昊. 浅析中央地方分税制引发的财税问题 [J]. 管理世界, 2010 (9).

[55] 张悦, 蒋云赟. 营业税改征增值税对地方分享收入的影响 [J]. 税务研究, 2010 (11).

[56] 周克清, 项梓鸣. 关于我国地方税系建设的若干思考 [J]. 税务研究, 2013 (11).

[57] 张海星. 规范我国证券交易印花税制的思考 [J]. 税务研究, 2008 (12).

[58] 王佳. 现阶段下调证券交易印花税税率或不适宜 [J]. 国际金融, 2015 (11).

[59] 王乔, 汪柱旺. 关税改革对我国经济结构调整的作用 [J]. 税务研究, 2012 (5).

[60] 郝昭成. 国际税收迎来新时代 [J]. 国际税收, 2015 (6).

[61] 廖益新. 应对数字经济对国际税收法律秩序的挑战 [J]. 国际税收, 2015 (3).

[62] 杨志清. 国际税收 [M]. 北京: 北京大学出版社, 2010.

[63] 朱青. 国际税收 (第6版) [M]. 北京, 中国人民大学出版社, 2014.

[64] 廖体忠. 国际税收合作迎来明媚阳光 [J]. 国际税收, 2015 (10).

[65] 李金艳. 中国与BEPS——从规则接受者到规则撼动者 [J]. 国际税收, 2016 (1-3).

[66] 李林军. 二十年税收征管改革回望 [J]. 中国税务, 2014 (1).

［67］刘剑文，陈立诚．迈向税收治理现代化——税收征收管理法修订草案（征求意见稿）之评议［J］．中央党校学报，2015（2）．

［68］克里斯·爱德华兹，丹尼尔·米切尔著，黄凯平译．全球税收革命：税收竞争的兴起及其反对者［M］．北京：中国发展出版社，2015．

［69］张新，安体富．对我国税收信息化现状的反思与国际借鉴［J］．税收经济研究，2012（5）．

［70］中国国际税收研究会．税收征管模式发展趋势研究［M］．北京：中国税务出版社，2013．

后　　记

　　为推进现代财政制度的建立，进一步提高财政干部的业务素质，经财政部领导批准，我们立项开发了我国现代财政制度系列教材课题，包括一个总课题和六个子课题，由中央财经大学牵头，联合其他五所部省共建院校共同研究，财政部有关司局也参与了研究。本书是在中南财经政法大学陈志勇教授主持的子课题之二《现代税收制度研究》的基础上而成。

　　现代税收制度是适应于社会主义市场经济发展、国家治理与现代财政制度要求的税收制度。在本课题研究中，系统阐述了现代税收制度与国家治理之间的关系，揭示了现代税收制度的特征与要求，分析了目前税收制度与现代税收制度之间的差距，并围绕着建立健全有利于转变经济发展方式、形成全国统一市场、促进社会公平正义的现代财政制度与全面深化财税体制改革的总体要求，对深化现代税收制度的指导思想、基本原则与主要内容进行了全面的分析。依据"税种科学、结构优化、法律健全、规范公平、征管高效"的税制改革思路，并结合税收中性化、税制国际化、征管信息化的现代税收制度的基本特征，分别从增值税、消费税、资源税、环境保护税、个人所得税、房地产税、企业所得税等税种，以及地方税体系构建的税制结构优化方面；从应对国际税收竞争、防范税基侵蚀与利润转移的国际合作方面；从适应信息化、服务化的征管改革方面进行了深入的探讨。

　　在研究过程中，采取"理论分析—历史沿革—现实状况—国际比较—改革建议"的研究思路，对上述研究内容进行全面梳理，力求为财政干部展现

后　记

我国税收制度发展演变的脉络，通晓我国税收制度的现实设计，揭示目前存在的不足，了解国外先进做法，明确未来现代税收制度改革的思路与措施。

本书由中南财经政法大学财政税务学院陈志勇教授主持，陈志勇教授、薛钢教授负责全书的总纂和统稿。各章写作分工如下：陈志勇、薛钢执笔第一章；赵颖执笔第二章；陈思霞执笔第三章；薛钢执笔第四章、第六章；薛钢、俞杰执笔第五章；田彬彬执笔第七章；薛钢、李琼执笔第八章；薛钢、彭浪川执笔第九章；庄佳强执笔第十章、第十一章。

在课题研究和书稿写作过程中，财政部税政司、关税司积极参与了课题研究和书稿审核；中央财经大学马海涛教授对本书进行了审阅；中国财经出版传媒集团经济科学出版社在本书的出版编辑过程中给予了大力支持。在此，对参与课题研究、书稿写作、审核和编辑出版的各个单位和各位专家表示衷心感谢。

目前，财税体制改革正处于攻坚克难的关键时期，现代财政制度的构建也在不断实践和推进之中，加之我们的理解和研究水平所限，书稿中的疏漏和不足之处在所难免，欢迎读者予以批评指正，以便再版时修正。